义乌丛书

义乌部类史志丛编

义乌丛书编纂委员会 编

义乌细菌战受害者口述史

赵福莲 著

上海人民出版社

义乌丛书编纂委员会

总 序

自秦王政始置乌伤县,义乌迄今已有两千两百多年历史。古老的义乌大地,山川秀美、物华天宝、文教昌盛、地灵人杰。勤劳智慧的义乌人世世代代在此耕耘劳作,繁衍生息,改造山河,创造了灿烂的历史文化。

由于独特的地理环境及历史原因,在义乌大地上产生了独特的地方文化。她既是江南文化的组成部分,又具有自身鲜明的特征。

"勤耕好学,刚正勇为,诚信包容"是义乌精神;"崇文,尚武,善贾"是义乌民俗;义乌的民风则是"博纳兼容,义利并重"。义乌精神及民风、民俗遂成为源远流长的中华民族文化之泓泓一脉,成了中国历史上不可或缺的一页。千百年来,义乌始终在传承着文明,演绎着辉煌,从而使义乌这座小城艳光四射,魅力无限。

自古以来,特别是唐代之后,义乌学风渐盛,至有"小邹鲁"之称。自宋以来,县学、社学、书院及私塾等讲学机构多有设立,而"莅兹土者,莫不以学校为先务"。故士生其间,勤奋好学,蔚成风气,学有成就,烨烨多名人。并且,辐射出巨大的文化能量,不仅本地名儒代有,在浩浩学海与宦海中大展宏图,而且还活动过、寄寓过数不胜数的全国各地的文化名人,从文人学者到书家画师,从能工巧匠到杏林名家,其生动活泼的文化创造与传播,绵延不绝的文化承续与传递,从来没有湮灭或消沉过。在博大精深的中华文化领域里独树一杆颇具特色的义乌文化之帜,在优雅千载的儒风中诞生了许多屹立于中华民族之林的英杰。也正是文化底蕴的深厚与文化内涵的博大,造就了令人神往的义乌,使其作为中华文化渊薮的鲜明形象而历久弥新。

历史,拒绝遗忘,总要把自己行进的每一步,烙在山川大地上。

时间逝而不返,它带走了壮景,淘尽了英雄,留下了无数文化胜迹和如峰的圣典。只有在经过无数教训和挫折之后的今天,人们才逐渐认识到作为一个复杂系统的组成部分,城市的各要素所具有的种种不可替代的价值和功能,它们饱含着从过去传递下来的信息,而《义乌丛书》正是记录这些信息的真实载体。

历史是无法割断的,许多古老的文化至今仍然在现实生活中发挥着重要作用。当我们向现代化的目标迈进时,怎样继承古老文化的精华,剔除其封建糟粕,在传统文化的基础上建立社会主义新的文化格局,是一个摆在我们面前与物质生产同等重要的任务。

一位哲学家曾经说过,哲学就是怀着乡愁的冲动去寻找失落的家园。今天,我们正处于一个重要的历史性转折时期,越来越多的有识之士也开始意识到,对民族民间文化源头的追寻迫在眉睫,鉴于此,我们编纂出版《义乌丛书》,既有历史意义,也有现实意义。概而言之,有三大作用:

文化典籍的传承保护　中华民族有着光辉灿烂的传统文化,文化典籍中的善本古籍,是前人为我们留下的宝贵精神财富和历史见证,极富文献价值和文物价值。义乌也同样,历代文士迭出,著述充栋。这些历经沧桑而幸存下来的"国之重宝",或则出于保护的需要,基本封存于深阁大库,利用率甚低;或则由于年代久远,几经战乱,面临圯毁,因此,亟待抢救。如今,《义乌丛书》编纂工作的启动,为古籍的保护与使用找到结合点,通过影印整理,皇皇巨著掸除世纪风尘,使其化身千百,为学界所应用,为大众所共享;同时,原本也可以得到保护。真可谓是两全之策,是为民族文化续命,是为地方文化续脉。

传统文化的现代创新　在义乌历史上,有许多人文典故值得挖掘,有许多可歌可泣的先进事迹值得记载。拨浪鼓文化需要传承,孝义文化值得发扬,义乌兵文化应予光大。但由于历史上的义乌是个农业县,文化底蕴虽然深厚,载入史册的却寥若晨星。而深厚的历史文化传统能孕育和产生强大的文化力,能为塑造良好的城市形象提供重要基础,这种文化力所形成的精神力量深深熔铸在城市的生命力、创造力和凝聚力中,是推动城市经济和社会进步的内在动力。因而,《义乌丛书》编纂者坚持传统文化与现代文化相衔接,精品文化与大众文化相兼顾,创作出义乌历史上从未有过的文化系列丛书,既是精神文明建设的需要,也是物质文明建设的需要。

发展经验的文化阐释　义乌经济的发展,并非无源之水,无本之木。"参天之木,必有其根;环山之水,定有其源。"义乌发展的文化之源,义乌商业的源流之根,义乌文化圈的形成特质包括宋代事功学说对义乌"义利并重,无信不立"文化精神的影响,明代"义乌兵"对义乌"勇于开拓,敢冒风险"文化精神的影响,清代"敲糖帮"对义乌"善于经营,富于机变"文化精神的影响等。因而,如何用文化来解读义乌,也成了《义乌丛书》的重要组成部分。

广义的文化几乎无所不包,狭义的文化基本限于观念形态领域。从以上包含的内容可看出,《义乌丛书》对"文化"的界定,似乎介于广、狭之间,凡学术思想、哲学原理、科技教育、文学艺术等多个类别与层次,均在修编范围之内。

几千年岁月蕴蓄了丰赡富饶的文化积淀。面对多姿多彩、浩瀚博大的义乌文化形态,我们感受到了其内在文化精神的律动。

保存历史的记忆,保护历史的延续性,保留人类文明发展的脉络,是人类现代文明发展的需要。如今,守望岁月的长河,我们不能不呼吁,不要让义乌失去记忆。

这也正是我们编纂出版《义乌丛书》的主旨与意义所在。

《义乌丛书》卷帙浩繁,她集史料性、知识性、文学性、可读性、收藏性于一体,以翔实的史料、丰富的题材、新颖的编排,全景式地再现了江南"小邹鲁"的清新佳景和礼仪之邦精深的内涵。走进她,就是走进时间的深处,走进澎湃着历史的向往和时代的潮音的宝地,去领略一个时代的结束,去见证另一个时代的开始。宏大精深的传统文化曾经是,也将永远是义乌区域文化赓续绵延的基石,也是义乌继续前进乃至走在全省、全国前列的力量。在建设国际商贸名城的进程中,抢救开发历史文化遗产,掌握借鉴先哲遗留的丰硕成果,是全市文化学术界的共同期盼。因而,编纂这套丛书既是时代的召唤,也是时势的需要。

谨为序。

中共义乌市委书记　李一飞

义乌市人民政府市长　盛秋平

目　录

血泪篇：日军暴行，血债累累

■ 王培根

任何一个战争恶魔，都不能活在这个地球上

采访时间：2014 年 10 月 15 日全天
采访地点：王培根家
受 访 者：王培根（王）
采 访 者：赵福莲（赵）

赵：王老好！您午睡了吗？

王：躺了会儿。年纪大了，白天睡过了，晚上就睡不着。

赵：王老，您上午连茶都没喝一口，喉咙讲痛了吧？

王：不痛不痛，你来了，我高兴。

赵：呵呵呵，谢谢！

王：下午我们谈什么呢？你能否提一提，你让我说什么，我就说什么好了。

赵：王老，我中午听了我们上午的采访录音，觉得您讲得过于简单了一些，能否请您再讲得详细一点？您从小时候的经历开始讲好了。

王：好！我们村叫崇山村，这个村子比较大，有两个小学，从一年级至四年级都有。我们一个村里呢，有两个祠堂，我们的祖先重视教育，希望子孙们能够成才，在祠堂里办学校，如果有两个兄弟，会有竞争意识，看谁家的子孙有出息。我是从 7 岁开始读书的，到了 1942 年，日本鬼子来的那一年，我正好 11 岁。日本鬼子一来，没法正常上课了，我们就整天食食（吃吃）嬉嬉，听

赵福莲采访王培根

听警报，逃逃飞机，逃到田野去躲起来。小孩无法安心读书，大人无法安心干活，人心不安定，整天在提心吊胆中过日子。你知道佛堂的，离我家只有 5 公里路，飞机飞到佛堂都能看得很清楚。赶集的日子，一个卖猪的市场，农民来来往往很多的，一个炸弹轰下来，炸死 120 多个人。嚯嚯，可以说是血流成河啊！周边的建筑物上挂满了脑子、肠子、断手、断脚等。

赵：当年您念了几年书？

王：我只读了三年书啦，过去的小孩子与现在的小孩子比起来，还是现在的小孩子活泼，那时候的孩子都是很老实的。我 7 岁时上学，礼拜天还要去田里挖野菜，因为当时家里面都很贫困的，去挖野菜来充饥。一般的人家都吃不到大米饭的，大多以野菜代替主食来填肚皮。有时候米饭与野菜放在一起煮，米饭只占到一半，有时候一半都不到，只占 20% 的样子。贫穷的人家，就是天天野菜多，大米少，这样过日子，蛮苦的。

赵：王老，您兄弟姐妹有几个呀？

王：三个，我是老大，下面有弟弟、妹妹。1942 年下半年，我母亲又领养了一个妹妹，她生出来才 28 天，尚未满月。我母亲那时生了一个小孩，夭折了，有奶水，对方家里困难，干脆就让我母亲领养过来了，这也是我的妹妹。我亲妹妹今年 80 岁了，我比她大 3 岁，我弟弟今年 76 岁了。

赵：当时您的爷爷奶奶都还在吗？

王：在，他们都还健在。我父亲兄弟 5 个，我父亲是第二个儿子，家里比较困难，所以老大 13 岁时就去当雇工了。我父亲 12 岁时就去学裁缝。我三叔去学木工。我四叔呢去学做糕点、麻饼，还有一个小叔叔，兄弟几个赚来的钱供养他去读书。家里如果没有文化人，人家要欺侮的。小叔叔读书以后去当了两年兵。否则，兄弟 5 人，抽壮丁就要抽 3 个人。他如果自愿去当兵，人家就不会来抽壮丁了。我家里有厅堂，靠厅堂那里有两间房子，厅堂后面有三间房子，每个人一间房子。

赵：王老，当年崇山村感染鼠疫后，村里是个怎么样的情况？

王：唉，惨呐。我们村最早感染死去的是王焕章，他们全家五口人先后死去。医治他的王道生医生因治他的病而受感染，没多久，他们全家死了 10 个人，连他 11 个人！王凤林家里贫穷无房，平时住在公众的厅堂里。王焕章死后，王凤林一家住的厅堂就成为王焕章停尸、祭奠、打道场的灵堂。王凤林全家都在帮忙丧事，结果全家 13 个人里面，有 8 个人感染鼠疫死去。之后，全村每天都死人，平均一日死 5 个，最多的一天死了 20 多个人。村里日日死人，弄得人心惶惶，所以有些人天天一大早就逃到田畈去。整天待在家里等死，还不如逃出去避一避，透透气。亲戚家里不敢去，去了人家也不会收留你，大家就逃到无人管理的庙宇里面去；有的人感染鼠疫后，知道自己没救了，怕被送到林山寺被日本鬼子活活解剖，就悄悄躲避到糖梗田里去死；有的人整天躲在家里，出门怕碰上抬尸经过而引发疾病。开始时，崇山村人生病了，还有亲戚朋友来探望，后来因为探望者回去之后都感染死掉了，大家就不敢再来崇山村了。人命要紧呀，总不能不管自己的性命，去崇山村探望。那段日子，村里好多人都是太阳没有出来不起床、不开门，太阳出来才出去的。

赵：为什么呀？

王：因为刚开始死了这么多人，大家都以为是发了什么瘟病，是妖魔鬼怪在作怪。封建迷信思想比较严重嘛，大家都以为太阳一出来，妖魔鬼怪就走了。晚上天还没有黑，家家户户都闭门了。全村人谁都不出自家门，都躲在房间里。小孩子待不住，要跑出去玩，大人都管得很牢的。

赵：真是段黑暗的日子。

王：鼠疫初期，死了人，家里人都会大哭一番，后来家里死了人也不哭了，为啥？怕日本鬼子听到了拉去解剖做实验。所以，很多人看到家里人死了，赶紧抬到田野去埋掉，挖个坑，埋进去，用泥土填平。如果做座坟墓的话，日本鬼子看到了就会掘坟挖尸，拿去解剖做实验的。

赵：王老，日军烧毁你们村庄那天的情形，您还记得吗？

王：记得记得，这怎么能忘得掉！1942年11月18日，日本鬼子把我们村所有人都集中到小山坡上去。那块小山坡实际上是晒场，晒稻谷用的。那天一早，很多人还在睡觉，100多个日本鬼子冲进村来，敲门砸户，把我们从睡梦中吵醒，硬把我们从被窝里赶起来，要我们全部都到小山坡上去集中。他们把我们包围起来，不准走出去。那天，在崇山村小山坡上，日本鬼子四挺机枪架起来，还有不少日本鬼子拿着刺刀站岗。小山坡的最高处还有一挺重机枪架在那里。他们怕外面有人冲进来。这一天呢，我看到大家都这么严肃，这么可怕，不知道日本鬼子又要搞什么名堂。大家都提心吊胆，看看村里所有人都到小山坡上来了，你看看我，我看看你，都不知道接下来会有什么恶果。日本鬼子分三路进到村里，从碑塘边、聚奎祠、松树厅三个部位，纵火烧屋。他们先是用村民们的稻草作为引火柴，但高大的祠堂与厅堂不易着火，他们就用烧夷弹打，枪弹打到哪里，火就烧到哪里。不多时，全村就浓烟滚滚，遮天蔽日。那天有风，火势猛烈，一下子就连成一片火海了。山坡是最高的，大家都能看到自己的家被火烧起来了，那些当家人都是跳起来哭的啦，一辈子甚至几辈子劳动所得的房产、财产毁于一旦！怎么能不哭呢！那时候，村民与孩子们的哭声、日本鬼子的枪声与骂声、房子烧起来的爆炸声、木头的爆裂声、房屋的倒塌声混成一片。村民们撕心裂肺、捶胸顿足地叫喊，日本鬼子不让我们哭，用刀枪戳过来威胁大家。两百多户人家都已死了很多人，现在房子又被日本鬼子烧掉了，穿的衣服都在房子里被烧掉了，只有穿在身上那一套衣服，所有的粮食、家畜以及财产都被烧掉了，这以后的日子怎么过得下去？有的人因为愤激过度，一气一急，就倒在地上，再也没有起来（王老说到这里，激愤落泪，语噎良久）。这是我亲眼见到的，他们就在我的面前倒下去，死掉了。有个青年叫王荣森，看到自己家的五间房子冒烟了，火一下子蹿上来了，火势很猛。他就不管日本鬼子的包围，冲出去救火，到家里拿来两只水桶，从水塘里舀起来两桶水去救火。日本鬼子举起枪，"啪"地一枪，打中他的水桶，水就哗哗哗地流出来。这位青年不管水桶漏水，还是抓起来去救火。日本鬼子又朝他打了一枪，把他的一只手打断了。日本鬼子不把你人打死，只打断你的手，不准你去救火。结果呢，他的手被打断了，人一软，就跌倒了。

赵：王老，那天您在山坡上吗？

王：在呀，当然在。大人都被赶到山坡上了，小孩子自然也跟着去。我父亲出来时，躲在一个弄堂里，没有去山背上。我当时在山背上看来看去没有看到父母，内心很着急。我父亲知道日本鬼子不会干好事的，知道日本鬼子为什么要把我们都赶到山坡上去，所以他躲起来。因为我是小孩，日本鬼子不会对我们怎么样的。当时我父亲不知道日本鬼子是来烧房子的，只知道他们一定要搞什么花头！后来，日本鬼子来村里烧房子，我父亲还抢出来两只箱子，是放衣服用的，那是我母亲出嫁时嫁过来的嫁妆！其他村民都已经被日本鬼子包围起来，没有办法抢出家中的财产，连一根稻草都没有抢出来。还有一个青年叫王荣棋，天还没亮就到田畈去了，后来看到村庄烧起来了，天空都变黑了，烟雾被风吹到南边去，南边好多村庄都被烟雾盖掉了。他就拿了一把锄头，跑回家里来。日本鬼子以为他来救火的，就"嘣"地一枪，打中了他的大腿。他一跌，就躺在地上，鲜血直流，一大摊血流在地上，他就走不到家里去了，他就这样躺在地上，想起起不来，想走走不掉，好可怜……就这样，日本鬼子武力阻止村民去救火，村民再也不敢冲出去了，只好眼睁睁地看着房子一间被烧掉，木头爆炸的声音很响，噼里啪啦响个不停。村民们跳起来哭叫，日本鬼子就开枪，四面八方都开枪，不让他们叫、不让他们哭。那天真是天昏地黑啦！就像在地狱里面一样可怕。到了下午两三点钟，包围我们的日本鬼子撤离了。

后来听说，离我们村几十里外，还有一层日本鬼子的包围圈，怕其他村庄的人进来救火。日本鬼子撤离崇山后，有的村民就不会走路了，躺在这里了，悲愤交加到难以自持了。大火蔓延、扩散，村子整整烧了一天一夜，统计下来，共烧掉176户420多间房屋，700多人无家可归，那种情形真是悲惨到了极点！日本鬼子真是可恶可恨到了极点！

赵：那天日本鬼子走后，你们回家了吗？

王：我们回到家，房子烧掉了，木头、屋柱还在冒烟，没有全部烧透。我父亲挑来水，去浇那些没有烧光的木头，把木头上的烟火浇灭。我伯伯、叔叔都不在家。我母亲看管着父亲救出来的两只箱子。因为当时，也有个别坏人要趁火打劫的，看你家里没有人，就把你家里的东西全部拿走。村里有个别人逃到山上躲起来，没有被日本鬼子赶到山背上去的，他就趁日本鬼子烧房子的时候，偷偷到富裕人家去偷东西，这样的人也有的。

赵：接下来，你们的日子是怎么度过的？

王：崇山村人赖以生存的物资全部被烧掉，不少心理脆弱的村民，感到活不下去了，含恨离世，如中年汉子王焕盛，眼看多年的心血毁于一朝，只剩下一堆瓦砾，越想越悲痛，于后半夜含恨死去。村民王八妹陷入无家可归的绝境，精神崩溃了，倒地而病，第二天就死了。那时候可以说，崇山村的村民陷入水深火热、惨绝人寰的境地。前途黑暗，真是连活下去的勇气都没有了。当时，我父亲脑子还是灵活的，离村300米处有个大水塘，塘边有个庙，庙里有三个和尚住着。我父亲就向庙里的和尚要一间房子给我们住。结果呢，好多人都涌到庙里来了，都来抢这个房子。和尚说大殿里有菩萨的，不准住人。庙里一共有12间房子，其中三间厨房，和尚说：我们三个和尚要住，你们只有几户人去住剩余的几间，其他人自己去想办法解决。结果，有11户人家住在庙里，一间住两户人家，楼上楼下都住满了。村庄里没有烧掉的厅堂，大家也都去抢来住，这时候不管这房子是谁家的，只要还没烧掉，谁都可以去抢来住，日本鬼子把我们逼到这个地步！村里几个大祠堂都被烧掉了。在林山寺外面，也有人去抢住的，还有人去抢野外的凉亭住。

赵： 只要能遮风雨就行。

王： 连风雨都遮不住了。这个是解决不了办法的，只是临时的。那时候的田野都是枣树，枣树都没有收过，我们村有几千担青枣，可以加工南枣、蜜枣的，但当时都没办法收来加工。枣树很多的，有些无家可归的人就到枣树下面，用几个稻草包起来，有两穴、三穴草穴，用树拿来绞起来，搭一个简易的茅棚，下面都是通风的，无非是把上面的雨水、露水遮盖掉。农村稻谷收割后，都有稻草篷的，堆在田野上的，不管是你家我家，大家拿来用就是了。灾难面前，没有财产是自己的，全都是大家公用的。枣子也一样，不管是谁家的，不要问了，你摘来吃就是了。大家都有这个共渡难关的心，有点共产主义的味道，所以有东西好吃就一起吃。反正今天不知道明天会怎么样（王老哽咽数度，落泪不止）。

赵： 大家都想把这个难关渡过去。

王： 是呀，一般来讲，在民间，哪家发生灾难了，房屋被火烧掉了，没地方烧来吃，亲戚好友会送饭来的，送吃的东西来的。可是崇山人呢，没有人送的，因为他们都不敢进来，谁去接近崇山人，谁就要死掉。刚开始时，周围村庄的许多亲戚朋友来看望崇山生病的人，回去后都死掉，所以后来传出去一个信息：在崇山有亲戚朋友的人，大家都不要去，你们要去关心崇山人，就意味着你们自己要死掉。如果你不怕死，你就去；怕死的话，就别去。

赵： 你们当时都不知道这病是日本鬼子搞的鬼？

王： 不知道的，还以为是我们崇山人做人不好啊、什么龙脉不兴啊，冲撞或者讲冒犯了什么鬼神，所以鬼神来报复了。崇山村没有烧毁之前，大家凑钞票，做佛事，超度鬼神，就是送鬼神。一大捆一大捆烧冥钞，村民嘴里说：鬼神啊，有什么债欠你们的，我们都还给你们，希望你们以后不要来找我们的麻烦。佛事做了好几场，一点用处都没有。

赵： 当时鼠疫发生的时候有什么迹象？

王： 村里第一个死掉的是王焕章，他死的时候，村里的死老鼠还是不多的，只在他家的附近有。后来，村里死的人多了，村里啊、水沟里啊都是死老鼠。村里每户人家的灶台上都有一个汤锅的，老鼠跑到汤锅里去喝水，喝完水，老鼠都死掉了。

赵：日本鬼子空投下来的是跳蚤还是老鼠？

王：都有的，跳蚤放下来，农村里老鼠多，它们东走西跑，跳蚤是很喜欢老鼠的，很容易跳到老鼠身上去的。村民们都是通过老鼠传染的。当时，住在村庄东边的崇山村人，早晨起来，看到了许多死老鼠，就说：我们那边水沟里有很多死老鼠。南边的村民也说：我们这边也有很多死老鼠的。村民们当时还没意识到这个问题的严重性，都有一种好奇心。再说，老鼠在村民们心目中没有好印象，都觉得这种可恶的瘟虫多死掉点好，因为老鼠在家里什么都要咬，蚊帐被老鼠咬破，衣服也要被老鼠咬破，还要吃农民辛辛苦苦种出来的粮食，农民都很讨厌老鼠的，所以死了这么多老鼠很高兴，谁能想得到这是人类的灾难呢？谁能想得到这是日本鬼子空放下来的呢！谁能想得到人心有这么坏的呢！也只有日本鬼子才能想得出来、做得出来！日本鬼子太坏了！实在是太恶毒了！

赵：王老，中午我没休息，听了上午我对您的采访录音，您讲的有关细菌战方面的东西太简单了，请您再详细讲一讲，好吗？越详细越好。

王：很多事情是不堪回首的（语噎，哽咽）。

赵：不好意思，王老，我老让您难受，对不起，对不起。

王：一想到那一幕幕日本鬼子犯下的罪，我恨呐！（哽咽良久，哭了）

赵：王老，您哭，我也哭了。我请您把日本鬼子犯下的罪行一桩桩揭发出来，让后人记住，不忘国难，不忘国耻！

王：每年的清明节或纪念日，一批批学生来到纪念馆或劫波亭，都要来请我去介绍，从1995年开始到现在没有停过，为了把细菌战历史资料保存下来，我们办了一个纪念馆。又修了一个劫波亭，让国内外民众参观，让他们知道发生在我们崇山村的过往历史，让他们都知道日本鬼子对我们犯下的滔天罪行！我们本来是想把这个亭取名为"悲哀亭"的，我到义乌中学里去找校长，我说你们都是知识分子，站得高，看得远，我们崇山村细菌战受害者要造个亭子，请你们帮我们取个名称。他们研究后得出一个结果：岳飞受冤枉的，那个亭叫"风波亭"；崇山村那么多受害者，应该叫"劫波亭"。我说：好！就这个名称好。我又去请义乌大成中学的校长，他是书法家，请他写了"劫波亭"三个字，又请红木家具厂的工艺师把这几字雕起来，挂到亭子上。我们做这些事情，县里各个部门的人都是很支持的，只要有人去干，他们都支持。因我在义乌基层工作多年，认识的人多，所以我去做事情，支持我的人是很多的，我内心非常感激。我只要肯干，老百姓都会支持，更何况这是公益事情，你知道的，老百姓都是痛恨日本鬼子的，哪怕你一分钱没有给他们，他们也会支持的。我做这件事情，没有被困难吓倒过，吓不倒的啦。加上这么多人支持我，所以我也干得起来，坚持得下去。我现在只求身体健康，我愿意再干它十年二十年！只要我还干得动，我就要做下去，没有人能拦得住我。现在，我单单管理这件事情，林山寺要修理，要申请文物保护，1942 年，日本鬼子曾经在那里关过崇山村 40 多个人，有活体解剖的，有杀掉的，很惨！

赵：对，那一幕太悲惨了！

王：当年，南京日本鬼子 1644 部队派分遣队到崇山来，开始的时候，他们到村里来检查死人的情况，哪家有人哭，就是有人死掉了。

赵：有人死掉，他们就要拉去作尸检的。

王：是，现在细菌战受难同胞又在复查，组织了十几个人在调查，全市都要重新登记过。他们碰到什么疑难问题就会来问我。我已经成为一个中心了，有关细菌战的事，只要是我通知的，他们都会来的。如果接到其他人的通知，还要打电话来问问我，有没有这个事情？我说有的，那他们就会来，没有的，我不知情的，他们就不一定去。

赵：最初的时候，崇山村的鼠疫发生后，日本鬼子有哪些举动？

王：开始的时候，他们天天到村里来转悠，看看哪家死了人，他们就拿去解剖，村里人死掉连尸体都不完整的啦。他们从死者身上割肉，有的被割掉一条腿，有的被割掉一只手臂，有的被割去身上某部位的肉，有的被挖去五脏六腑，很可怜的呀！所以，村里死了人不敢哭，不是亲人心肠硬，而是怕日本鬼子听到后拉去解剖割肉、剖肚皮，所以崇山村死了人没有哭声的。日本鬼子就到田畈去转悠，他们似乎看出我们的心思了，死了人不哭，怕他们拉去做尸体解剖。后来，日本鬼子到山坡上去转悠，有的人刚下葬，他们就抓民夫去挖出来。有棺材的，他们把棺材敲破，把尸体倒出来，就在现场解剖。他们不仅剖肚皮，还要截断死人的手骨、大腿，拿去做试验，还把腹股沟里的淋巴也挖去，多么可怕啦！如此一来，崇山人就连坟墓也不敢做了，就在山坡上或在地里，挖条坑，棺材也没有，就这么埋进去，把泥土填填平，在上面种蔬菜，看起来像一块地。村里最多一天死了20多人，平时每天死掉5个人、8个人是常事啦。

赵：那病人去林山寺治病是怎么回事？

王：日本鬼子想出来的办法呀！他们说"皇军"给大家治病。开始时，村里人又想去又不敢去，可是请来地方医生都没有用，吃啥药都无益，最后还是死掉，也许"皇军"治病有本事呢，所以第一天就去了几个人，接下去，每天人数增加，眼看着别人都去了，他们也都放松了警惕，都跟着去林山寺让"皇军"治病，前后去了40多个人，死掉以后，也不知道他们是拿去解剖的。死掉的人解剖掉以后，日本鬼子拿到西面角落，丢在田野里。庙有两扇门，门口都有日本鬼子站岗的，都不准人进出，附近村里那些狗，都来拖这些尸体吃。所以，有些上了年纪的老先生跟我讲：哎呀，老王啊，我们以前到江湾去，都不敢走这条路的啊，满地都是尸体，只见黄狗在吃尸体，林山寺里的人都看不到这里的情况。11月18日那天，刚好是日本鬼子在崇山烧房子，那个早晨，有个姑娘叫吴小奶，才18岁，她是童养媳，这户人家有三个儿子，她是准备给其中一个儿子当老婆的，还没有结婚。她从小在这户人家养大的，她跟养母说：母亲，我也发烧嘞。她母亲说：村里人得了病都到林山寺去了，日本鬼子看病很有本领的，你去看看。吴小奶说"好的"就去了，到了林山寺。她从门口走进去，那些病人都睡在地上，地上摊着晒稻谷的竹席，大家都睡在席上。这些病人哭的哭，叫的叫，呻吟的呻吟，有的叫着："哎唷，妈呀，要死嘞，要死嘞！水有没有啊，给我点水喝喝。"吴小奶见此情景，看不下去，实在太悲惨了。她就坐在大门口的门槛上，因为在里面看不下去。不到一个小时，有两个日本鬼子看到她，商量了一下，就打她的主意，做她的文章了。过一会儿，他们来叫她了，叫她到另外的房子去。一进去，日本鬼子拿来被单，把她的头蒙住，让她坐在靠背椅上，把她的两只脚捆在椅背上，把她的两只捆在椅脚上。她一看情形，不对呀，她就喊：先生，不要把我绑起来呀，我会好的啦，我会好的啦！那时天气还不是很冷，她的衣服扣子很容易解开的。日本鬼子"啪"地一拉，把她的衣服拉掉了。她才18岁呀，还是小姑娘啦，见日本鬼子拉掉自己的衣服，就叫喊得惊天动地的，哭呀喊啊，叫得里面的人都听到啦，她叫：哎唷，妈哎，救救我，救救我！当时崇山村人张菊莲也在里面，她26岁，听到这么悲惨的叫声，就过去看，正好看到吴小奶在叫：救救我，救救我！听到第七声，没有声音了。张菊莲看到日本鬼子在那里动手，残忍地剖开她的胸腔，挖掉她的心肺和其他内脏。张菊莲知道了，在林山寺是没有什么好结果的，要想办法逃出去。当时寺内有日本鬼子站岗的，没有出口可以逃出去。她就从寺内的粪坑掏粪孔逃出来，先躲在糖梗田里，因白天有鬼子站岗的，看到她的话，肯定会被抓回去的。她就等到天黑，再逃回村里，同村里的人讲：你们有病的人，千万别去林山寺，日本鬼子要剖肚皮的。大家一听，都不敢去了。吴小奶的养母去林山寺送饭，问那些病人：小奶到哪里去了？那些病人都不会讲话啦，还有个别会讲话的人叫她到另一间房子去看一看。结果一去，她看到小奶躺在地上，地上都是血，胸前的衣服没有扣起来。养母大叫：小奶，小奶！没有声音。她把小奶的衣服一扒开来，胸腔里都空的啦，肚子里的东西都给日本鬼子挖去了。养母哭煞，回到村里叫人把吴小奶抬回来埋葬掉，这件事情让村里人知道了，加上张菊莲逃出来告诉村里人的话，从此以后，村里人再也不敢去林山寺给皇军治病了，日本鬼子就找不到试验的对象了，所以就到村里去转悠，去听哭声，哭声没有，就到田畈去找坟墓。开始的时候，有新的坟墓；后来就再也没有坟墓了。张菊莲逃出去那天，回头看见崇山村被日本鬼子烧掉了，火光冲天，浓烟遮日，白天如同黑夜。那一天，日本鬼子把崇山村变成了活地狱！

赵：王老，日本鬼子有没有当着亲人的面剖肚皮的？

王：怎么没有？有啊！在这个鼠疫期间，天天死人。崇山村有一个女人，叫赵六梅，60岁了，她没有儿子，只有三个女儿。她在林山寺死掉了，家里人还不知道，还继续给她来送饭，结果发现母亲死掉了。她们请人买来棺材，准备把她抬出来去埋掉。三个女儿披麻戴孝送丧，棺材抬出来没走多少路，被日本鬼子看到了，他们就跑过来，把他们拦住，并将抬棺材的人都赶走。日本鬼子用刺刀将棺材盖撬开来，把死者倒出来。她的三个女儿见状，伤心啊，也不知道日本鬼子要干什么，就哭，丧尽天良的日本鬼子当着三个女儿的面，把她们母亲的腿锯掉，手锯掉，肚子也剖掉。三个女儿不敢反抗，只有哭，哭煞啦。日本鬼子根本不管她们的感受，拿了她们母亲的内脏、手、腿就走掉了，把她残缺不全的尸体丢在地上不管了。三个女儿只好把母亲破碎的尸体重新放到棺材里，抬去埋掉。你说日本鬼子可恨不可恨！眼看着亲人这样子死掉，谁不伤心？怎么活得下去！看到这种情形，十八辈子都忘不掉的啦！

赵：那送到林山寺的那些病人，后来情况怎么样了呢？

王：他们都被日本鬼子解剖了，割走他们需要的东西，有的是拿去做原料、做试验材料的。他们叫"松山株"，这是细菌的一种品种，很厉害的，并用这种东西拿去散发到别的地方去，继续他们罪恶的行为，去伤害那些无辜的百姓，剩下的尸体都是残缺不全的，裸露在田野，被黄狗拖去吃掉了，那个地方后来发现很多头壳，村里人当时根本不知道的。后来，日本鬼子挖了好几个洞，把这些头壳埋掉，怕被人发现呀。现在，林山寺要开辟花园，挖土机开进来挖，挖了好几个洞，里面有十几个头壳。庙里的法师打电话给我，请我过去看一看。我过去一看，第一个洞里挖出12个头壳，都好好的，有的仰天的，有的伏着的，有的歪斜的。一挖出来，不到10分钟，这些头壳都碎掉了，碰到阳光、空气就氧化掉了。

赵：林山寺我去过，已经有200多年历史了。

王：林山寺那个老庙，就是送过细菌战病人的那个房子，现在都破破烂烂的了，要修起来需要花很多钱，现在的庙都是新造的，好几栋，很漂亮的，有大雄宝殿什么的，而那座老房子就丢在那里，去维修的话，成本很大。林山寺管理小组也很想修，但没钱。我打报告给市里相关部门，希望他们把它作为文保单位，拨专款把它修复、保护起来。我这个报告到了文化广电局、出版局等部门，我也去看过了。他们问：这个寺的产权归谁的？这个寺庙周围有46个村，大家都有份的啦，只不过靠崇山村最近，周围那些村相对来说比较远，现在的纪念馆准备造到那里去，这个造房子的报告已经送上去了，要求受理。

赵：希望有一天，林山寺能够修复起来。

王：是呀，这是最好的罪证呀！不能让它消失掉。

赵：是！王老，您知道日军鬼子在义乌开萤石矿的事情吗？

王：知道的，日本鬼子以佛堂的塔山为主开矿石，义乌还有一个地方有日本鬼子的萤石矿的，但重点是在塔山。塔山的萤石度数很高，质量很好，产量又丰富，所以日本鬼子以塔山为主开挖萤石，他们专门有企业来开挖的，搞经营的，然后把萤石运到佛堂，佛堂有条江，汽车开不过去的。佛堂的友龙公祠新中国成立前是办小学的，位于江边，小学前面有个很大操场。日本鬼子来了之后呢，就把塔山的萤石运到友龙公祠前面的操场上，结果变成了日本鬼子的萤石公祠了。后来，日本鬼子用汽车轮渡过江，再运到日本去，虽然是企业来经营的，但有日本军队保护他们的。

赵：我们这里有没有民夫被日本鬼子抓去挖萤石矿啊？

王：江湾这边没有，塔山那边就多了，因为塔山是很大一个村庄，那个村庄的地下都是萤石。

赵：塔山在义乌的哪里啊？

王：从双林寺走过去，到了云黄寺再往里走，那个祠堂很漂亮的。塔山村底下也全部是萤石，开矿的话，要拆房子的，好在没有动过。塔山、云山两个队，同一个村。现在，塔山上的洞还在嘛，一个洞一个洞，很多的。夏天站到洞口去，洞里的冷风吹出来，很有味道的。当年炮台的地基还在，当年运萤石的路还在那里，开挖的洞都埋在那里。

赵：日本鬼子还在南山开挖萤石矿，您知道吗？

王：是的，南山的矿没有挖洞的，都是在皮表上挖的，在南山水库里面。这种萤石放在水里是很漂亮的，老百姓也有人去捡的，捡来拿去卖，但是，近几年不准挖了。

赵：我们义乌对日本鬼子开挖萤石矿这一段历史研究得不是很深，武义那边就有人对此研究得非常透彻，挖掘到的资料也很丰富。日本鬼子在那里挖的时间最长，动用民工的人数最多。

王：对，武义萤石矿被称为"远东第一萤石矿"，他们的萤石储藏量是全国最多的。

赵：是的，当年日本鬼子在武义挖了30万吨萤石，抓去中国民工4000多人。我只知道义乌有南山矿务所和佛堂矿务所，至于日本鬼子如何征用民工开挖萤石矿的详细情况，我并不了解，所以很想弄清楚这一段历史。我现在想起来了，当年日本鬼子造炮台，实际上就是在矿区边上造的。

王：是的，炮台是很高的，可以看得很远很远，两个炮台之间都能看得到的。

赵：是吗？现在还有遗址吗？

王：应该有的。

赵：好，这事先说到这儿。王老，您前后四次去日本参加对日诉讼一案，请把这些情况说一说，好吗？

王：第一次去日本，是日本民间组织的森正孝他们邀请我去的，他们有一个"侵华日军细菌战事实揭露会"，他们请我去当见证人。他们请我去日本各地作报告，是由浙江省外事办的一个翻译陪我去的，他在日本工作过几年。

赵：这是哪一年呀？

王：1999年11月19日坐飞机出发到日本大阪，没有直接到东京，在大阪各个城市作了几次报告后，再到东京。

赵：前后几天时间？

王：十天左右。29日回来的，往返飞机票都事先买好的，是森正孝买的。在日本的吃呀、住啊，一切都是他们付费的。

赵：那次去日本，我们国内去了几个人？

王：4个人，衢州一个（防疫站的医生）、丽水2个，义乌就我一个人，一共4个人去的。我当组长。开始在大阪，我们都是在一起的。后来是分两班作报告，我跟衢州的那个人一班，另外两个人一班。走了10个城市，每到一个城市就去作报告。开始时，我是按照稿子讲的，后来我就不按稿子讲了，这个稿子太长了，我就把真实意思讲一讲，讲到后来也都很熟练了，发挥得很好。日本人组织能力很强，每次报告会都组织得很好。

赵：王老，你们在报告时，日本有没有人听得掉眼泪？

王：日本731部队的一个老兵，他来听报告，我们实际上就揭露他们做过的事情呀。我们的报告还没结束，他就走到前面来，跪下来，他说：我们对不起你们，我到中国干过这些事情，我忏悔，我有罪。

赵：您知道这个人的姓名吗？

王：知道，他叫筱冢良雄，80多岁，这个人去年死掉了。1644部队的分遣队天天在崇山转的，他们是来检验细菌杀伤力的效果、威力，看看你今天得病，几天后会死掉，拿去检验的男女老幼都有，看看他们有哪些不同情况。他们拿着标本去化验，化验出来的效果很好，这些日本人回去后，写成论文，如《鼠疫松山株效果很好》之类的文章。他们每个人天天都要记工作日记的，很多人被解剖掉，他们都要记化验报告，供他们自己参考用的。

赵：王老，您在日本的时候，心情很沉重吧？

王：我在东京作报告的时候，我是发火的啦（哽咽、语噎）！日本鬼子没有一点人性的啦！良心都没有了！他们都是猪生狗养的呀！都是些野兽啦（落泪，嘴唇哆嗦）！这些事情，我是从调查当中收集到的，日本鬼子搞得很隐蔽，有些事情村民们是不知道的。究竟村里死了多少人、多少人被剖肚皮，连老头子们都弄不清楚了。后来，我是印了表格，组织了人，一家一户去调查。我把他们分工分好，你两个生产队，他两个生产队，一个月里面把它搞清楚。这样，大家才明白当年的详细情况，好像重新上了一课，调查的人虽然是本村人，但很多事情都没有听到过，因为当年，大家都今天不知明天事，都坐在家里等死，没心思去顾别人的事。崇山人到底是犯了什么罪？要受这么大一份罪！

赵: 王老,您第一次去日本作见证人的时候,王选有没有去呀?

王: 她是中国细菌战受害者诉讼原告团团长,她在法院那边,我在见证人一边。1997年8月11日递交诉状的。1998年2月16日,在日本东京第一次开庭,同年5月是第二次开庭,那年开庭4次。王选是每一庭都到场的。我管浙江义乌的见证人,他们的护照、签证什么的都是我负责办理的。湖南常德、浙江衢州、江山等地,他们自己办理。义乌共有69个原告,其中崇山村就有30个。

赵: 王老,您先后4次去日本作证,这么多年下来,您有些什么感受或者说体会?

王: 后来三次,我都到法庭去的。开庭之后,日本律师会开见证会,请日本的议员、日本的民众来听听我们这些受害者的声音,有一次,还请了日本防卫厅的人来听我们的控诉,他们都是日本的友好人士。还有一次,请来了日本外务省的人来听,我们要求他们把细菌战的档案资料拿出来。我前后4次去日本,一次是作证,三次是出庭。一审败诉之后,我们又提交到日本高级法院。正好那时,日本的民众、司法组织播放日本帮助美国去打阿富汗的片子,片子里播放着日本军人运弹药,当后勤,帮助美国打阿富汗,还播放日本要员参拜靖国神社,那次有3万多人在东京日比谷公园集中,这个公园有一个露天音乐大厅,可以坐好几万人的,日本的青年组织、妇女组织以及许多组织联合发起,抗议日本政府出兵阿富汗与参拜靖国神社、否定历史、篡改历史教科书等等,这些内容都跟我们这些受害者一致的。那次,我们去的人也不少,有五六十个人,但原告不多,因为原告没有钱;有钱的人都不是原告,他们大多是来声援的。那天一整天都在活动,9点钟集中,一直到15点钟结束。开大会时,各个团体轮流作报告。王选到台上去领唱日本的歌曲,关于和平的歌曲。很多日本人知道王选,知道她在与日本政府打官司索赔。所以,王选在台上领唱时,他们就喊:"王选!王选!"

赵: 王选在日本名气很大吧?

王: 很大,都知道她爱好和平,坚持真理!很多店员都喜欢她,尤其是女的。那天上午9点钟开会开了两小时,游行游了四五个小时。

赵： 在日本的大街上游行啊?

王： 对啊，在大街上浩浩荡荡地游行，很多很多人啦。

赵： 您也去游行吗?

王： 去啊，我肯定去的呀，好不容易去日本，有这样的机会岂能放过，我也跟着大家一起游行，喊口号，那真是群情激昂啊！

赵： 能想象得出来，王老，你们去日本，是不是很节俭呀?

王： 中国人尤其是原告们去日本都带了吃的东西去的，都是很节约的。我是带了许多方便面去的，日本饭店的饭菜都是很贵的，一碗稀饭需要人民币5元钱。

赵： 您是从国内带方便面去日本的?

王： 是啊，我们原告都是带方便面去的，在日本的一个礼拜都是吃方便面的。日本的中日友好宾馆里有一个大垃圾袋，里面都是吃掉的方便面盒子。我有时候去跟柜台的服务员聊天，他们很多人会讲中国话，他们说：你们天天吃方便面，太节俭了。我们这里有食堂的，不去买点好的吃吃啊? 面包、稀饭都有的。我说：你们这里的稀饭太贵了，我们中国的一碗稀饭只卖5角钱，你们却要卖5元钱。一只鸡蛋或一只鸭蛋，要3元钱。我的钱不愿意花在这里，我要回到家里去吃，在这里吃饱就行了，我又不是来吃的，我是来打官司的。他们说：你们中国人太勤俭，太节约了。湖南常德那边的人到了日本就跟我们不一样了，他们没有原告去的，集资集不起来。他们的组织者是常德市人民政府外事侨务办公室主任，是个女的，是她组织搞调查的。她有本事，能向市长要得来钱，每次到日本去，她都是可以报销的。她组织那些退居二线的领导，前去日本声援，这样既出了国，又为细菌战诉讼原告团出了力，他们都是很会讲话的，每天都在食堂里吃饭。

赵： 他们没请你们一起吃饭啊?

王： 我们在一起大家都是非常友好的，但到吃饭时，他们都到食堂去吃。我们都在自己的房间里吃方便面。

赵： 王老，您说到日本发脾气是哪一次啊?

王：那是一审判决，承认日军细菌战事实，决不赔偿。这个事情实在是太气人了，于情于理都不合的呀！他们依据的是《中日联合声明》，那是 1972 年定的，《声明》中规定：中华人民共和国政府宣布：为了中日两国人民的友好，放弃对日本国的战争赔偿要求！按照日本 220 个律师的解释，国家放弃了战争赔偿，但民间有权索赔！受害者有权索赔！中华人民共和国政府不能索赔，因为之前已经有诺在先，不能反悔，但民间是可以索赔的。我当时发脾气，我说：新加坡那个李光耀讲过，日本那个国家是特殊的国家，只要它国力一强大，必定要搞侵略、搞扩张。我说李光耀说得对，这个日本国就是这样，不会改变的。当然，日本也有许多好人，如果日本人全像侵华日军那么坏的话，这个日本民族就不能存在于这个地球上！应该全部毁灭！嘿嘿！大家听了我的话之后，热烈鼓掌！话又说回来了，日本也有好人，像森正孝啊，土屋公献啊，一濑敬一郎啊，还有那些民间组织啊，都是很好的。所以，因为他们在，我们也不好把他们全部毁灭，要连累到他们的呀，于心不忍啊，他们都是好人！可是，安倍晋三参拜靖国神社，就是一步步在那里复辟军国主义，民怨很深呐。

赵：王老，我在看资料时，说王选好几次在日本东京的法庭上哭，有这个事吗？

王：有有有。王选在法庭上是一口日语讲话的，她讲到激动的地方，就哭，有几个法官是女的，也哭。我们原告去陈述，她们也哭。

（采访至此，从门外进来一位先生，叫金承贤，王老介绍说：他一直在外面做事的，回到家乡来，听到细菌战诉讼这个事，知道我坚持搞了这么多年，他很佩服我。改革开放后，他在外面做点小生意。现在，他的子女在做生意，很不错的，赚了些钱。他就在外面做公益事业。现在呢，他要来参与细菌战受害者的有关工作，力求将林山寺作为文物保护起来，他们村靠林山寺很近，听老百姓讲，那里杀了很多崇山人，所以他愿意参加我们的队伍，来做这个工作。他说我这个老王如果用得着他，就叫他去跑，因为他年轻，他说他很愿意去做的，现在在纪念馆值班的王基旭已经 76 岁了，我让他跟王基旭去做朋友，一道配合做事，他很积极的。）

赵：真难得，真难得！不容易！

王：他把林山寺破烂的房子作为文物保护起来，修复起来，不让它倒掉。他在为此事努力。（王老请金承贤先生先走一步，他继续接受我的采访）现在，细菌战纪念馆成为爱国主义教育基地，推动着国家细菌战纪念馆的建设，林山寺劫波亭花了20万钞票造起来了。在村里呢，日本鬼子烧毁崇山村，用一个花岗岩，把图刻起来，把崇山烧掉的家庭用号码编起来，1号是谁家，2号是谁家，3号是谁家，一个个号码编好，这是日本鬼子在光天化日之下，烧毁崇山村的罪恶铁证，死难者的名单都刻在劫波亭的碑上。

赵：王老，细菌战诉讼官司还要打下去呢还是暂停啊？

王：这个事情呢，肯定是要打下去的，准备打到国际上去，到国际人权委员会去控告。国际法庭必须是国与国之间的控诉，如果民间去控诉的话行不行呢？也行，像日军细菌战，中国死了好多人，你有个受害者协会，有个团体组织，由组织递上诉状，他们会受理的。

赵：国际人权委员会在荷兰吧？

王：海牙，在荷兰，王选去海牙联系过了。

赵：结果如何？

王：他们说：你们细菌战诉讼要有个团体组织，必须是政府批准的，可是日本官司打结束了，没有路走了，王选只好找到这条路上去了，也曾去联合国联系，他们说，联合国只能是国与国之间诉讼，民间是不能受理的。最后，有人知道，说你这个事情属于人权问题，无辜的老百姓是日本鬼子用细菌杀害的，你们可以诉到人权委员会去。人权委员会有条件的：一定要有团体。之前，我们跟日本打官司是没有团体的，自己组织一个原告团，诉状也是没有一个组织盖章的，如果这样子递到国际人权委员会是不行的，他们不会受理的，要搞一个细菌战受害者协会才行。这个协会搞了10年了，我都跑了好几年了，民政局里，其他的事情一下子就办好了，我这个事情必须要请求上级领导，有的领导说：这是跟日本打官司用的，要支持他们，给他们办好；有的领导怕事，说：这不行的，牵涉到外交问题，要慎重一点啊！到2003年批下来了，好了，原告团的新闻发言人说这是"中国首家细菌战受害者协会",请义乌市领导批准,文件下来了,嘿嘿!马上就报道出去了,结果被省里领导知道了,马上找到民政厅厅长,讲了一句话:你们义乌细菌战受害者协会这种组织一定要慎重一点!厅长一听,就让我们停办了。有事不如没事,多一事不如少一事嘛,万一不小心,他们的乌纱帽丢掉了,是吧?反正吃亏的是老百姓,跟他们何干?他也没明确让你们不办,就是说要慎重。

赵:实际上就是暗示了嘛。

王:对呀,慎重就是暗示不要办了嘛,但义乌市的文件已经批下来了,网上都已经挂出去了,如此一来,只好拖下来了,本来老早就组织起来了。金华、丽水、温州、江西以及湖南常德等地都想成立这个协会,甚至还成立了一个联合会,会都开过了,一致推选王选为会长,因为到日本打官司,没有她是不可能的,非要她当这个会长。王选是既会讲英语、日语,又会讲普通话,还会讲义乌话,这样的人没有的啦。她的语言能力很强。她的个性也很强,连美国、日本那些律师,她都会跟他们吵。她对坏的事情是很痛恨的,火气一下子就上来的。再来说这个协会就一直停下来,没有办,也没有办法筹备。

赵:现在大家都在看义乌?

王:各地的人都看义乌,义乌没有批,各地的民政局也都不批,结果到了去年,义乌市委书记换了。新书记有点雷厉风行。我写了一封信给他,就说"义乌侵华日军细菌战纪念馆"原来政府早就定的,请上海同济大学教授来设计,设计费30万元都寄出去了,设计好了,40亩土地也批下来了,但相关干部都停在那里不动,本来都商量好的,市政府投资,到现在呢,日本当权者这么坏,如果我们不造纪念馆的话,他们高兴都来不及。他们巴不得我们已建的细菌战纪念馆都拆掉,把这一段可耻的历史抹杀掉,不要把这一段不光彩的历史保存下来。我的信给了新书记,他马上就批示:不忘国耻,爱国主义教育很重要,我大力支持!市委书记亲自点名宣传部长负责这件事情。新书记追问施工图设计过没?回答说设计好了,是同济大学教授设计的。新书记说:拿来我看看。结果他一看,说:这个档次太低了,不行,要重新请人设计,力求高档的，起码是省一级的水准，因为这个纪念馆跟别的纪念馆不一样。好，一切推倒，要重新来过了，现在请来一个工程院士在那里设计，方案是定过了，今年下半年要动工的。新书记抓得很认真，他是直接抓这件事的落实。主管单位是义乌档案局，这个纪念馆以后就归档案局管。要落实编制，经济问题由财政局负责。在开设计功能座谈会时，我也去参加了。后来他们认为我年纪大了，不来叫我了，如果有事情要问我的话，都到我家里来问，所以档案局的相关人员经常来找我，他们有个思想顾虑：投资这么大，一个亿，展品都没有这么多，他们档案局没有这么多展览资料的，纪念馆造起来空荡荡的不好看。我说展品由王选负责，她能够提供的，无论是美国档案、日本的资料还是国内以及义乌、崇山的调查，她全部都有，我们有的资料也都全部交给她集中保管，因为她到日本法庭上打官司时作为证据要用到这些资料的。

赵：王老，官司结束了，您现在的想法是什么？

王：官司是结束了，但日本政府不认罪、不赔偿，这口气出不了啊！日本有一个律师团，中国有一个律师顾问团，他们都是自愿参加的，都是自费的，他们给我们出点子，说要告到联合国去。刚才说过了，联合国告不来，只能告到国际人权委员会。王选就两次去人权委员会询问，他们指点她，说民间受害者要组织起来，要成为经过政府批准的社会团体，这样的话，就可以打这个官司。现在苦恼的问题是，这个组织批不下来呀，搞了将近10来年了。

赵：那怎么办？这个官司打不下去了？

王：去年我写信给他，第一个项目纪念馆他批了，各部门都在动工了，但这个受害者协会一直耽搁下来不办。我就这个组织问题给他写了第二封信。他看到我的信，很重视，马上指示，而且点名叫哪几位局长负责。他说把这个组织办掉。过了三天，民政局社团组织相关人员跑到我家里来了，说你们那个受害者协会问题，名称再定一下，就把这个事情拿来办掉。我说这个社团组织要准备3万元钞票、银行证明、受害者协会会员名单、协会组织领导人员、身份证复印件等东西。他们说这些东西就不要搞了，你们送来的那些材料足够了，只要找个挂靠单位就行了。我说挂靠单位就是档案局，因为纪念馆归他们管的。好了，第三天就办下来了，社团许可证也拿来了，文件原先早就批过了，这次就不要再批了。所以，新来的书记能办事，能办实事！我是很佩服他的，很感激他的。

赵： 批下来后，开过成立大会了吗？

王： 开过了，成立大会开过了，公章也刻好了，银行账号也有了。现在呢，各个县的许可证都要去办下来，联合起来，才能成立一个全国细菌战受害者协会，如果你要到国际上打官司，这个组织必须是国家级别的，县级、省级组织都不行的，以后的事情，都请王选去办了，她去各个县、各个省跑，请他们都把这个协会成立起来。不过，王选很忙的，她有她自己的事情要做，她现在所做的事情不是以打官司为主的。上海交通大学邀请她去做研究，与日本政府20年官司打下来，东京审判的事情或资料要研究、要总结。有一个研究室，要她写一本书。第二件事情呢，她在上海交通大学要给学生上课，一个礼拜两节课。她现在没有钱，全靠她丈夫给她钱花，所以有空时也要赚点钱。另外，北京大学有个侵华日军细菌战的课题，聘王选为研究员，要她提供材料，请她研究写书。这些事情她都愿意做的，凡是细菌战的事情，她都不怕吃苦，会去做的。她如此忙，各地协会她也顾不过来，就让各地自己去成立协会。她就在电脑里发信息、提建议，或者打电话。她今年也有63虚岁了，1952年出生的，年纪也不小了，身体也不行了，腰、膝都不好。

赵： 是的，年龄不饶人，王选老师要做减法了。

王： 我也希望她能保重身体，不管怎么讲，她是我们大家的主心骨。

赵： 王老师，我想再问您一下，当年村子烧掉以后，有没有人逃到外面去呀？逃到外面的人数统计过了吗？

王： 没有办法统计呀，当年，日本鬼子烧房子那天，集中人，把每户人家都赶到一块，村里的1000多人都赶到山背上，大家你看我，我看你，感觉只剩下五六百人了，当时也不知道少掉的是死了还是逃掉了，弄不清楚了，因为后来怕日本鬼子听到拉去挖肚皮，所以大家都不哭了，也就不知道谁家死了人，即便死掉，白天也不敢埋葬，都是在晚上偷偷地背去埋掉的。当时没有及时调查与统计，到底死掉多少人都不知道。1995年，我组织人来调查，一户一户去查，村里人的都感到很新鲜。村民王基旭说：我到现在都不好意思讲，因为我奶奶是第一个被日本鬼子拉去解剖掉的。我问他：你为什么不早点报告、不早点讲呢？他说当时不明真相，总觉得人家没有解剖，我奶奶拉去解剖，太倒霉了，太难为情了，还以为是自己做人没做好，遭报应啦。他哪里想得到这是日本鬼子造的孽啊！很多人家的亲人被日本鬼子砍去手和脚，都不会讲出来的，怕人家笑话他们人没做好，所以有此报应啦。村里被日本鬼子强奸的人更不会讲啦，怕倒霉啦，怕难为情。

赵： 王老，请问当年你们在庙里住了多长时间？

王： 住了3年。其中有两年没有读书。我13岁时又去读书了，不在村里读，是到乡校里去读了。我初小都没有毕业，就去读高小了，跳级跳上去的，想去读初中呢，但又不敢想，因为家里贫穷，读不起，主要是学费交不起了，后来就在家里做农活。我父亲是做裁缝的，那时候大家都苦，谁还来做衣服呢，所以我父亲没有生意，养活不了家人，于是就去做小生意，还去给人家加工蜜枣、南枣，时间在农历七八月间，加工的工资很高的，一个月赚来的工资有五担稻谷可以买。我父亲很喜欢枣子，我家有0.75亩土地，都种了枣子。我父亲把它们都嫁接起来，枣子长得很多，有七八百斤好收。一担青枣可以换两担稻谷。村里有户人家外出的，有1.5亩土地空着，我父亲把它典过来，典了十年。那块地有15担青枣可以收，也就是说，这一块地就可以养活一家人。枣子卖掉去买稻谷。

赵： 您当时不读书了，在家里做什么呢？

王： 我不读书了，才15岁，日本鬼子投降了。有些老板来办南枣厂，我就到厂里去打工，做什么呢？去挑拣枣子，把锅里面煎好、烘燥的枣子，30个一斤的那批要拣出来，40个一斤的那批要拣出来，总之是要把大类、小类的枣子拣出来。大的枣子价格高，小的枣子价格低。我拣枣子可厉害了，既准又快。30个一斤也好，40个一斤也好，凡是我拣出来的枣子，你拿去称好了，一点都不差的，至多是平一点或翘一点的区别，绝不会相差一个的。那个老板很喜欢我，说我年纪这么小，眼力就这么好。所以，每年青枣生产的时候，很多老板都要来找我父亲，说：你们父子俩都来。我父亲收购枣子、挑拣枣子都很内行的，我是专门挑拣枣子的，我们两个都做得很好，大家都来抢着要。我做了两个月，老板就给我一个月两担米，十几岁的孩子，那是很不容易的啦。

赵：是，那是很厉害的了。

王：是呀，到了我 16 岁，枣子挑拣好，要打包，装到桶里，通过义乌江，运到金华、兰溪去，还从钱塘江运到杭州、桐庐、建德去，在杭州的枣子，还得发到广州去卖。一只木桶装 100 斤，从村里挑到江边的船上去，比方说 5 角钱一桶的运费，人家两个大人都是抬两桶，或者只抬一桶，16 岁的我是一个人挑两桶，一只桶净重 100 余斤，挑两只桶等于是 200 多斤了，我都挑得动，而且挑得蛮快，越快，运费越多呀，所以，那些大人都说：哎呀，培根，你还这么小，挑不得的呀，你的骨头要挑坏的啦。

赵：你是为了钱，拼命干了。

王：是呀，家里穷，有钞票赚，苦一点也愿意呀，再说，这人也是靠锻炼出来的，做枣子的老板在金华有个火腿厂，他说我做事聪明，又有力气，就叫我去腌火腿。我去做了两年，解放军来金华了，我们老板家的房子多呀，解放军就住在老板家里。

赵：解放军住您老板家里，您一定很高兴吧？

王：那时候也不知道解放军、国民党军，国民党军也来住过的啦，听说解放军要来了，国民党军半夜里就走掉了，我们都不知道他们啥时候走的，他们悄悄走掉的。有一个国民党连队住在老板家里，走的时候，好多子弹都留在那里，不带去，他们都轻装上阵呐。第二天，我到楼上去拿柴火，嘿嘿！这么多子弹啊！我拼命捡起来，装到一个箩筐里。当时，我干起活来像大人，骨子里其实还是个小孩子，觉得这些子弹好玩嘛，就捡起来。后来，解放军来了，也住在老板家里。他们到楼上去打扫卫生，好多子弹被他们找出来了。我当时是干活的嘛，围裙围起来的。有一位解放军问我：这是你的家吗？我说不是，我是当学徒的。结果，这个解放军对我很好很好，好得跟兄弟一样了，当时家里还有4个工人，我不但要干活，还要烧饭给大家吃。火腿厂里劈下来很多火腿骨头，有一大锅子，我烧起来，请解放军同志吃，火腿骨头很多的，解放军拿去吃就是了，那位解放军见我冬天穿一条裤子，袜子也没有，就送我一条裤子，还有内裤，一双解放鞋。其他军衣他是不好送的。他见我晚上盖得薄，还送给我一床棉胎。我想：我怎么碰到这么好的人了，怎么让我碰到的呀，哈哈。

赵：因为你前面碰到的日本鬼子太坏了，现在碰到这么好的解放军，反差太大了。国民党军有没有送你东西呀？

王：国民党军人也不坏，可是很可怜，有的军人违犯规定，就要打屁股的，扁担打得粉碎还要打。我去看了，不忍心，说：好了，不要打了，他也是母亲生出来养大的啦！

赵：国民党军官打士兵是吗？

王：当官的叫士兵去打，他自己站在边上看，有一个逃兵逃出去，被抓回来后，就打成这样。还有更惨的呢，打死了好几个，还没死就装到棺材里去了，抬出去时，棺材里面的人还在哼：哎唷，哎唷！他们也不管，抬出去埋掉了之。唉！可怜呐，那屁股都被打烂了，都是血。国民党有些兵被打伤了，我看他们可怜，也偷偷地给他们吃东西，火腿肉烧一碗捧给他们吃。

赵：您觉得解放军与国民党军有什么差别？

王：有差别，解放军对我像亲人一样，亲得不得了。他们有一辆自行车，解放军问我：脚踏车你会骑吗？我说不会骑。他说你去把车拖来，我教你骑。16岁那一年，解放军在晒火腿的场地里教我骑自行车，不久我就会骑了，刚解放那年，解放军教会了我骑自行车，我是很高兴的。

赵：王老，解放军对您这么好，您当时没想过要去当解放军啊？

王：我没有想过要去当解放军，我总是想用劳动收入来养家。那时候，我已知道我父母太可怜了，我尽量地去劳动，赚点钱，所有赚来的钱我都不用的，都交给父亲。现在讲起来，报恩父母，那时候不知道报恩，只知道要孝顺父母。我知道他们为养活我们子女太辛苦了。我母亲经常到田野去找野菜，柴火不够烧，又去割草，晒干了当柴火烧。一直到了十七八岁，那个老板不办厂了，我就只好回家了。村里有农会,我就参加农会工作。解放军来了,农村里要组织民兵,保卫胜利果实,还要肃清土匪,要帮助解放军剿匪。我们还要自己保护自己。他们在选举队长的时候,一致推选我,因为我小学毕业,有点文化,当时农村很多小朋友都没有去读书,像我这样有点文化,又做了几年工人,解放军就想来培养我。结果到土地改革结束,乡政府里面的人都看到我工作很积极,就送我到金华地委学校里去学习,我的社会关系、政治条件都好的,加上学习很努力,学校就把我留下来当干部。我是积极分子,学习小组组长,被地委挑去4个干部,留在金华。3个月之后,我发现普通话听不懂,一个朋友送我一支钢笔,说你去要用到钢笔的,不管开会学习都要用笔记本记录的。一年以后,那支钢笔都不敢插到外面,放在口袋里,因为那时,如果把钢笔插在口袋里,是很出风头的,很时髦的。我是怕的,人多的地方写字都不敢写,主要是我自己的字写得不好看。

赵:呵呵,您谦虚了。

王:不过后来,我蛮努力的,经过长时间的训练,我的速记就变得很快了。

赵:锻炼出来了。

王:是的,土地改革的时候,农会里的干部,去乡里开代表会,都叫我去发言,开头我不会讲话,后来讲讲,就蛮会讲话了,所以,我参加金华学校的学习、讨论、发言我都很好的,评到了学习积极分子,后来一直在义乌工作,长时间在区委里工作的,在佛堂区委工作了12年,区委撤销后,又到县委办公室工作了3年,在机关里我不习惯,写文稿也写不起来,我就随工作组下乡检查工作,这是蹲点,因为县委书记要蹲点,我跟他在点上工作。到了1972年,我到义亭区委工作,义亭区委也有一个实验组,县里的工作组蹲点是两年,一年是东跑西跑,全县都跑的,所以我全县都熟悉的。佛堂与义亭两个区里有20多万人口,这两个区相当于半个县,这半个县里的人都知道我的。最后,我到了稠城镇里工作,当镇委书记,就在县委周围工作了。可以说,我是城里乡下都工作过,全县知道我的人也很多。

赵:在稠城镇里做了多少年?

王：从1981年开始一直干到退休，退休后就住在城里。

赵：王老，您有几个小孩？

王：我有5个小孩，3个女儿，两个儿子。我是一直听党的话的，计划生育后，第五个孩子我是想不要的，我老婆呢不嫌小孩多，我怎么动员她都不同意。她最好是生6个小孩，要生三个女儿，三个儿子。

赵：呵呵，还有多子多福的思想。

王：我说我是当干部的，人家要看样子的，你抓人家抓得那么严，自己却那么宽，所以不管我老婆怎么说，我一定要去结扎掉。第五个孩子生出来就去结扎掉了。我老婆是农民，在家里种田的，她没有文化，但很勤劳，很会干，在村里很通情达理的。她还养猪，最多一年养猪多达十头，拉去卖掉。因为我在外面工作，家里没有工分，当时劳动粮是按工分分的，养猪呢，一斤猪有2个工分，1000斤猪能得2000个工分，所以她拼命养猪。后来包产到户了，单独种粮她吃不消，就租给人家种了，我就叫她出来。人家双职工都要上班，都有工资拿的。我是单职工，工资低，子女又多，一家生活非常困难。当初就是靠她养猪养出来的。我到稠城工作以后，她也来城里住了，到裁缝厂里去劳动，30多元一个月。后来，义乌市场开放出来了，好几个人都来叫她一起去摆摊做生意，她说我老公不同意的。

赵：哈哈，为什么啦？

王：她觉得做生意如投机倒把一样的，不好意思嘛。到了1983年，她才去摆摊，人家都已经赚饱了钱了。有个妇女，我曾经批给她家里造房子，她很感激我，就把我老婆带去做生意，嘿嘿，一个礼拜做下来，就不回头了，味道很好呀，很好赚钱啊，比做工好多了。一个礼拜赚来的钱等于一个月的工资。她没有文化，租一个摊位，就做裤子卖。我当时还不好意思，因为我是干部嘛，头脑还没彻底解放呀。我当时是支持老百姓去市场做生意的，但没有支持家属去做生意。我大儿子是在二轻的厂里做钳工，修模子。女儿去读书，可是他们都只有初中毕业。当时我的思想呢，就是不想成才，只要有点文化，能自食其力就可以了。人家双职工培养子女都是大学毕业的，成才了，而我们就不一样，现在想起来是很可惜的。

赵：那您老婆是什么时候去世的呀？

王：2012 年去世的，才过了两周年。她得了糖尿病，又恶化为并发症、尿毒症。她主要是前半世太辛苦了，子女多，靠她领大，还要养猪、劳动，还得操持家务，很辛苦的，最后她又拼命去做生意赚钱，累倒了。那时候我就不知道去买房子，我想自己是国家干部，不愁没有房子住，那时如果用她赚来的钱去买套房子很容易的，这块土地是我批的，批给房地产公司的，当时只有 2.5 万元钱一套房子，96 个平方。

赵：哎呀，您当时要是多买几套，现在就不得了啦。

王：是呀，公司经理对我说：您要几套给几套，但人家房子没有，我是要千方百计帮人家解决掉的。前几年，这种房子可以卖到 230 万元，最低也能卖到 180 万元。

赵：以前是 2.5 万元钱买一套，现在只能买一个平方。

王：是呀，当时多买几套，我现在卖掉一套，去日本打官司的钱就有了，就不需要向别人去讨啦。

赵：您当时的思想太好了，您不愧是共产党的优秀干部。

王：呵呵，我一个女儿到机关去找人，想要份工作。人家就说：你还要来找工作啊，找你爸爸就行了，不就是一句话嘛！她不会来找我的，我要骂她的。我说你做工人没有资格，你又不是居民户口，而是农民。农民再怎么好，机关里也不会要你的。你必须是大学毕业才行，如果去开后门，这对我们当干部的人来说，就是搞不正之风，绝对不能做的。现在还是改革开放好，像我这样模式的家庭也解脱出来了，能享受到改革开放的好处。我大儿子现在的户口还在农村的，家里留一丘田种种，他自己办了一个胶木厂，做小五金，赚了钱，到这里的居民区里批了三间地基。当时县委书记叫上我登广告，去吸引农村万元户来经商办厂。

赵：您登了广告了吗？

王：嘿嘿！我这个布告一贴出去之后呢，很多人来了，有的要三间；有的要五间；有的要一亩土地；有的要一千平方米，嘿嘿，不得了。当时我是副指挥，城区这一块基本上是我管的，弄一个班子，一个办公室：稠城建筑办公室，我批文，他们去落实办理。所以，我儿子算是专业户进城。我到50多岁时算是老干部了，可以照顾一个子女，户口迁出来，当时能把户口迁出来已经很好了，就是居民了，吃公家粮了。我大女儿嫁在城区，一个居民家里，女婿父母是当医生的，我女婿是在工厂里工作的，现在旧城改造了，有新房子住了，在商贸城那边。第二个女儿嫁到稠城胜利大队，现在也变为城市了，她自己在做生意，一年收入还可以，享受改革开放带来的成果。小女儿跟我们村里的一个年轻人恋爱，本来城区有好几个对象来介绍，他们都办厂的，我小女儿都不愿意，要嫁给本村那位年轻人。他父亲是部队的转业干部，在国家粮管所工作。计划生育只准生一个，我小女儿就生了一个女儿，小家伙很聪明，在电信局里工作。小女婿有工资的，她自己呢交了社会保险，到50岁就可以发工资了，现在几个子女都不错的。

赵：*王老，您的子女们都挺好的。*

王：对，都很普通，没有特权，但都平平安安的，我已经很知足了。

赵：*这样最好。*

王：是的，这样子好！我虽然当过书记，到下面去也有权，但这个权力我不看作是权，而是责任。我出来工作时，我母亲就同我讲，你一定要爱护老百姓！这一句话我永远不会忘记（说到这里，王老语噎，哽咽良久），虽然我家里有点困难，我的粮票都是接济了那些困难的人了。当时农村的农会里有个干部，家里很困难，我两元一个月的贴花存款，有30多元钱。我家里也很困难的啦，我就送给那个贫穷的干部，我说你去买两只小猪养起来，养大了去卖掉，可以改变家境，后来他确实以两只猪起家，家里生活发生了大变化，变好了。这事我跟家里都不敢讲的，我若讲了，父母要骂我的。我父亲要喝酒的，他喝酒的钱都没有，你还拿钱去接济他人啊，是吧？

赵：*王老，您心地善良，不愧为老百姓的父母官！*

王：那不敢当的。

赵：王老，您有没有为崇山村百姓做过什么好事呀？

王：好事倒算不上，前段时间呢，我们村里的庙已经300多年了，快要倒塌了。我说这个庙历史长，庙里的建筑也好，倒掉太可惜了。

赵：是不是1942年日本鬼子烧掉崇山村后，你们去躲避的那个庙啊？

王：是呀，就是这个庙，快要倒掉了，瓦都掉下来了。我一走进去，嘿嘿！危险！石头柱子都歪了，太危险了，随时都有可能倒塌掉。我马上走出庙外，找到村里的村干部，我说你们到我家里来一下。我叫了十来个人，开座谈会，我说上代太公把这个庙子造起来，那个石柱有八九米高，这样的石头柱子取料是很难的，现在的石匠师傅是很难取出这样的好料。如果一倒，石柱就要断掉，太可惜了，我们要对不起老祖宗的，我们这一代人一定要把它修好！村里的干部说，这事情是好事情，可是没有钱来修呀！我说大家一起来凑钱，去集资。少者2元、3元都行。结果，后来又叫来十多个人，把这个任务分工分掉，支部书记管安全，把庙子拆掉，原地造起来，用原木造，把歪石柱扶正，上面的石梁也都用上去了，这些石梁很大很粗很重的，不知道过去是怎么弄上去的；还有一个组去集资，就是那些拜菩萨的老太太，让她们去集资，她们集起资来很有本事的；还有人管义务工、劳动力、记账。我去找房管所，有许多房子拆掉的，好的木头我们都去捡来用，因为我当过稠城镇的书记，房管所的领导也看得起我，那些木料只是算点钱，不多，意思一下。我是拿去修庙的，他也知道。庙里的菩萨早就给人砸掉了。后来，义乌师范学校里有一个老祠堂拆掉了，有许多旧砖、旧瓦，我们也运了很多到村里修庙。县里有个城市管理大队的，他们有部工具车，他们免费给我们运的。我又到佛堂砖瓦厂去买砖头，新砖头本来是1角2分一块的，那个厂长是知道我的，给我便宜一些，8分钱一块。就这样，几万砖头，钱都没有付，先运过来用，一个多月就修好了，很快的。

赵：王老，您功德无量啊！这是人间上善之事呀！

王：呵呵，不过塑佛之事我不来管了，由那些老太太自己去集资，把佛像塑回去。我知道我也不好去管这个事，必须回避一下。我也相信那些老太太，她们肯定会把这件事办好的。

赵：现在庙里的佛像都塑好了吧？

王：早就塑好了，现在搞得很好。我昨天又去看过了，很好的。

赵：真好，王老，您现在身体还好吗？今天接受我长时间的采访，会不会很累呀？

王：今天还好，今天你来了，我高兴，精神不错。昨天呢，我到庙里去了一下，庙里在打佛七，是最后一天了，有位法师要我去一下。我女儿的车送我去的，从庙里吃了中饭回来的。昨天这样子一走，心情也好了，感觉又有一扇窗口打开来了。今天你一来，我的精神更好了，讲了几个小时都没问题。

赵：谢谢王老支持我的工作，谢谢！

王：应该的，你要写书，我这里有两本书你拿去看一下，作参考，一本是翁本忠的《细菌战受害与赔偿诉讼》，另外一本是张世欣编的《浙江省崇山村侵华日军细菌战罪行史实》。

赵：太好了，谢谢王老！昨天，何必会老师也把他收集了多年的几十万字的资料复印好交给我了。我在那些资料里看到您在东京作报告时的照片了，很感动，还有原告们的控诉词，我都看了，都看哭了，想想自己，想想别人，谁遇上这样的灾难都是难过的。

王：你这个人心也很软，今天陪着我也哭了好几次。

赵：换作是别人，也会哭的。

王：张世欣是浙江师范大学的教授，他写了《浙江省崇山村侵华日军细菌战罪行史实》这本书后对我说：我从来没有这样子流过眼泪，这本书写下来，好多眼泪流掉了（语噎，流泪）。他写的这本书很有价值。印得不多，1万本，义乌市教育局买了9000本，拿到初中二年级去分发掉的。我自己留下了1000本，送送人。现在来找我要这本书的人也很多，我说已经没有了，送完了。

赵：王老，真是不好意思，采访您一整天，让您辛苦了。我是很想听您说这些事，但内心里又心疼您，怕您坐不住。

王：这是应该的啦，你也是很辛苦的，为历史负责，在做这个事。我是在大家的指导下，做点实际工作。

赵：王老谦虚了，王老，非常感恩您，接受我一整天的采访，上午、下午，中途都没有休息，水也没有喝一口，我感到很内疚。

王：你不用内疚，今天你来，我很高兴的，精神也好。

赵：谢谢王老，下次来义乌，我一定再来看望您。

王：好，谢谢！

赵：王老多保重！请留步，再见！

王：走好！

■ 王甲升

我要学航空，航空报国

采访时间：2015 年 4 月 30 日、5 月 1 日、5 月 30 日、6 月 3 日北京时间
　　　　　19∶00—21∶30（先后 4 次采访）
采访地点：隔洋电话采访，王甲升在美国家中，赵福莲在杭州家中
受 访 者：王甲升（王）
采 访 者：赵福莲（赵）

王：喂？你好！是赵福莲吗？

赵：是，您是王甲升老师对吗？

王：对对对，你好你好！我给你打了好多电话，终于打通了。何必会先生告诉我你的电话，他说你要采访我有关细菌战方面的事情。

赵：是的，王老师，不好意思，给您添麻烦了，我一时来不了美国，只能在电话里采访您了。

王：不要紧不要紧，现在通讯发达，远隔重洋，近在咫尺啊！

赵：是是是，王老师，您稍等，我看看录音笔有没有打开来。

王：没事没事，你慢慢来。

赵：好，打开了，王老师，我们随便聊，不必拘谨。

王：小赵啊，我前几天住院检查，发现左边的静脉血管 50% 堵塞，右边的呢，100% 堵塞。所以，我大女儿叫我今天去医院做超声波检查。哎呀，看来，我

在世的时间不多了。反正没关系，我也活了 87 岁了，要走也可以走啦。

赵：王老师，您不要这么说，现在医学如此发达，您这点小病算什么！我今天去采访王化涛先生，他已经 91 岁了，仍然健步如飞，还送我到车站呢，我跟都跟不上他。

王：是吗？他身体好！我呢，好在我大女儿是心血管方面的权威医生，她是心血管方面的专家，几乎每年都要参加一些国际会议，有些会议是她主持的。去年，上海第十一人民医院一位心血管科的权威邀请她去作报告，当时在上海召开一个国际会议。今年 6 月份，她又要去参加国际会议，其中有一个国际会议要由她主持的。

赵：您大女儿太棒了！

王：这个老大是够厉害的，她从小学、中学一直到大学、研究生，几乎都是当班长，在上海医科大学学习的时候，老班长不行了，老师就要她当班长。来到美国以后就考医生，在美国考医生是很难的，是全国统考的，她在国内的基础是不错的，但到美国就没有把握了。你简直无法想象，连续十几天，她白天工作，晚上开夜车，准备考试。最后，她的考试成绩名列前茅。

赵：太棒了！

王：我的第二个女儿呢，又是一种风格，你都想象不来，她对考试根本不在乎的。有一次，考了个 50 分。她说一共只有两道题目，一道做出来了，一道做不出来，那要我怎么办呢？她还有充分的理由。我跟她说，你有四个一样：考试不考试一个样，考得好考不好一个样，及格不及格一个样，留级不留级一个样。她不重视考试，差那么几分，她根本不往心里去。她会跟我说：哦哦哦，我下次考好点，下次果然就考好一点。他们有一门课，对学生来讲是最难学的，结果，成绩单来了，她考 100 分。我就是想不通，为什么会这样？到最后的成绩单拿来一看，可以说，她是全校最优秀的。

赵：她后来从事什么工作了？

王：我的小女儿学的是生物资讯工程，她现在也在美国工作。我的大女儿至今未婚。二女儿结婚了。我二女婿是中国人，他的父亲是西北大学历史系的主任。他们的工作都是不错的，现在我最担忧的是：两个女儿都没有孩子，将来我们老了，她们怎么办？我们都是老观念老思想，总想着要传宗接代，有了孩子，她们以后老了也有个依靠。

赵：哎唷，王老师，您不用担心啦，儿孙自有儿孙福呀。

王：不行啊，哪有父母不担心孩子的，我也知道儿孙自有儿孙福，实际上，我也管不了，但是，叫我不担心，那是很难很难的，不担心，好像良心上过不去，生她养她，总还是要保护她们。

赵：王老师，您有些多愁善感的，您说对吧？哈哈哈。

王：是，有一些多愁善感。我老婆已经80岁了，她原是上海华山医院的高级化验师，到美国后，找了工作，开始的时候，美国人看不起她，语言也不通，反正碰到诸多困难。现在呢，她不仅能应付一个医院的工作，有三个医院都来请她去工作。在某些方面，她现在倒过来可以做美国人的老师了。她到现在还在上班，停不下来。

赵：那她肯定是很有名气喽，人家请她，她也不好意思不去，对吧？

王：是呀，好，不说这些了，现在我介绍一下我自己的情况。

赵：好好好！

王：我呢，原来是上海理工大学的教授。后来呢，一位美籍教授邀请我到美国来跟他一起写书，我就到美国来了，来了以后，我老婆、我女儿也都到美国来了。

赵：那是哪一年呀？

王：30多年以前了。

赵：王老师，您有没有考虑过回国啊？

王：现在如果回国，要么，我跟老婆一起回去，要不然的话，我没有家属在身边，那种日子不好过，加上我对国内的情况一无所知，但是，在美国呢，不管怎么说，我们要是生病的话，我女儿随时可以为我们开车去医院。我大女儿在医院里工作，看病是相当方便的，但如果回国以后，就不一定有人会这样来照顾我了。

义乌江湾曲江王氏宗祠大厅，现为侵华日军细菌战义乌展览馆

赵： 条件肯定是您那边好。

王： 是。小赵，你听我说哦，我是1949年考取上海交大航空系的，为什么要考航空系呢？你大概也听说过，抗战时，有一架日本飞机飞过义乌的佛堂镇，那天正好是个集市日，有好多人在那儿买卖物品。我那时在佛堂的留轩小学读书，亲耳听到炸弹炸响的声音，出于好奇，就跑出来看，哎呀，一看以后，我马上就吐了。为什么？太悲惨了，太凄惨了！太残酷了！太丧尽天良了！这些日本鬼子太没有人性了！日本鬼子从飞机上抛下来一个炸弹，一下子就炸死了120余人呐！他们的命一下子就没了！你知道，当时惨到什么程度？那些被炸死的老百姓，有的被炸得头都飞掉，有的被炸得七零八落，有的肠子挂在树上，有的手脚飞到墙头，整个佛堂镇血流成河，血流成河呀！总之，这种悲惨是没有办法形容了！我看到那个情形，难过得吐了。我那时虽然还小，但是我已经懂事了，知道这是日本鬼子干的恶事，当时只是害怕，没有任何办法。那天，我堂兄来接我回家，到了江边，上船的时候，我还看到一块人肉骨头，一个弹片，现在这个印象还非常深刻，终生难忘，终生难忘啊！后来，我渐渐长大了，知道这是由于我们国家太穷了，受人欺侮（说到这里，王老师在美国家里哽咽，哭泣良久）！所以我当时就下决心，要学航空，我要航空救国！可是

不久，我自己病倒了，患了肺结核，因为当时生活条件很差，我生了各种各样的病，像肺结核、疟疾、痢疾等等。我跟人开玩笑，我说我除了艾滋病没有生过，其他的病几乎都生过了，痢疾发作的时候，一天24个小时要拉40多次，吃什么药都不管用，后来是马兰头这种药把我治好的。

赵：王老师，您这些病是日本人的鼠疫引起的吗？

王：应该是有关联的，据何必会他们调查，很有可能是日本人放的细菌引起的，但到底怎么样，我也不好随便讲。只能说，这些病对我的影响很大很大。我生病的时候，还下决心要读书，一定要考进杭高。杭高你知道吗？

赵：知道知道，杭州的百年老校。

王：对，杭高当时是全国有名的，属于四大（杭高、上海中学、南洋模范、扬州中学）名校之一。我大哥就是杭高毕业的，后来我也是杭高毕业的。我也搞不清楚，我算是插班进去的，理科的插班生，我自己对理科不怎么懂的，碰巧就考进了。考进以后呢，因为我的底子很差，结果，第一次数学考试，老师给我个零分，结果我拼命读书，第二次考了53分，这已经很不简单了，拼了命了。当时有两个老师，一个是教地理的，一个是教公民的。教公民的那个老师实际上是个国民党特务，他就教我们怎么样剥削，怎么样去收租，我就不要听他的课。那个地理老师呢，只知道念，拿个本子翻开来念，念完了合上本子走了。我就非常讨厌这两个老师。所以，这两门课考试，我抗拒，也不去看书复习，结果考试，老师就给我不及格。当时我数学考了53分，加上这两门课不及格，三门课不及格就要留级了，所以我就留了一级。到第二学期，我的数学考了98分。

赵：王老师，您太牛了！

王：牛吧？后来，我就考航空，我做梦都想考航空，因为那时候我更了解了我们国家是很穷的，很弱的，受人家欺侮（说到这里，王老师又哭了良久），所以下决心考取航空系，去报效国家，使我们的国家强大起来，不让别人来欺侮！天遂人愿，我考进了上海交大航空系。进了交大以后呢，身体不好，生病了，第二学期就病倒了，胸膜炎，就这样，浪费了很长时间。到了1956年，学校老师要我留校工作，当时我自己要求也不高，人家看我是"三不红"，白专道路的典型，如此度过了七八个年头，比较压抑的。实际上，我跟朋友讲，我的白是肯定的，专，谈不上，不是什么白专道路。我老婆是上海人，总算把我调到上海。不久就改革开放了，我可以充分发挥自己的作用，单位里有位老师出国去了，连续三年，几乎所有的课程，从基础课、专业课等等，都由我一个人包下来了。当时，学校领导都感到很吃惊，说你居然把所有的课都包下来了。如此一来，我就得到重视。教材都是我自己编的，其中有一套是跟我们学校的一位老师合作的，这本书公开出版以后，得到国家教委的特等奖，当时全国得特等奖的只有21个。

赵：了不起！王老师，这本书叫什么名称啊？

王：《叶轮机电气体动力学基础》，因为是跟别人合作的么，人家水平高，名气大，所以这本书对我个人没什么特别大的作用。后来我就想：应该自己做点工作。当时，西北工业大学计算机专业的一位工程师跟我讲，他说王老师，您能不能给我们讲一讲张量分析？张量分析呢，实际上就是爱因斯坦研究相对论的时候提出来的，是一种资料工具。很早以前，刚解放不久，我就对这方面的课题感兴趣，但是由于后来各种各样的原因，没有实现自己的愿望。他一提起以后呢，我就想：哎，好！我正需要有这方面的工作。因此，我就花了两半年左右的业余时间，把张量分析的内容弄了个讲义。就在那个时候，我们学校正在招研究生，我就把这方面的内容给我的研究生讲，这本讲义后来也形成一本书，这本书出版后发行量也是很大的。就这样，我用这本书开了这门课，听课的人多数是工程师、讲师以上的，有副教授，甚至有教授，邀请我去讲课的单位包括上海交通大学、上海理工大学、湖南大学、重庆建筑工程学院，包括国家教委办的培训班在内，前前后后大概有20多期，影响面很广。我在重庆建筑学院上课以后，有一位老师，他说我是不听人家课的，至多把人家的讲义看一看就行了，后来人家说我讲得很好，他总算勉勉强强来听了，结果呢，一听就听到底，不仅听到底，我们最后开总结座谈会的时候，他也来参加了，他就讲了这么一个经过。哎呀，我听了也很受感动。现在回过头去想，一个人的能量发挥得大不大，跟他的工作环境很有关系。我别的没有什么，我对喜欢的事情会花很大的力气去做、去实现，而且我发挥得比较好。我讲课时，从头至尾不看讲义的，全部是背出来的。这一点，许多人都感到很佩服。有的人自己水平很高，他也会来听我的课，认为对他的研究有帮助；有的人自认为不是很清楚，他来听我的课，回去就搞清楚了。所以现在回想起来，我到美国来实际上是一种损失，没有真正发挥自己的所有水平。在国内的话，我可能会换一个课题来做。有一位很有名的医学专家、大学教授，他做了一个很成功的手术，在杂志上发表了，他手术做得很成功，但是，当时手术时，他想：到底是顺着血管接，还是逆着血管接？结果，在发表的文章上他解释错了，就有人来问这是怎么回事？他解释不了，来找我，我就给他解决了。后来我发现，搞医学的人，也需要懂一些力学知识。你可以想象，这个流动表面看起来好像是血管的连接，实际上不是，血流啊，也跟流体力学有关。血液流动也是非常复杂的，有液体、有气体，总之是各种各样的物体，呼吸系统也是一种流动，呼吸系统吸进去氧气，呼出来是二氧化碳，那就是说，这里面还有化学反应。所以，我当时就想：如果我不来美国的话，我在国内肯定要做这方面的工作，就是给医学工作者讲述我所掌握的知识，这样，把相关的领域互相补充、互相支撑，这对科学的发展有很大的帮助。可惜，我到美国来了，这事情就不好干了。所以，人生的道路不是您可以随意选择的，如果可以随意选择，我对祖国对人类的贡献可能会更大一些。我现在很后悔呀，不该到美国来。到美国来是个很大的错误！如果我在国内，可能在这个领域会有个比较大的贡献。唉，现在年纪这么大了，想做点事，都会受到很大的限制，不可能有太大的贡献了。但是，至少可以整理出一些东西，我本来想把原来那本书重新再版，结果跟高校出版社联系了以后，他说您重新增订好的话，我马上给您出版，可是我没有力量，动不了了。这真是非常遗憾的一件事情，我是一个没有用的人喽！

赵：王老师，您不要这样讲么，我听了挺难受的。

王：真的，我已经老了，有时候连自己的年龄都想不起来，我是真的老了。

赵：您一点都不老，您的声音听上去很年轻。您的讲话速度比我还快，哪有老人讲话这么快的呀？

王：哈哈哈，你这是在鼓励我、安慰我，我知道的，但我还是非常感谢你。

赵：王老师，现在能否请您谈一谈与细菌战有关的事情？

王：好！我现在非常关心国内，特别关心我们的家乡义乌。小时候，我们祖国被日本人欺侮，这个阴影成为我内心的一个疙瘩，总希望自己能够把自己所看到的日本人怎么样欺侮我们，如何给我们国家、家乡以及我们的家庭造成的灾难说出来，让世人都知道。所以，这次何必会说你在义乌采访细菌战受害者，我感到非常高兴。我会把所有我知道的事情都告诉你，把它们公开出来，让后代人都知道、记住，这是我的最大心愿，也是我的最后愿望。几年前，我写了4张文稿，寄给《侨报》，就是华侨出版的侨报，侨报编辑看到我的这篇文章后，全文刊登。我是非常感动的。这篇稿子，何必会那里也有的。

赵：就是说您已经写过您经历的细菌战的文章了，对吧？

王：写过，但是不全面。我可以把我们家亲人受害的全部过程，特别是我的直系亲属受害的情况都告诉你。我的大姐、三哥都是因为感染鼠疫死掉的。唉，他们死得很惨，想起他们，我的心都碎了。他们两个是我们兄弟姐妹里面最优秀的，我们兄弟姐妹一共有10个，但是，现在活着的只有我和我最小的妹妹了，其他8个有感染鼠疫死掉的，有因病去世的，也有给人家当童养媳的。我父母很了不起的，把我们这么多兄弟姐妹抚养大。我大哥毕业于西北工学院，现在已经去世了。我的二哥呢，后来是高血压去世的，第三个哥哥叫王甲昌，死于鼠疫。我的大姐叫王蕙香，很优秀的，我可以这样讲，我见到过的女人里面，她是最能干、最贤惠、最孝顺的一个，可她却死于日本鬼子的鼠疫，我想起来就会哭。她太可怜了，太不幸了（呜咽）！

赵：王老师，您又哭了？

王：忍不住啊，伤心呀！

赵：当年，你们家里的情况能否先说一说？

王：我父亲叫王仲诚，他有好几个名字，也可以叫仲忱，他是老师。我在西安工作的时候，每年总要回一两趟义乌看望我祖父。那一次，我把母亲的骨灰送回老家去安葬，我老婆、大女儿都一起去的。我大女儿跟她爷爷的感情很深，去祭我父亲的时候，看见香烟摊，我女儿一定要买香烟，因为她知道爷爷喜欢抽烟，那个卖香烟的人就问，这是谁的孩子？这么懂事。我们就告诉他她爷爷叫什么名字。他说，噢，他是有名的老师呀。所以说，我父亲在义乌还是有一定的影响，因为他当过小学校长，教过各种各样的课程。他的兴趣很广泛，音乐、画画、劳作等等，他都能教。当年，我父亲就一直在忙于教学。我大哥在陕西上大学。家里有我母亲、大姐、三哥、妹妹。我父亲是我祖母 50 岁的时候生的，他跟我大姑妈相差 25 岁，他在我们家里是稀有动物，所以人家都叫他"小弟"。本来呢，我祖母想把他弄死，后来想想又不忍心，就把他留下来了，还培养他上金华中学。那时候上中学是很了不起的。我的祖父、祖母非常节约。我父亲小时候生病，我祖母用鸡毛去换了一小块糖，给我父亲吃，然后跟我父亲讲，给你吃过糖了哦！就好像给他吃过糖了，他再怎么生病也不管了。你可以想象，我父亲可怜到这个地步。后来，条件好了一些，我父亲有机会去上学，他是我们家族里唯一的初中毕业生，是金华中学毕业的。因此，就受到全家几个哥哥的妒忌，因为他们都没有上过学，但是，我的大伯父考了个秀才，我的爷爷也是秀才。我的二伯父没有考取秀才。第三个伯父就没有上过学。我父亲是唯一正式上过中学的毕业生。所以，几个兄长就有些妒忌他。啊，你么上过中学，我们么没有上过中学。我父亲很懂事，他上学的时候，只要一回家，马上就去劳动，这种事情到分家以后才好一点。我父亲后来当了曲江小学校长，办这个学校也是非常艰难的，因为这个曲江寺是个大祠堂，有许多产权，有租雇关系的，要租金的，向祠堂交租。有一个大地主，他按量把租金送到祠堂来。我父亲就把这个钱用来办学，引起了乡绅的不满，甚至要杀我父亲。后来，我父亲就逃到佛堂镇去教书。这边的工作要辞掉，因为他怕出问题。因此，我们这些子女也到佛堂镇去上学。当时，稠南小学、留轩小学我都去上过学。那时候，我年纪很小，只有八九岁，但要独立生活。后来呢，佛堂镇有个乡绅，他很有威望的，他儿子在上海农民银行当经理。这位乡绅请我父亲编家谱，我父亲写得很好，他很欣赏我父亲，把我父亲推荐给他的儿子。我父亲当然很高兴，就去上海工作了。没多久，抗战开始了，他就跟着那个银行一起逃亡，先到武汉，随后到重庆，后来到云南曲靖，一去八年！八年离乱！正可谓一江春水向东流！在这八年当中，我们家发生了很多事情，我的三哥跟大姐感染鼠疫死掉了，家里就靠我母亲一个人维持生活。1948 年的时候，我父亲从云南回来，到了上海，他就想办法把我们都接到上海居住。这样，我们一家人就从崇山村迁出来了，一直没有回去过。

赵：这八年，您父亲都一直没有回家过吗？

王：是的，没有回来过。一直到抗战胜利以后，才从云南回来。基本上，家里面的事情全部由我母亲负责管理。我们那个时候读书很苦的，菜呢，要自己带的，一个礼拜回家拿一次菜，都是很咸很咸的菜，所谓的菜呢，无非是霉干菜烧肉啊、豆瓣酱烧肉啊等等，拿去以后要吃一个礼拜，没有其他菜的，你可以想象当时读书辛苦到什么程度！每次回到家里，我母亲跟我大姐讲，说我回来她感到很高兴，所以，就烧好吃的东西给我吃，反正对我就是很好。当时我爷爷还活着，他开始发话了，他说我母亲宠孩子。我母亲很苦的，连续生了 10 个小孩，哪里养得活呀，所以有好几个女儿都去当童养媳。在农村呢，是这么个情况，为什么有童养媳呢？因为童养媳出嫁或结婚，不要花很多钱，如果是长大以后出嫁，那要准备嫁妆这些东西了，所以，贫困的家庭是嫁不起女儿的，只好送去当童养媳了。我最小的一个妹妹，我母亲也准备送她去当童养媳的，我们不肯，所以就留下来了。现在，只剩下我和这个妹妹还活在这个世间。

赵：你母亲对您是不是特别好？

王：我母亲跟我大姐讲，你弟弟回来，我是既担心又高兴。我大姐跟我母亲讲，如果没有这些孩子，您可能更麻烦。为什么这样讲呢？因为我母亲 20 多岁还没有孩子，我的爷爷就发话了，误人子弟！所以，我大姐才会这么对我母亲讲。你不知道呀，我大姐真是非常贤惠的，每天晚上坐在炉灶旁边讲故事给我母亲听。林俊民写给他妻子的一封信，这封信，收录在语文课里面的，我大姐读了这篇文章之后，非常感动，她就念给我母亲听，安慰她。现在想起来，真不容易啊！家里的来往信件全都是我大姐写的，她写得一手非常漂亮的毛笔字。很可惜，我们到现在都没有留下来她个半字。抗战一开始，她也参加一些抗日活动，唱抗战歌曲，那时有一些难民从东北流浪到义乌，其中有一个小学老师，我姐姐很热情地接待她，后来这个老师又逃难到别的地方去了。义乌沦陷前夕，有许多女人跟着国民党军队跑掉了，其中包括我的一个堂嫂、一个堂姐。她们也动员我的姐姐跟她们一起跑，我姐姐说，我不去，我要照顾家里，家里离不开我的。你看我姐姐多懂事，我的姐姐多好啊！（王老师在美国家里又哭开了，伤心地哭）

赵：王老师，您又开始哭了？您哭，我也哭啦。

王：好，不哭不哭。我姐姐就这样留在家里照顾自己的弟妹、照顾母亲。她小时候就会读《曾文正公家书》，也就是曾国藩的家书，她都很熟悉。所以家里所有的家信都是她写的，我父亲的信、我大哥的信、别人的信都是经她的手出去，如此贤惠的大姐，没有人比得过她！那时候，我穿的衣服都是土布做的，自己织的布。有一次，我大姐偶尔看见一小块白色的凉布，她就把它买下来，给我做了一件衬衫，虽然做得很不像样子，很难看，又很小，但是，我非常开心，她看到我开心，她就更开心。有一次，日本鬼子来了，我就拼命地跑，我大姐也跟着跑，但她老是捂着肚子，跑不快。她有很严重的胃病，现在想起来有可能是胆囊炎。哎呀，她真是可怜啊，痛起来的时候，满床打滚啦，可怜啊！（王老师讲到这里哭得很伤心）

赵：王老师，王老师，您别哭啊，旁边有没有餐巾纸啊？

王：没事没事，你想啊，当时我们家没有大人的，最大的就是我大姐呀。我和我大姐感情好得不得了，你都无法想象啦。所以，日本鬼子这样子把我大姐害死了，你说我能不伤心难过吗？我的好大姐啊！我的好大姐啊！（这时，王老师在美国家里大声地哭开了，一时停不下来，那份悲痛，我深切地感受到了，因为，我在杭州家里的书房里也哭了好几次，餐巾纸已用了一大包。）

赵：王老师，您别太伤心，喝口水，把眼泪擦掉好吗？慢慢讲，您三哥和大姐是怎么死的？

王：我没事，没事的。我三哥跟我讲，鼠疫是什么症状，他知道得很清楚的，他前一天下午还跟我讲，鼠疫发生的时候有什么现象，说有淋巴结，会发高烧，口渴什么的，跟我讲了以后的当天，他就病倒了。他知道自己感染鼠疫了，所以就很主动地搬到碾屋里去住，孤零零的一个人躺在那里，那屋子是大家碾米的时候用的。当年我13岁，我知道这种病要传染的，所以就不敢去看他。我三哥回家来小便过一次，小便完后，就又自己回到碾房去了，谁知道我三哥没有多少小时就去世了。我大姐呢，第二天也感染到鼠疫了，也是非常主动地搬到碾屋去住，24个小时不到就死掉了。我当时小，不懂事，现在想起来后悔死了，我为什么不去看三哥和大姐呢？哪怕看上最后一眼也好呀。我三哥、大姐去世后，是我的两个堂兄去张罗后事的，我到现在还非常感激他们。他们到碾屋去，用床单把他们包裹起来，拿到外面埋葬掉。后来，我的两个堂兄告诉我，我大姐跟我三哥死的时候非常惨，整个身体都蜷曲在一起，身体是黑色的，很可怜的，他们都不忍心看呐！现在想起来，我还是很自责的，为什么当时不去看他们。但是，如果我去看了，很可能我也会被感染到；不去看呢，我的内心到现在还在自责，感到非常难过。所以，这件事情对我刺激非常大，到现在几十年过去了，回想起来，总还感觉到对不起我的大姐、我的三哥。他们死后，我回到外婆家，跟母亲抱头痛哭。唉，就这么走掉了，好端端的人，就这样死掉了！仅仅一两天的时间。我现在老在想我的大姐与三哥，如果他们还活着，大姐肯定是很好的一个医生或是老师。我三哥的工艺技术非常好，才十二三岁，他可以把一个小的竹筒锯下来，做一个带把的茶杯，这个把可以卸下来的，他真是很了不起。你想，这么小一个人，就会做这样的茶杯，是不是很聪明啊？他还可以利用木头做一把手枪，这把手枪可以把一颗石子打出去。这么小的孩子，就可以做这样的工具，是不是很了不起啊？要是他活着的话，很可能成为一个民间艺术家。那时候他才十几岁，不知道从哪里弄来的西红柿的种子，那时候在农村根本没有西红柿的，他拿来以后就种在我们的菜园子里，哎，长大了，而且结了果子了。我想：如果他后来活着的话，很可能会成为一个园艺家。他很喜欢种这个、种那个。他也喜欢钓鱼。有一次，我跟他一起去钓鱼，有事情走开一下，让我看着，我呢想着自己的事，结果鱼上钩了也没有去拉鱼竿，好！蚯蚓给鱼吃掉了，鱼没有上钩。他回来一看，哎？怎么搞的？他责怪我没看管好鱼竿。这个场景我有很深的印象，想起来我三哥真是了不起。

赵：是很了不起，太聪明了。您大姐与三哥去世那年是几岁呀？

王：我三哥是 14 岁，我大姐是 18 岁。他们两个人都是非常优秀的，比我优秀多了。我老在想：我为什么不去替他们，让他们活下来？我这个人是很笨很笨的，我小时候走路，不会一只手在前一只手在后，我要么两只手在前，要么，两只手在后，过了很长时间才纠正过来。所以说，我是全家人里面最笨的一个。唉！我自己也不知道为什么会这样！老天爷为什么要这样子安排我们的命运！当年为什么是他们俩走，而不是我走！

赵：王老师，您不要这么说，您这么说，我要哭了。

王：你别哭，这是我的真心话。现在回想起来，总觉得是老天爷没长眼睛（王老师又哭开了，一时停不下来）。

赵：王老师，您又开始哭啦，那我陪您哭好了，我们一起哭好吧？

王：不好意思不好意思，是我失态了。我一直不愿意讲这一切，其中一个很大的原因，就是当时没去看望他们，我不敢去的原因，是怕自己感染上鼠疫。现在，我非常后悔，为什么当初不去看他们？哪怕让我感染上鼠疫，我也愿意啊！（王老师哭得更伤心了，他在美国家里哭，我在杭州家里哭，哭了很长时间。）你千万别哭，否则我都不好意思了，我甚至都不敢把这些往事告诉我的女儿们。我内心真的很煎熬，活在那里并不舒坦，是真的！

赵：我了解，我明白。

王：我老了，就老爱流眼泪，老爱想往事。我为什么不愿意讲这些往事？那是因为实在是太伤心了，希望我的伤心千万不要感染到你。我哭一次，你也哭一次，虽然没有见过你，但我知道你是一个很善良的孩子。

赵：王老师，您先喝点水，每次我们通话的时候，您要先准备一杯水在旁边。您先平静一下，不着急。

王：没事，没事，我平静下来了，现在把这一切告诉你，也算是我的忏悔吧，我知道你要把这本书出版的，我不怕，我要说出来，我要忏悔！我现在恨不能替三哥、大姐去感染鼠疫，这是我的真心话。不过，害你哭了好几次，我也很内疚，对不起！

赵：没事的，王老师，我在义乌采访细菌战受害者时，哭了好多次了，您别往心里去。王老师，您说的碾屋是碾米的地方吗？

王：对对对，我的祖父有4个儿子，所以，他就建了这座碾屋，让他们都能来这里碾米。这座碾屋离我们家稍微远一点，有一栋楼，里面碾米的工具什么都有，大家公用的，可以轮流用。这栋屋子呢，平常都没有人住的，只有在碾谷子的时候有人。那么，我三哥知道自己不行了，很识相地自己搬到那栋碾屋去，跟家人脱开一段距离。第二天，他要小便，回到家里来了，回来以后，我看他走路都不稳的，哎呀，现在我都还记得当时的情形。唉，我们也没有任何办法去救他，也没有药让他吃，就这样，眼睁睁地看着他独自回到碾屋去。后来我大姐病倒以后，也搬到碾屋，当时我都没有去看他们，是我的堂兄他们去看了，看到我大姐时，她说：哎呀，我不是鼠疫呀，你们帮我看一看啊。我难受极了，疼死啦。唉，叫了也没用，她的身子就蜷曲在一起，整个人都变形了，缩在一起了，就这么过世。过去以后呢，不敢买棺材，怕日本鬼子跟来，把你的心肺都挖走。最后，没办法，用两张床单把他们包裹起来，就这么偷偷地拿出去埋掉了。哎呀，现在回想起来，我这个人不应该这么无情，连去看一眼的勇气都没有。

赵：您三哥与大姐是同一天去世的吗？

王：相差一天，我三哥先发病，然后，第二天我姐姐也发病了，这里面的原因呢，我想：一个是在日本鬼子烧我们崇山村时，三哥从外婆家回来抢东西抢得比较累，抵抗力比较差；另外一个呢，我三哥不知道为什么曾经到鼠疫感染区去过一趟，回来就病倒了。当时，崇山村不是所有的地方都有鼠疫，有些地方是没有鼠疫的，有些地方就有，我三哥就到过鼠疫感染区。后来，我父亲从云南回来说，你们就不应该让你三哥到那些地方去。谁知道么！当时根本就不知道有鼠疫这回事，后来慢慢就知道了，鼠疫厉害到了什么程度呢？连老鼠都成群结队从崇山村逃走，因为，鼠疫首先是从老鼠开始的，老鼠有病以后，就传染到人。老鼠也害怕，所以就逃跑了。那时候鼠疫严重到什么地步呢？一晚上村里就死掉十几个人，真是昏天黑地、鬼哭狼嚎的，那简直是非常阴暗、可怕的人间地狱呀！

赵：没错，人间地狱！

王：是呀，日本鬼子太可恶了，每一个受害者都有一本血泪账啊！我曾经发过誓，我要学航空专业，航空报国。现在，我可以讲，我已经实现这个誓言，因为我的书得到中国教委的特等奖。当时得奖的人不多的，只有20余个。我自己也写了书，这本书在全国20多个高等学校当教材。我上课的时候，前来听课的学生有讲师、高级工程师。从今以后，他们都感觉到很解决问题，我的书给他们有太多的启发。还有的给我写信，说出来很多成果。我到美国以后，我的研究生把以前觉得很难的公式很快就推算出来了，人家问他你怎么那么快就推算出来了？我说我听过王甲升教授的课，学过他教授的知识。我听了也很高兴，觉得这样子做，才对得起我的三哥！对得起我的大姐！到了"大跃进"的时候，我们几个人办了一个全国性的刊物，叫《航模爱好者》，这一份杂志在当时是很受欢迎的，但是，原来好多人都参加工作的，结果当时选派一些人到苏联学习，他们好多人都选上了，只剩下我一个光杆司令。你可以想象，一份全国性的刊物，一天两个小时，从约稿、定稿、审稿、发稿、核对、发行，全部由我一个人来负责，两个小时怎么够啊？但我坚持下来了，前后一共办了31期。这份刊物在全国起了相当大的作用，对推广航模方面的知识起了很大的作用。

赵：您真厉害！王老师，请问您一下，您当年一起玩的小伙伴们有没有人因感染鼠疫而去世的？

王：这倒没有，但在我的亲属里面，有我的两个堂姐妹是因鼠疫去世的，我的两位堂哥也是因鼠疫去世的，所以，我的亲属里面有6个人因感染鼠疫而死，包括我的大姐与三哥。他们这些人身体都很好的，根本就没有什么其他毛病。所以，日本鬼子真是丧尽天良，惨无人道，实可谓罄竹难书啊！我们跟日本鬼子有不共戴天之仇，这份仇永远不会忘记，这笔账一定要算！你想啊，就崇山村这么一个村子，就死了400多人，那些村民前一天还好好的在那儿跟人说话，第二天就死了。哎呀，真是凄惨呐！日本鬼子把我们崇山村变成人间地狱了。

赵：当时，你们有没有去外面逃难啊？

王：有啊，我母亲叫我和三哥跑到我大姑妈家里去避难，我大姑妈是个聋子，她安排我们吃了顿饭，吃饭以后就打发我们走了。实际上，我母亲的意思呢，就是希望我们两兄弟在大姑妈家住下来，不要走。但是，我们那时候还小，没说清楚，加上我大姑妈是个聋子，她就哗啦哗啦叫，人家听见了，知道我们是崇山村人，就要赶我们走。所以，我们两个人商量，还是到外婆家去吧，外婆家离大姑妈家不远，大概只有五六里路。我们两个人就到外婆家去了。我外公早就过世了，外婆自己也很困难，只有半间房子，她接纳了我们。我的舅舅、舅妈都很好，他们就安排我们吃饭，睡觉。后来，我母亲生病了，病情一直没有好转，我的两个舅舅很好，要把我母亲从崇山抬到外婆家去，谁知道外婆家那个村子的人不让我们进去，说你们崇山有瘟病，要感染人的，要死人的。因此，我们就想在村子旁边的破庙里住下来，这个破庙实际上就是个小茶馆，好多人在里面喝茶，喝茶的人都不让我们进，说你们有鼠疫的，我们怕感染，所以不能让你们进。这个时候，我们就犯难了，外婆家进不了，自己家又回不去，怎么办好呢？正在这个时候，来了一位乡村的土郎中，他叫我母亲把舌头伸出来看一看。他一看以后马上就讲：没问题，偶感风寒，我给你看看很快就会好的。就他这几句话，让那些喝茶的人放心了，就让我们在庙里的神像旁铺点稻草住下来，当时有我、我母亲、我大姐、我哥哥、我妹妹五个人。哎呀，到现在，我都没有忘记那位老郎中，他的样子我都还记得，要是他不讲那几句话，我们根本就没地方去了。我现在想起来，还很佩服那位土郎中，为什么呢？因为他诊断错误的话，后果不堪设想啊！我们是崇山跑出来的人呀，别人看到我们都怕死了，所以说他是冒了很大的风险的。我非常钦佩他这样的人，他是个跛脚，看起来好像很穷的，但我内心非常敬重他，非常了不起，我觉得他的形象非常高大。

赵：你们在庙里住了多久啊？

王：住了几天，他们看看我们没啥问题，就让我们到外婆家去住了。本来呢，一直会住在外婆家，就是因为日本鬼子来烧我们崇山村，我们才赶回去抢东西的，才导致我三哥与大姐感染鼠疫而死。

赵：当时你们在外婆家，怎么知道崇山村被日本鬼子烧掉了？

王：是，我们当时都住在外婆家，那时候，我们的要求也不高，有饭吃就可以了，本来都没事的，结果，小日本放火烧我们村的房子。我外婆家离崇山村不远，只有六七里路。我大姐和三哥在外婆家，他们一看崇山村火光冲天，知道这里面有问题了，就从外婆家直奔崇山村家里。我呢，当时跟二舅舅在田里面劳动，我在田里也看到了火光冲天，浓烟遮住了整个天空。所以，我们就连外婆家也不回了，马上就奔回去，去抢一些家里的东西，如果房子被烧掉，那我们拿什么吃、拿什么穿、拿什么用？生存会成很大问题，对吧？

赵：对。

王：所以，大家都想去抢衣服啊粮食啊这些东西，我们到家里以后，抢了一些东西就放在后山背，你大概到过我们村，有个小山坡，我们家就在小山坡的边上，我们抢了东西就放在小山坡上。

赵：你们家的房子有没有被烧掉啊？

王：没有烧掉，因为我们家是靠边的，火势过不来，很幸运的没被烧掉。你知道吗？我三哥跟我大姐实际上是崇山村烧掉以后才感染鼠疫去世的，如果日本鬼子不烧村庄，他们就不会死的，就是因为日本鬼子烧房子，我、大姐与三哥从外婆家赶回到崇山村，想来抢一些衣服啊、食品啊什么的。其实，很早的时候，就传说日本鬼子要烧房子，我看到这个火光以后，就知道这里面出问题了，所以，我就没有回外婆家，直接奔向崇山村。我到家的时候，我大姐与三哥已经在家里面了。

赵：他们不是说，那天烧房子之前，整个村的人都被日本鬼子赶到后山背上去了吗？

王：对对对，这个是对的。

赵：你们家人没有被赶到后山背去，对吗？

王：我们在后山背的边上。

赵：当时，您的父母亲在哪里呀？

王：我父亲当时在云南，跟着上海那家银行一起到了云南，那几年没有回过家。所以说，八年离乱，对我们家来讲，那是非常典型的。我母亲呢，很早就病了，但不是鼠疫，这个病也是很罕见的一种，很难治的，到现在还搞不清楚是什么病。她当时也住在外婆家，没有回村。

赵：您外婆家有没有人感染鼠疫啊？

王：没有，没有没有，一个都没有感染鼠疫而死的。

赵：您外婆那个村叫什么名字？

王：上叶村，离崇山村只有七八里路。

赵：王老师，听说王焕章是您家里的帮工，哪您知道他是崇山村第一个感染鼠疫的人吗？

王：太知道了，他是我远房的堂兄。崇山村有好几派，有的是专门捕鱼的，叫打鱼帮，专门靠打鱼过日子。王焕章是打鱼帮的人，他老婆死了，有一个儿子，一个媳妇，一个孙子。因为我们家没有劳动力，我父亲在云南工作么，他就成了我们家的帮佣工人。我母亲对他们一家也非常好的，他对我父母亲非常尊敬，对我们家非常忠心的。我们所有田里的活儿都是他去干的，我们小，不懂。我母亲是个女的，地里的事儿她也不怎么在行。所以，田里的活儿都听他的，他要怎么做就怎么做。他也无所谓，到我们家来，爱吃什么，他就自己去拿了，他喜欢喝酒，他就去我们家楼上舀酒喝，我们都不在乎的，把他当自己家里人一样的。他对我们这些兄弟姐妹也很亲的，说话也都很随便的，有时候，我去钓鱼，结果什么都没有钓着，他就讽刺我，说：鱼啊鱼啊，虾都没钓着一只。

赵：就是说您笨啦，不会钓鱼，哈哈哈。

王：哈哈哈，是是是，就是说我笨的意思，我无所谓，他讽刺我也没关系，他还说我：你只会钓碗里的鱼！哈哈哈，讽刺我不会钓鱼，只会吃鱼。

赵：那他得病的情况您知道吗？

王：知道的，本来他这样过日子挺好的，但是有一次，他到一个山区去办事情，在路上看到一个人死了，倒在路旁，他呢出于好心，就把他背去埋掉了，回来以后，他就病倒了。我在想，那个死掉的人很可能就是感染鼠疫而死的。

赵：这是我第一次听说王焕章是这么死的，我以前只听说他是从外面干活回来，去水里洗了洗，回来就感染了。

王：这事不会有错的，我是听我母亲说的，她是听王焕章亲口跟她说的，绝对不会出错，我也没有添加其他的情节，你完全可以放心。不过，当时，我母亲也不知道王焕章感染的是鼠疫，就去看他，一看呢，发现他病得很重。他跟我母亲讲：小婶，我是不行了，快要死了，只有下辈子再来报答你，报答你们一家人。我母亲回家以后告诉我这件事情，说他快要死了。我当时年纪还小，也搞不清楚这是怎么回事，一个好端端的人，力气很大的，什么活都会做的，怎么这么快就要死了？很快的，王焕章就死掉了，紧接着，他的儿子、媳妇都感染上鼠疫死掉了。他们家一下子死掉三个大人，就剩下一个孙子。本来这个家好好的，就让日本鬼子给毁掉了，这个孙子曾经跑到王焕章他们三个人的墓地去哭：你们都走了，扔下我一个人不管了，你们真狠心呐！叫我怎么活呀！这个孙子就在墓地旁哭。村里有人看见的，听他哭得这么伤心，也是唏嘘不已！后来为了生活，他的孙子没有办法，只好去给别人放牛，有一次，他在割草的时候，被毒蛇咬了一口，就死掉了。你看看，日本鬼子丧尽天良，搞的什么细菌战，害死多少无辜的人呐！

赵：是呀。

王：王焕章一死以后呢，村里面就很快传染开了，我母亲也病倒了，不过她不是鼠疫感染，可能是身体虚弱也不知道是什么毛病，老是感到不舒服。我大姐和三哥死了，我的堂姐妹、堂兄弟也死了，一共6个人。我母亲悲伤过度，身体更加不好了。

赵：王老师，日本鬼子除了播撒细菌杀人，还有没有干别的什么坏事啊？

王：多的是呀！日本鬼子第一次到我们家，把我们家的两头大肥猪给宰掉了，当时就烧了吃，没有柴火，就把我们家红漆的书橱、书桌砍掉当柴烧。

赵：把你们家的书橱、书桌当柴烧掉了？

王：对，我们家读书人多么，我父亲就做了书橱、书桌，很漂亮的，结果给日本鬼子砸掉烧掉了。最后，家里的两头大肥猪被他们宰掉吃了，吃不完，把剩下的猪肉都带走，还在我们家的锅里拉上小便，你说可恨不可恨！日本鬼子还是人么！

赵：就在你们家里杀了吃掉的？

王：对，就在我们家吃掉的，因为我们家在村的边上，他们一进来，就先到我们家。我们家当时不能说是很富裕，但是吃的东西还是有的。当时，我母亲看到两头大肥猪被他们吃掉了，抱头痛哭。之前呢，我们动员母亲把猪宰了，她舍不得，因为还没有长到足够大。好了，这一下子什么都没有了，都被日本鬼子吃掉了，不仅吃掉猪，日本鬼子还把家里值钱的东西都拿走了。哎呀！这是我们家第一次遭了这么大的难。日本鬼子走了以后，我姐姐看见家里的两头猪被日本鬼子吃掉了，心疼得要命，一心疼，就胃疼，疼起来的时候，简直是要命啦，躺在床上翻滚、哀叫：疼啊，妈，疼啊，妈！我母亲说：你为什么不叫爸呢？实际上，叫爸也解决不了问题，他当时在云南。现在我还能回忆起姐姐当时痛苦的情形，她手捂着那个胃，叫得很惨。现在回想起来，很可能是胆囊炎。当时，她打听到金华那边可以治这个病，向母亲提出来，但是，那时候谁能陪她到金华去啊？是吧？不可能的。所以，采用一些土办法，有时候也好一些，我姐姐被病魔折磨得很痛苦。实际上，到她去世的时候，她的胃也一直在疼的。感染上鼠疫后，她一个人在碾房，我们谁也不敢进去。听说，她死了以后，全身都蜷曲在一起的，太可怜了，我可怜的大姐啊！（王老师又开始哭起来了，哭了很久才停止）

赵：王老师，别哭了，会哭坏身子的。

王：没事没事。

赵：日本鬼子在你们村还干过别的坏事没有啊？

王：有啊！哎呀，这日本鬼子多可恶！我都不好意思说出口！当年，日本鬼子派人通知村里所有的妇女，到我们村的小山坡去集中，这些妇女当时也不知道日本鬼子要她们去干什么，就去了。日本鬼子就叫那些妇女把衣服、裤子全部脱光，脱光以后，就让那些日本鬼子包括那些狗汉奸、翻译去摸，就是乱搞一气。这是鼠疫过后，我的堂兄王甲法告诉我母亲的，我当时在旁边亲耳听到的，他说那些狗日本叫他也摸，他说他不摸。他看着就来气，恨死日本鬼子了。他看着村里的妇女都很可怜的，但她们没有办法反抗，只好由着这帮畜生胡搞。这也是我们村的一桩耻辱！

赵：这事儿倒是头一回听说。

王：日本鬼子什么事情做不出来啊？烧、杀、抢、强奸妇女、强征民夫、强拉童工等什么都干得出来的，只是我不是亲眼所见，不好随便乱讲。

赵：王老师，您还记不记得当年林山寺的一些情况？

王：林山寺呢，我自己没有看到过，只是听说很多病人被抬到林山寺去了，说日本鬼子给他们免费治病。实际上，林山寺就是日本鬼子做人体解剖的一个试验场，这是我知道的。我那个时候在外婆家，很少回家，一直到疫情稳定以后才回家的。

赵：那时，你们学校还开课吗？

王：哎呀，那时候真像法国人写的《最后一课》，那真是太像了，最后一课，日本鬼子马上就来了，老师在课堂上讲：这是最后一课了，你们明天就不用来了，我们听老师这么一讲，心里面真的是很难过的。

赵：不上学了，您当时在做什么？

王：日本鬼子来了以后，我就没地方上学了，有时候就去贩卖桃子，一家一家去叫，卖桃子啦，卖桃子啦，去搞这些东西了。

赵：您去卖桃子啊？

王：就是呀，学校关门了，附近也没地方念书。后来，义乌中学在永康复校，我的一个亲戚来通知我，说义乌中学在那里复校了，让我去读书。我母亲还有我二哥都叫我去，资助我去读书。我的堂兄王甲法也非常支持，他让我去永康上学。那时候，原来义乌中学的一个同学跟我一起，徒步走到永康，在一个很偏僻的村子，这个村子日本鬼子到不了的，我们就在那里复学了。我在那里念了两个学期以后，实在是太远了，每个学期来回走，受不了，也不安全，日本鬼子有时候流窜过去，所以我就换了个学校，这个学校叫中正中学，也在山区，这个地方日本鬼子也是到不了的。那块土地，当时属于共产党领导的金萧支队控制的，我在那里上了一学期以后，初中毕业了，要考高中。那时候，我有个志向，一定要上杭高。杭中你知道的吧？在全国都是有名的。

赵：知道，您考杭高的事情已经跟我讲得很详细了。那时候，日本鬼子已经打过来了？

王：那个时候，日本鬼子打进来，国民党的军队溃退下来，哎呀，那个情形啊也真是，那些普通的士兵，一个一个都骨瘦如柴，浑身都生疥疮，简直不像人样，根本就不能打仗，连枪都扛不动。当时的国民党连长啊、军官什么的，一个一个身体好得很，很强壮。曲江寺小学前面有个祠堂，国民党的军官们不去打日本鬼子，却把手榴弹投到池塘里去炸鱼，爆炸以后，很多鱼就死掉了，炸死了。他们就去捞炸死的鱼，你就可以想象那些人哪里能打得了仗？简直是兵败如山倒啊。我们家里也住过几个国民党兵。

赵：真的吗？那您说说他们的情况，那是 1941 年吧？

王：对对对，1941 年，那时候，日本鬼子打到中国来了，那些国民党兵节节败退，有一部分人就退到我们义乌来了。他们在江湾住过，在我们家也住过，那些士兵瘦得皮包骨头，一副病快快的样子，哪有力气啊，枪都扛不动，有些士兵走的时候扛不动枪，就摞在我们家地上，我们家的院子里都有他们留下的枪啊子弹啊，他们根本就不想打仗么，所以，国民党腐败也是够厉害的，真不像样子，难怪他们打了败仗，他们从浙赣线沿路逃过来的。所以，日本鬼子一枪都没有打，就把义乌给占领了，你说可气不可气！在这之前，日本鬼子还在杭州一带的时候，义乌人民倒还是有点抗日的风气，老百姓也唱一些革命歌曲，如《太行山上》啊等等。民兵们在我们崇山村的山坡上练兵，还有点准备打仗的样子。我的几个远房的堂兄、堂叔，他们都当了民兵的排长，经常在山坡上训练。但是，一听说杭州沦陷了，日本鬼子就毫无阻拦地到了义乌，义乌就变成日本鬼子的地盘了，这些训练的民兵也就很快解散了。

赵：王老师，我请教您一下，你们这里出过汉奸没有啊？

王：肯定有，其中有一个是我的堂舅舅，这个人呢，原来在上海开绸厂的。

赵：他叫什么名字？

王：叶菁华，他呢，当时在上海开绸厂，一直过着优裕的生活。日本鬼子来了以后，他的绸厂被日本鬼子毁掉了，他就跑出来，生活就没有着落了，所以，他就跑到佛堂镇，去当那个维持会会长，因为他做恶事做得太多了，结果被游击队抓住，就把他给枪毙了。你如果说汉奸，他可以算一个。

赵：他是哪里人？

王：义乌下叶村人，这个村离崇山村大概有六七里路。

赵：王老师，您知道王龙吗？

王：知道，他是崇山村人，是个土匪，实际上不是真正抗日的，但他也跟日本鬼子打过仗，日本鬼子也挺怕他的，他为抗日也做了一些事情，但他的真正身份就是个土匪。他曾经在国民党军队里面当过兵，后来跑出来了，自己带了一支手枪。他这个人也是作恶多端，后来大概被镇压了。还有个吴谟（音），江湾人，新中国成立以后呢，他是个土匪，他也作恶多端，做了许多坏事，后来也被镇压了。反正，那时候，也有几支抗日的游击队，包括吴山民领导的八大队。他们都在寺口陈那一带活动的，那一带都是山区，在义乌的背面，日本鬼子进不去的，他们跟日本鬼子打过几次仗。他们人数也不少，开始的时候可能还不是共产党领导的，吴山民原来是义乌县县长，他是倾向于革命的，后来就参加了共产党。新中国成立以后，我当时在交大学习，上海交大义乌的学生挺多的，就请吴山民来作了一次报告，因为我们都是义乌人么，对吧？我们见过一面。后来，他当了浙江省法院院长，以后的事情我就不知道了。

赵：我知道，我曾经写过他一篇文章，我也曾经到他的故居去过。

王：是吗？

赵：是，王老师，我再请教您一个问题，当年抗战胜利了，日本鬼子投降了，他们投降的情形您还记得吗？

王：我看到的，在曲江祠堂那里，那些日本鬼子呢，垂头丧气的，一个个耷拉着脑袋，那副神气活现的样子完全没有了，看着他们也有这一天，心里特别解恨！那天到曲江祠观看的老百姓很多，大家都知道日本鬼子投降了，倒霉了，我们都去看，可解恨了！

赵：王老师，我再问您一个问题，当年日本鬼子在义乌开采萤石矿的事情您知道吧？

王：我只是听说过，日本鬼子来了以后，当时有一条公路造到塔山下。我有姑妈就嫁到这个塔山下的。我们义乌人叫氟矿，这种矿石是用来做玻璃的原料的，因为当时听说日本人来了，我母亲就把我、三哥、妹妹安排到塔山下的姑妈家去，那时候我就听说日本人在塔山开氟矿的事情。义乌人把萤石叫做"绿颜色的石头"，实际上就是氟石。日本人来了以后，修了一条公路，从塔山下到佛堂，把氟石运出去。我还听说日本鬼子在当地强拉民工去开采氟矿，但具体的事情我不是很清楚。

赵：王老师，我在采访过程中，听你们村的人提起王甲法这个人，说当时有人误会他是汉奸，您了解他吗？

王：太了解了，王甲法是我大伯父的小儿子。他13岁就到杭州去当徒工，生活很艰苦。我大伯父是个秀才，但他不喜欢王甲法，也就不去管他了。我父亲有时候去看他，见他只有一条裤子，连换洗的裤子都没有，我父亲当场就送他一条裤子。所以，他非常感激我父亲，一直把我父亲当作他自己的父亲一样看待的，他叫我父亲叔叔。他也知道知恩图报，对我父亲非常尊敬，比对他自己的父亲还要尊敬得多。

赵：这个王甲法在鼠疫爆发的时候有过什么表现？

王：细菌战以后，大家都知道这是由于细菌引起的疾病，当时就成立一个委员会，王甲法是这个委员会的成员之一，委员会的成员都是当地或江湾一带的头面人物，他们有经济实力。另外一个，王甲法也比较热心的，他买来六神丸给生病的人吃，但这个东西没办法治疗鼠疫的。他还组织了几个乡绅来做点事情，但没有起到什么效果。

赵：那王甲法这个人到底是好还是不好？

王：这个人很好的，但是，他因为是做生意嘛，加上参加过委员会，人家对他有些看法。实际上，他这个人是很有爱国心、事业心的，不仅对我们家一直都是很好，他对乡邻也好，这是大家都公认的。我生肺结核的时候，他给我钱买链霉素，救了我一条命。我印象中，他这个人很讲义气。他原先很穷，后来做火腿生意，把火腿拿到杭州去卖，你卖的话，要有个货栈嘛，对吧？但义乌那些客商不可能在杭州去建一个货栈，那么，王甲法呢，就在杭州建了个货栈，把火腿运到杭州以后，就寄存在王甲法的货栈里面，给一些佣金，给一些钱。于是，杭州的商人就到货栈里去买火腿，那时候，这样的货栈叫过塘行。所以，王甲法那时认识的人很多，有买火腿的，有卖火腿的，还有其他行业的人。日本鬼子来了以后，那些人都跑掉了，客商跑掉了，买火腿的人也不敢去了，寄存着的火腿，人家都不要了，那么，他就想办法运回到崇山，于是，他就发了财了，因此他想办法在家乡做一些慈善事业。后来他又做蜜枣，我们崇山产枣子么，这样一来，他真正算是发了财了。抗战胜利以后，他的生意做得比较大，他这个人也会做生意。这个人呢，业务也很熟，他告诉我，说他到火腿店去，不需要去闻火腿的味道，只要一看就知道火腿的好坏。有一次，他到火腿行去，人家不知道他是什么人。他跑了一圈以后，就告诉这个老板，哪些火腿是好的，哪些火腿是不好的。这是他的经验，毕竟他是 13 岁开始就在火腿行当学徒的，工作了几十年，所以他对火腿行业是非常熟悉的。新中国成立以后，有个商业部长采访他，但是，在采访的时候没有告诉他这个人就是商业部部长，他也不知道，哗啦哗啦讲了半天，之后，人家告诉他：哎，这人是商业部部长。他吓坏了，哈哈哈。后来，这位商业部部长就请他写一本有关腌火腿的技术方面的书，这本书也写了，但是，他的文学水平比较低，没有好好上过学，他写好后，请我大哥给他修改。我大哥给他修改以后就出版了。王甲法这个人事业心很强，人不错，懂知恩图报，传统思想还是很浓厚的。

赵：王甲法最后是一直做火腿生意吗？

王：唉，最后呢，他犯了一个错误，这个错误，唉，怎么说好呢？说起来也是不好听的，他因个人作风问题被判了刑，但时间很短的，一年不到就出来了，这件事情对他打击很大，影响不好了么，对吧？

赵：这事儿是在新中国成立以后吧？

王：是，新中国成立以后呢，吴山民当了浙江省人民法院院长。王甲法去拜访过他，拜访的时候，问吴山民：我们这些人该怎么办？吴山民说：你们不要待在小城市，到大城市去，意思就是告诉他，到上海去，因为上海的资本家很集中，王甲法这个人在义乌、在金华算是有点实力的人，到了上海以后，可能就没什么名气了，于是，他就到金华去了。在金华呢，他算是比较有名望、有水平的，虽然在"三反、五反"的时候被搞了一下，但没有什么大问题。他家里是地主，他自己因个人作风问题坐过牢，"三反、五反"一折腾，他的名气就不太好听了，但总的来说还可以，还不算太惨。

赵：他有老婆、孩子吗？

王：有老婆的，两个也不知是三个儿子，一个女儿，他的儿子很聪明的。

赵：他最后是在什么情形之下去世的？

王：后来就生病死掉了，具体细节我不清楚。我曾经到湖南大学去讲学，那时候，我是副教授，给那些讲师以上的人去讲课，路过金华的时候，我去看过他，哎呀，他非常高兴，他说：哎呀，我的弟弟真了不起！哈哈哈，哈哈，哈哈哈……

赵：瞧您，开心成这样！哭起来么停不下来，笑起来么又停不下来了，哈哈。

王：哈哈！王甲法希望他的兄弟姐妹都有出息，那我能够到湖南大学去讲课，在他看来是很有出息了，所以特别高兴，把我当贵宾一样接待，哈哈哈。

赵：我为什么要把他的情况问得那么详细呢？因为我在义乌采访的时候，有人说当时误会过他，说他为日本鬼子干过事，有些事情是日本鬼子叫他来通知村里人的，所以，村里就有人说他是汉奸。但是呢，现在有老人回忆说，实际上这件事情是误会他的，说他这个人是很好的。王培根先生也说他不是汉奸，他是很不错的一个人。

王： 王培根曾经在他厂里工作过，在那里腌火腿。王培根这个人很好的，很正直，也有相当高的威信，我相信他讲的话是真的。王甲法这个人是很了不起的，他没有念过一天的书，13岁就去当学徒了，那时候当学徒是很苦的，他是在那个环境下锻炼出来的，不可能去替日本鬼子做那些坏事。我可以百分之百地肯定他是好人，绝对不是什么汉奸！他这个人总的来说还是很有古道热肠的。他绝对不是什么汉奸，我可以拿我的人格来担保！

赵： 是，我现在也搞清楚了，采访过好几个崇山村的村民，他们也说是误会。现在好了，这个误会也搞清楚了。

王： 是。

赵： 王老师，我想请问一下，义乌细菌战受害者原告团跟日本政府打官司的事情您知道吗？

王： 具体的过程我不是很了解，我只知道这个官司打得不是十分成功，跟日本人打交道，你跟他讲道理，根本解决不了问题。所以，我现在考虑的是：我们国家首先是要自己强大，其他都是次要的。我们自己要有实力，你要打就陪你打，你要怎么着就怎么着。你跟他讲道理是讲不通的，跟日本人讲道理，那简直是无聊！

赵： 还有一个问题，我一直想请教您，王选他们家跟你们家有联系吗？

王： 王选家跟我们家的关系很密切，他的父亲叫王容海，是我父亲的学生。我父亲是义乌市有名的小学老师，在佛堂镇的稠南小学教过书，曾经当过曲江小学的校长。我们这一家，我大哥、二哥、三哥、姐姐都曾经在这个学校上过学，王选的父亲王容海也曾经在这个学校读过书。他跟我大哥是同班同学，关系很好。后来，王容海参加革命，是地下党员。新中国成立以后呢，担任上海市特别刑事法庭的庭长，之后就很少来往了。王选的母亲我也熟悉。王选的一个阿姨曾经是我的外甥媳妇，可惜后来他们离婚了。

赵： 王老师，王选带了细菌战受害者原告团跟日本政府打了20年官司，这件事情您有关注吗？

王：具体的情况我不是很了解，因为我是通过何必会了解一些情况的，我们俩经常联系的。我觉得王选他们去跟日本政府打官司，是一件很不简单的事情。王培根曾经写过一篇文章，叫作《太平洋上空的和平鸽子》，这篇文章比较详细地介绍了王选的事迹，很不简单。她原来可以在义乌中学当外语老师的，后来辞掉了，去日本留学，本来可以有一份很稳定的工作的，但是为了专心一致地控告日本人在中国的暴行，她牺牲了自己所有的一切，全身心地做这个工作。她曾经来过美国，向美国人报告一些细菌战的情况，当时我没有去，但是我知道有这个事情。这个人是很了不起的，我很佩服她的，有机会你可以采访采访她。

赵：我已经采访过她了。

王：噢，那很好。小赵啊，我真的很感激你。我这一生没有别的什么遗憾了，要说有，就是不能亲自去为那些受害者申冤，去为这件事情作贡献。现在能够通过你，为我的姐姐、哥哥申冤、为那些受害者申冤，我一辈子会感激你的。

赵：王老师，您不要这么讲，我只是尽一点微薄之力。再说，这也是我的工作职责之一，是应该的，您不用感谢我，真的。我会努力的，您放心。

王：我如果想起什么重要的事情，我会给你打电话的，绝对支持你的工作。

赵：谢谢，谢谢！王老师，非常感恩您多次打来隔洋电话，为我讲述这么多不为人知的事情，真的很感恩您。希望您多保重身体，开开心心地过好每一天，好吗？

王：好，现在我把多年来压在心底里的话都跟你说了，压在我心里的一块大石头就落地了。再说，由你在做这件事情，我很高兴，再也没有什么不放心的了。谢谢你！祝福你！虽然没有见过面，但我知道你是个心地善良的好孩子，能够认识你，真的很开心。

赵：谢谢王老师，等我把这部书稿整理完了，我们再轻轻松松地聊天，好吗？

王：好好好，再见！

赵：王老师，保重！再见！

■ 王化涛

我可怜的妹妹在林山寺被日本鬼子活活解剖了

采访时间：2015 年 4 月 30 日 14：00—16：00
采访地点：杭州王化涛家
受 访 者：王化涛（王）
采 访 者：赵福莲（赵）

赵：王老好！午睡了吗？

王：睡了会儿，你要来采访我，我怕睡过头，眯了会儿就起来了。

赵：哈哈哈。

王：天气有点热，你先喝口水。

赵：谢谢！我自己带水来了。

王：听说你在义乌采访细菌战受害者，要写一本书，是什么书啊？

赵：是《义乌细菌战受害者口述史》，今年，是抗战胜利 70 周年，义乌市领导非常重视，准备出版这部书，请我在采访编著。我从去年下半年就开始采访了，已经采访了 10 多个人，像王选、王培根、王基旭、王晋华、王菊莲、王景云、何必会、孙文锡、何建农、金祖惠、翁本忠、王希琦等人，接下去还要采访王甲升、王炳宏和杭州的律师楼献。

王：噢，这是好事，那你辛苦了。

赵：不辛苦，应该的。王老，您坐好，您把身子坐正，靠在垫子上，放松好

赵福莲采访王化涛

了，我们随意聊，想到哪里说到哪里，您不用紧张的。

王： 好好好！不紧张不紧张，你采访过的王菊莲是我的堂妹，她的爷爷跟我的爷爷是亲兄弟。

赵： 是吗？她现在在江湾，身体还不错。

王： 你是怎么找到我的联系方式的？

赵： 何必会先生介绍的，说让我来采访您，您对细菌战这一块了解得比较详细，又很健谈，思路也清晰，所以我就赶来了，呵呵。

王： 你住哪里啊？

赵： 我住小和山，离您家不是太远。王老，您看上去身体很好呀，您的出生年月能告诉我吗？

王： 我是 1926 年 1 月出生的，今年是 91 虚岁，我们农村里面都讲虚岁，不讲实岁的。

赵： 对对对，王老，1942 年时您已经 17 岁了？

王： 是的，日本鬼子来的时候，我已经 17 岁了，很多事情都记得很清楚，我们崇山发鼠疫那一年，我快 18 岁了。

赵： 王老，您读书读了几年啊？

王：我读到高中一年级。

赵：崇山发鼠疫那一年，您还在读书吗？

王：这一年我已经停学了，不读了。

赵：您当时在哪里读书的？

王：在上海君毅中学读的，因为上海沦陷了，君毅中学就搬到我们义乌来办了，我就在这个中学读书。

赵：高中没有毕业，对吧？

王：没有毕业，我读高中那一年（1941年）上半年清明时节，日本鬼子就来侵略我们义乌了，义乌沦陷了，我们就跑不出去了，走在路上就已经很危险了。

赵：王老，你们家里有没有人受害啊？

王：有的，我有一个妹妹，她当年15岁，我比她大3岁。

赵：您妹妹感染鼠疫了吗？

王：感染了，当时我到楼上去，发现两只死老鼠，很大很大的，死在那里。我就到楼下去拿来畚箕，拿来火钳，把老鼠钳到畚箕里，再从家里扛了把锄头，把死老鼠埋到田里去。

赵：您当时知道这个死老鼠的危害吗？

王：我晓得的，这个道理我懂的，死老鼠碰到要得瘟病的，村里已经死了很多人，就是因为被老鼠传染的。实际上，鼠疫的危害性，我在读书的时候就在报纸上看到过的。

赵：王老，请您讲一讲您妹妹感染鼠疫的情况好吗？

王：那个时候，村里有人感染得病了，日本鬼子就说到林山寺去，皇军免费为大家治病。村民信以为真，家里有人病了就送到林山寺去。我的那个妹妹也是这个情况，送到林山寺去治病的。你不是晓得王菊莲吗？她是我的堂妹，我父亲叫她送饭给我妹妹吃。她进去后，看到林山寺里面日本鬼子活体解剖的惨剧，里面那些病人哭啦、叫啦、喊啦什么都听得到，那个寺里，简直就是日本鬼子制造的人间地狱！她看到那些日本鬼子对活人剖肚皮，割手，割脚，挖人的五脏六腑，什么都敢做！这种人不是人啦，是畜生啦！他们把我们村的人杀掉，割去身上的东西，拿去化验，把我们村的人当动物，根本不当人的啦。

赵：王老，您的妹妹后来有没有回家来呀？

王：哪里回得来，给日本鬼子杀掉了，连尸体都没有拿回家。她死的时候才15岁。

赵：她在林山寺大概过了几天啊？

王：个把礼拜吧，就给日本鬼子杀掉了，日本鬼子在林山寺做活体、死尸解剖的时间大约有两个月左右吧。平时，林山寺是没有人去的，只有生了病的人，听说日本鬼子会治病的，就去了，都是有去无回，如果那两个人不是从阴沟洞里钻出来的话，也被日本鬼子杀死在里面了。

赵：您妹妹的尸体呢？

王：给日本鬼子埋掉了，他们在林山寺附近随便找个地方就埋掉了，那些去治病的人，共有40多个，只回来两个人，其他人都被日本鬼子解剖掉埋葬在林山寺附近田里啦。

赵：是，这个事我也听说了，太惨了。王老，你们家就您的妹妹感染上，其他人有没有人感染啊？

王：后来呢，我也发烧了，也许我是心理作用啦，为什么呢？因为我上楼看到两只死老鼠，又把它们拿去埋掉。我在想：死老鼠身上的跳蚤会不会到我身上来了？会不会传染到我的身上了？我怎么会发烧呢？那肯定是传染上了，就很害怕，越害怕，就越觉得我也发鼠疫了。你晓得勿？老鼠身上的跳蚤跳到你身上来，咬你一下，你就传染了，就是这么快！

赵：您当时情况怎么样啊？

王：我一发烧么，我母亲很担心我喽，给我喝水。一般来讲，传染上鼠疫，过了三天就要死掉的，当时鼠疫发生的时候，村民们有的都逃到亲戚、朋友家去了，我们家在附近没有亲戚的，我们只好待在家里。我觉得很闷，白天就跑到江湾街上去玩，崇山到江湾很近的么，我就去玩。结果呢，玩着玩着，发烧就好了，没有事情了。

赵： 感染鼠疫发烧的话，很口渴的呀，您不感到口渴吗？

王： 口渴了么，就跑到人家家里去喝水，我总感觉到那几天人不舒服，发高烧了，后来跑到江湾街上玩了几天就好了。

赵： 您可能根本就没有感染鼠疫，而是一般的感冒发烧。

王： 有可能的，大概是我的心理作用，看到村里这么多人发烧死掉，自己就先害怕起来，把感冒发烧当作鼠疫感染。那些天，白天我就跑出去玩，晚上回到家里睡。你想呀，太平间在我家附近，每天看到那么多人死掉，每天听到悲惨的哭声，谁待得牢呀！待不牢的呀，我就只好跑出去玩，村里有些人家死了5个人，最多的王道生医生家死掉11个人。我们家还算好的，只死掉一个人，就是我妹妹。我还有一个堂妹叫王景云，她的父母亲都是感染鼠疫死掉的。她的父亲叫王文权，王文格是王景云的叔叔，他也感染鼠疫死掉的，很惨的，她一个人孤苦伶仃的，她姑妈的女儿，也就是她的表姐来陪她，结果她的表姐回去之后也感染死了。尸体放在客堂，她表姐的堂弟才3岁，走到她表姐的身边叫"姐姐抱，姐姐抱"，去拉她的尸体，结果这个小孩子也感染死掉了。

赵： 是的，我采访王景云大妈的时候，她也讲到了。

王： 很惨的啦，他们家的院子里死掉的人很多的，他们有十多间房子，里面有好多人死掉的。很奇怪的，越是死人多的房子，大火越没有烧掉。

赵： 王老，林山寺一共进去40多个人，大多数都死在里头了？

王： 据我所知，其中有两个人是逃出来的，一个是我们崇山村这边的，一个是王基旭那个村的。

赵： 这两个人的名字您还记得吗？

王： 我们这边的那个人我知道的，叫童金兰，她是活到93岁才死的，她的命大；还有一个也是女的，什么名字我记不得了，两个女人逃出来都活了下来，其他到林山寺治病的人都死在日本鬼子手下，都被他们解剖后随便埋掉了。

赵： 您清楚崇山村最开始感染鼠疫的情况吗？

王： 清楚的，第一个、第二个、第三个感染死亡的人我都晓得的，第一个是王焕章，他感染鼠疫死掉，他的儿子、媳妇把他的尸体从我们家门口抬过去的，我都看到的。王焕章死掉的时候，大家都是不起疑心的，还以为是生病死掉的。第二天，他的儿子也死了，他的儿子叫王基发，第三天还是第四天，他的媳妇也死掉了，一连三个人死掉，大家都警惕起来了，都觉得这是瘟病，否则不会死掉好几个人的。

赵：是的，王老，那时候崇山村每天死人，您害怕吗？

王：怎么不怕呀，谁都怕的呀，谁也不晓得这瘟病什么时候就轮到自己了，害怕自己死掉也没有人来好好收拾自己、埋葬自己，那些尸体都是草草埋掉的啦，死得都没有一点尊严的，连一张像样的棺材都没有，有些人用草席一裹就拿去埋掉了。

赵：日本鬼子没来义乌的时候，您在哪里读书？

王：日本鬼子还没到义乌，丽水那边就很紧张了，我当时在那边读书，一听说日本鬼子到丽水了，我就回义乌老家了，回来后没几天，日本鬼子就到义乌了。

赵：日本鬼子到你们村来时的情形您还记得吗？

王：记得的，日本鬼子把我们召集到一块，他们装出一副好人的样子说："你们不要怕，我们是皇军，皇军很好的。"那天我也去的，亲眼看到的，亲耳听到的，他们都是骗人的，那一套假话当时听起来很动听，事后想想很恶心。

赵：一开始，你们村民还以为他们是好人吧？

王：是呀！后来大家都晓得了，他们是恶魔，是杀人魔鬼。

赵：王老，当年崇山村爆发鼠疫后，你们的村里是什么情形？

王：我记得那个时候已经有甘蔗了，吃甘蔗的时候，那时正是农闲季节，有些庄稼还没好收，有些庄稼还没种下，这时，崇山村发鼠疫了，我们家出来有一个墙角头，村里有些年纪大的人每天都会到那里来谈天说地，这里就像一个信息中心，每天村里发生什么事情，大家都会到这里说一说。那个时候，大家谈得最多的就是：某某家死了人，某某家死了几个人，男的还是女的，老的还是小的，死掉的人几岁了，信息很灵的，村里死人人数达到最高峰的时候，我听到是一天里头死掉20多个！每天一早就聚到那里，说昨天晚上哪些人家又死掉什么人什么人，当时村里搭了个临时太平间，因为鼠疫是要感染、传染的，所以，死掉的人马上要把他们隔离开来，要把他们放到太平间去，你晓得勿？当时太平间要排队伍的，不是说要放就能放进去的，因为当时死掉的人实在太多了，太平间里放不下，你要等下一个人拿去埋葬了，你才能放进去，因为我们村里有规矩的喽，人死掉总要放他个两天、三天才能出殡，你总不能人一死掉就拿出去埋葬吧，这样的话，太不近人情了。

赵：太平间在什么地方？

王：在村子里面的，挑了个闲着不用的房子来做太平间，我家正好靠近那个太平间的，嚯嚯！那个太平间里一天到晚都是村民悲哀的哭声，那个时候我们家人简直是没有办法睡觉的。所以，我们就把我们家前面那扇门关起来的，进出都是从后门走的，而且那个时候，每天到下午三点钟左右，我们都吃了饭睡觉了。

赵：这么早就睡啊？

王：整个村子一点声音都没有的，死寂一片，三点钟太阳还很高嘞，村子里的人都睡觉了。

赵：为什么要这么早睡觉啦？

王：你想想啊，这家死人，那家死人，很惨的么，你走到哪里去啊？哪里都有可能感染上鼠疫，还不如在家里睡大觉。

赵：听说当时你们村还有一些迷信的想法？

王：有的人传说吃生芋艿可以治这个瘟病的，鼠疫感染厉害的时候，有淋巴的么，对吧？说是把淋巴弄破了就会好的。我们村有个医生叫王道生，他是中医，开始的时候，他还能为王焕章治病，谁知他自己也感染而死，他家里一共死了11个人，他有8个儿子，他们是全家都死光的，没有一个活着的，真的是很可怜的。

赵：对，他们家里死掉的人最多了。

王：但是，他们家的房子没有烧掉，一直在的，没有人敢去住的。

赵：哎唷，太惨了。

王：很惨的啦，你是无法想象的啦。天天有人死，天天有人拉到太平间，天天有人哭。后来时间长了，死了人也没有人来陪了，因为大家都晓得这个瘟病是不好的，要传染的，大家就不来陪了，这样子一来，哭声就少了，再后来是因为日本鬼子要剖肚皮，所以大家都不敢哭，哭的话，日本鬼子听到要拉到林山寺去剖肚皮的。

赵：王老，您能不能讲一讲 11 月 18 日那一天，日本鬼子来烧毁你们村庄的情形？

王：那一天，日本鬼子来了，一大早，跑这家，跑那家，大叫着：你们把家里的锅拿出去，把米拿出去，把被子拿出去！当时我们也不晓得要把这些东西拿出去做什么。后来才知道，日本鬼子要来烧村庄了，烧掉之后，我们可以拿锅烧饭，晚上有被子可以盖。日本鬼子叫我们村里人都到后山背去集中，现在这个后山背房子都造起来了，那个时候是空地。

赵：王老，日本鬼子来叫你们拿东西出去，他们会讲中国话吗？还是有汉奸帮忙来叫的呀？

王：日本鬼子当中做医生的有些人会讲中文的，也有汉奸帮忙喊的。这些汉奸当时叫"和平军"，"和平军"都是本地人组成的，实际上就是汉奸么！

赵：崇山村有汉奸吗？

王：没有的。当时说有，现在想起来是冤枉的，有人被日本鬼子逼着做保长，我们村里有个人在杭州做火腿生意的，他会讲普通话。日本鬼子一来，就找到他了，要他当日本鬼子的走狗。他本人是很不愿意的，但是没有办法，日本鬼子有些事情要他来村里通知，他也不得不来，后来好多人都说是他带日本鬼子来烧村庄的，这个说法是不公正的。

赵：这个人叫什么名字？

王：王甲法，他是王甲升的堂兄。村里有人说他带日本鬼子来烧房子，所以他自己家的房子没有烧掉，说句良心话，日本鬼子烧房子是乱烧的，没有规划的，就在几个点点火，烧到哪里算哪里，并非因为王甲法跟日本鬼子好，就没有烧掉他家的房屋，如果真的烧起来，那也是没有办法救的，村里没有烧掉房子的人家也有的呀，并非王甲法一家呀，像有的人家全家死光了，他们的房子都没有被烧掉。我们村的王甲升，他比我小 3 岁，他的哥哥叫王甲昌、他的姐姐叫王蕙香，他们俩都感染鼠疫死掉了。

赵：对，这个情况我了解到了。王老，您那天也被赶到后山背上去了吗？

王：那天一早，我父亲就到江湾去玩了，后来，我们一看情况不对，全家就逃出去了，逃到西面的小山坡上去了。

赵：你们全家都逃出去了吗？

王：都逃出去了。

赵：那您是没有看到崇山村被烧的情形喽？

王：看到的，很近的啦。我们先是看到天空里有黑烟，大团大团的黑烟，把天空都遮住了，墨黑墨黑的，好像要下暴雨一样，整个村庄都在烧，都被烟包裹住了，烧到自己的家都看不清楚，那个时候，不晓得自己的家有没有被烧掉，看不清楚，烟太浓了。我们在山坡上晓得是日本鬼子放的火，恨煞啦，恨啊！

赵：你们逃出去的时候，根本没想过日本鬼子会来烧房子吧？

王：哪里想得到啊，我们当时一听说日本鬼子来了，就逃，逃习惯了。那天一早，有人说日本鬼子又来了，我们全家就逃到西面的山坡上去躲起来，没有想到，日本鬼子要来放火烧房子。

赵：当时逃到西面山坡的人就你们一家吗？

王：不是，还有村里的一些人，大多数都被赶到后山背去了，只有一小部分人在西面山坡上。那些人也是一听说日本鬼子来了，就逃了，跟我们一样的想法。所以，那天他们也逃到西面山坡山上了，只有那些老得逃不动的人，没有办法逃，只好留在家里，逃得动的人都会逃走的。那天放火的时候，日本鬼子把村庄周围都包围起来，都有枪的，哪个村民去救火，他们就要打的，不打你死，只打断你的腿和手臂。我们村就有两个人去救火，被日本鬼子打断手和腿的。有一个人叫王荣森，他要去自己家里救火，就被日本鬼子打伤了手。他比我大 3 岁，现在已经死掉了。我们村很大的，就这样被日本鬼子烧掉了，从此以后就好不起来了。

赵：王老，那天你们全家逃到西面山坡，没有被日本鬼子发现吗？

王：没有没有。

赵：那你们家被日本鬼子烧掉了吗？

王：烧光了，我们家房子很多的啦，开始的时候，那幢房子没有烧起来，因为东边是祠堂，风一吹起来，火热蔓延过来，烧得很快的，于是，我们就被连累到了，也就烧起来了。我们家全部烧光了，烧掉之后，我的升学就成问题了，无法完成学业了。

赵：那么，你们家房子烧掉以后，你们都住到哪里去了？

王：头一天晚上，我们全家是住在外面的。我们用晒谷子的竹簟（义乌人叫"地垫"的）围起来，搭个棚子临时住下来，这些竹簟都是人家支援来的，我们家的东西都被烧光了，没有任何东西可用了。

赵：谁支援你们的？

王：我们村里有些人家没有烧掉的，就拿来竹簟帮助我们渡过难关。他们把家里的稻草也拿出来，铺在地上，让我们睡，这就样子睡了几夜，后来呢，我们就搬到了我们的旧房子里去住，这一间旧房子没有烧掉，里面堆满杂物，我父母就去整理一下，一家人就住进去了，还算运气的。

赵：你们在旧房子里住了多少年？

王：住了好多年了，十三四年了，一直到新房子造好才搬出来。

赵：那当时你们家什么东西都没有抢出来，对吧？

王：没有，别人来我们家抢过东西的，那些自己家没有烧掉的人家，会到正在烧的房子家里去抢东西的。

赵：当时整个村庄的房屋是烧掉的多还是没烧掉的多？

王：烧掉的很多的，我们村子大呀，日本鬼子在村子的很多点点起火头的，然后，房子与房子连得紧的房屋么，都被烧掉了，如果房子与房子之间有一段距离的，那就烧不到了，算是运气的。

赵：是的。

王：那天晚上村里哭的人最多了，都叫苦连天啦！呼天抢地啦！那天，老天爷都哭了，落着雨，老天爷都流眼泪了。

赵：雨下得大吗？

王：还好，不是很大，但烧掉房子的那些人就苦啦，在外面淋着雨过夜的。

赵：人家说屋漏偏遭连夜雨，崇山村人是屋无偏遭连夜雨！太可怜了！王老，我听说崇山村发鼠疫后，亲戚朋友都不来往了，是真的吗？

王：是的，崇山村一发鼠疫，亲戚朋友都不来往了。他们不来了，我们去，他们也不欢迎了。因为，他们都晓得这种瘟病是要传染的，一旦传染上，是要死人的，所以在这种生命存亡的关头，亲情就显得淡薄了，不要说亲戚，就是自己家的亲人，一旦碰上这种事情，有时候也是无可奈何的。譬如说，家里的亲人感染上鼠疫了，快要死了，家里人就会把他隔离开来，不去接触他，否则的话，自己也要死掉。我们村里有一个老太太感染鼠疫快要死了，想讨口水喝，他的小儿子就站在远处看着她母亲，不敢过来递给她水喝，眼睁睁地看着她的母亲死掉了，残酷得很！

赵：人间惨剧啊！王老，你们家烧掉以后，亲戚朋友有没有送些东西给你们吃或者用啊？

王：有的，我的姑妈家就送来 100 斤大米。我父亲有 5 个兄弟，一个兄弟在江湾，4 个兄弟的家都烧掉了，只有江湾那个兄弟没有烧掉。江湾的那个兄弟就拿来 400 斤大米，分给我们 4 户人家，一家 100 斤。崇山村房子烧掉的那些天，村民们是最苦的，饭是亲戚、邻居送来的，那些邻居没有烧掉房子，而且平时关系都比较好的。房屋烧掉，亲人死掉，多少伤心啦，对吧？日本鬼子在的时候么不敢哭的，他们一走么就开始哭嘞，号啕大哭起来；再一个，家里死人，怕邻居知道，觉得很丢脸的，倒霉！你家里死了人，人家就怕你了，觉得你们家霉气了。所以说，这种事情是很痛苦的啦。

赵：王老，你父亲有这么多兄弟，那他们家有没有人发鼠疫死掉的呀？

王：有的，我的第四个伯父，也就是我父亲的哥哥，我父亲的大哥家烧掉了，第二个大哥在江湾的，第三个大哥家烧掉的，第四个大哥家也烧掉了。老四家里死掉两个人，就是我第四个伯父家死掉两个人，一个儿子，一个女儿感染上鼠疫，都死掉了。当时，他们俩感染上鼠疫后，因他们家里条件比较好，买了很贵的药来吃，吃了很多的药，都吃不好，最后还是死掉了，如果他们还活着的话，儿子已经90岁了，女儿跟我妹妹同年的。

赵：其他几个伯父家都没有人感染上鼠疫吧？

王：没有没有，他们家在附近都有亲戚的，第三个伯父的女儿嫁在金村，我大伯父的女儿也在金村有亲戚的，崇山村一发现有鼠疫啦，他们就逃到亲戚家里去了；没有亲戚的人家么，只好呆在自己的家里，所以感染而死亡的人也比较多。

赵：太苦了。

王：我觉得有两样事情很奇怪的，一是那几个把鼠疫死掉的人抬去埋掉的人，都安然无恙；第二个事情是，崇山村房子烧掉以后，鼠疫就停止了，不再发了，也就是说，自从崇山村烧掉之后，就没有人因感染鼠疫而死掉。

赵：这两点真的很奇怪，到底是什么原因呢？

王：不晓得呀，我是亲眼看到的，这种情况，那些抬尸体的、埋葬尸体的人都活得好好的。按理说，鼠疫感染这件事情，你烧掉房子，鼠疫还会感染的呀，可是就没有再感染而死人了，就是这么奇怪，我到现在还想不明白。

赵：王老，日本鬼子除了烧毁崇山村之外，您有没有看到他们做别的什么坏事啊？

王：日本鬼子杀人、放火大家都是晓得的。当年，日本鬼子一来，年纪轻的人都要逃走的。为什么呢？如果被日本鬼子抓到，他们要怀疑我们是游击队的队员。

赵：如果被日本鬼子抓住的话会怎么样啊？

王：抓住么就打喽，我们有一个邻居，年轻人，给日本鬼子抓去了，日本鬼子就用扁担压他，叫他躺在地上，日本鬼子，那边一个，这边一个，两个人站在扁担上压住我的邻居，像跷跷板一样的，肋骨都被压断了，日本鬼子是拿我们村民开玩笑呀，不把我们当人的。

赵：你们邻居是男的？

王：男的呀，因为他要逃，已经来不及了，被日本鬼子发现了，就抓住了，我也被日本鬼子抓去过的。

赵：是吗？那您说一说当时的情形好吗？

王：那个时候，崇山村已经被烧掉了，我们全家已经住在老房子里了。那天，日本鬼子来敲门，我也不知道是谁，就去开门了，门一开，嚯嚯！冲进来几个日本鬼子，我就被他们抓去了，抓到金村旁边的一个庙里。我们那里有个游击队，中队长是王龙。他这个人是很厉害的，我也听说过。日本鬼子一直在找他，游击队在江湾住过，所以，日本鬼子抓不到游击队，就把江湾的房子烧掉了不少。当时，日本鬼子找不到王龙他们么，就把我抓去，问我：王龙住哪里知道吗？我讲我不知道。嚯嚯！我讲不知道，日本鬼子抬起一脚，把我踢出去，踢得很远很远，如果不是我体格好，早就被他们踢死了，踢了总有四五公尺远啦，一脚把我踢到泥土里，好在泥土是比较松的，地面不硬，否则，就没命了。我那个时候穿着学生服，是军大衣，日本鬼子就以为我是游击队、中国兵。他们好几个人来问，问我王龙在哪里？我说不知道，他们就这个来打我，那个来打我，把我打得晕头转向。我是真的不知道呀！我跟王龙根本不熟悉的，哪里知道他在哪里呀？即使知道么，我也不会告诉日本鬼子的，是吧？

赵：对对对。

王：我们义乌成立了八大队，它是共产党领导的，就是金萧支队，很有名的。他们经常要打日本鬼子的，所以日本鬼子呢也要找他们。我们种田的人不管其他事情的啦，什么共产党啦，游击队啦，都不管的啦，只是老老实实地种田地的。

赵：王老，您后来是怎么回来的？

王：当时日本鬼子踢了我多次，都踢得很远很远的，但我都是很快地爬起来了，如果不快点爬起来，他们会马上过来用脚踹我的，我要被他们踹死的呀。我一爬起来么，他们又叫：来来来，小鬼，过来，告诉我，王龙住在哪里？我说不知道。他们就打我，两个人轮流打我。打我脸上啦身上啦，各个部位都打，打了之后么，看我是真的不知道王龙住在哪里，就说：下次你看到王龙来，你一定要来报告我们。我讲"好好好"，但心里面想："王龙来到我面前，我也不会告诉你们这帮强盗的。"那个时候，村里人都说王化涛被日本鬼子抓去了，被他们打死了。

赵：哎唷，吓死我了，菩萨保佑，把您放回来了。

王：哎，总算回来了，所以，后来听说日本鬼子来了，我就逃，害怕再被抓去被他们打死。我们村里有几个挑肥的人，下雨天穿的靴子底部有一颗颗钉子的，走起路来"噶叮噶叮"会响的，有时候，他们故意这样子弄，走得特别响，像日本鬼子的皮靴一样，因为日本鬼子的皮靴走起路来很响的，所以，一听到那几个挑肥的人走过来，我们也会逃的，条件反射啦。有时候，村里的年轻人要造谣的，说江湾的日本鬼子来了，我们以为真的来了，就开始逃了。逃了半天，看看没有来，才知道上当了。

赵：他们开玩笑啊？

王：是呀，这种玩笑怎么能开呢！是吧？

赵：就是！王老，那天早上，日本鬼子来你们家敲门，你们压根儿就不知道是他们，所以没有跑掉，对吧？

王：是呀，如果知道，早就逃掉了。那天早上，他们是悄悄来的，谁也不晓得的。当时抓去好几个，不止我一个人。

赵：他们的话，你们听得懂吗？

王：听得懂，日本人当中有些人也会说中国话的，说得不标准，但是听得懂的。

赵：王老您命大！

王：命大！命大！所以现在要知足。

赵：是的，王老，您知道日本鬼子在义乌开的萤石矿吗？

王：你说的是氟矿吗？

赵：对对对，就是氟矿。

王：有的，就在塔山，日本鬼子利用塔山，开挖氟矿，运去造炸药、造枪炮，炸弹里面就有这个东西的。

赵：对，它是可以制造武器的，也可以做玻璃。

王：武义氟矿是很大的，他们那边的氟矿规模比我们这边要大，开矿的人数比我们这里还要多。

赵：对，武义的氟矿在浙江省内算是最大的，那义乌的氟矿肯定是由民夫去开采的，您知道本地有民夫被抓去开矿吗？

王：有的呀，肯定是氟矿附近的民夫么！我们崇山村离塔山还是比较远的，有十多里路。他们不会到我们村来拉民夫的。

赵：对，王老，日本鬼子有没有强奸过崇山村的妇女啊？

王：有的，我们村里不仅有妇女被日本鬼子强奸过，而且有两个女的被送去当慰安妇了。

赵：这两个慰安妇的姓名知道吗？

王：这个记不住了，当年江湾小学那里有个炮台，有日本鬼子住在那里的，也有日本鬼子住在江湾的一个祠堂里的。我们崇山村就有两个女人送到那里去当慰安妇。

赵：那她们是姑娘还是妇女？

王：妇女，她们比我年纪大。上田那边也有一个女人，被日本鬼子看中了，到炮台里去当慰安妇了，日本鬼子看中你了，如果你不去，他们就要烧你们的房子。没有办法，女的只好去了。日本鬼子来，我们不敢去碰他们的，哪个村子去碰他们，他们就来烧哪个村子。所以，老百姓也巴不得游击队来村里住几天，但不希望游击队去找日本鬼子的麻烦，因为他们找了日本鬼子的麻烦的话，等他们走后，日本鬼子就来烧村庄了，我们老百姓也是很怕的。

赵：王老，当年你们都不知道鼠疫细菌是日本鬼子放的吧？

王：知道的，知道的，那些有知识的人都是知道的。我们村里也有人亲眼看到日本鬼子的飞机洒下白色雾状的东西，之后，就爆发了鼠疫，加上日本鬼子一连串的恶行，谁都知道这场鼠疫是日本鬼子干的！如果不是他们干的，那他们一天到晚来我们村、来林山寺干嘛？不就是来检验他们的试验成果吗？他们可以骗骗老百姓，但骗不了明眼人，骗不了老天爷的呀！

赵：您说得对。

王：日本鬼子都是惨无人道的啦，他们对中国人犯下的罪恶实在是罄竹难书！所有的贬义词用到他们身上都不为过的。

赵：王老，当年日本鬼子投降了，您当年马上就知道了吗？

王：我是亲眼看到的，1945 年，日本鬼子投降那天，上田村有个曲江祠，我去看了，我们在门口看的，新四军穿着灰衣服，这边是新四军，那边是投降的日本鬼子，他们都低着头，一副灰溜溜的样子。我那时觉得好玩，听人说日本鬼子投降了，在曲江祠搞什么活动，我就过去看了。当时想：你们日本鬼子也有今天，太解恨了！

赵：是的是的，所以，王选就带着细菌战受害者原告团到日本去打了这么多年的官司，这事您知道吗？

王：知道的，知道的。

赵：您是怎么看这件事情的？

王：这件事情本身是很好的，日本政府终于承认有细菌战这个事实，这是很了不起的一个事情，本来全世界的人都不知道日本鬼子做的这件恶事，现在大家都知道了，这是很大的一个收获。我认为，这个官司打到日本去，让日本政府看看我们中国的老百姓还是有骨气的，是不会忘却耻辱的历史的，经过这个官司，日本政府承认了细菌战这个事实，这就是一大胜利。另外，日本的民间组织、民众也是承认这个事实并且道歉的。这个官司赔偿是次要的，主要还是要日本政府承认事实并道歉！当然了，能赔偿来也是好事，总比不赔偿要好。

赵：是是是，王老，如果当年王选、王培根他们请您参加原告团到日本去打官司，您愿意参加吗？

王：王培根来叫过我的，我因为年纪大了，再加上不在义乌，联系起来不方便，所以就没有去。但我是非常关心政治的，每天看新闻联播、看报纸的，现在安倍到美国去讲话，美国老百姓都反对的，他们都在游行啦。他根本不提"慰安妇"这个问题，美国也有许多慰安妇。韩国、朝鲜，包括台湾地区都有慰安妇的，这个安倍只字不提，你看他是什么居心！

赵：是的，王老，您看到过王选吗？

王：王选的父亲跟我是很要好的，他父亲叫王容海，比我大 10 岁，如果他活着，今年已经 101 岁了。他是吴源带出去的，吴源是义乌义亭石塔村人，毕业于国立京师法政学堂，他是法学家。上海解放时，王容海随陈毅元帅接管旧上海司法机关，参加新中国上海市高级人民法院工作，他是地下党。我抗美援朝去的时候，经过上海，我到他家里去洗过澡，吃过饭。当时有三个地下党被国民党抓去了，两个被枪毙，他被放出来了，结果，他被人误认为叛徒，说他害死了那两个人，他自己就出来了。所以，三反啦、肃反啦、"文化大革命"啦，他都弄到的，吃了不少苦头。他曾经当过一个中学的校长，有一次他到杭州来，住在我家半个月，这半个月里面，他从头到尾把每一件事情都跟我讲了，很多事情连王选都不知道的，我都知道了。

赵：他都讲了些啥事情啊？受冤枉的事情啊？

王：对啊，冤枉喽，很多事情都冤枉了他，这些事情连他家里人都不清楚的。他就跟我讲了他是被人冤枉的，他根本就没有出卖过同志！

赵：您认识王选吗？

王：认识认识。有一次，我去灵隐，在门口碰到王选了。她当时陪着几个日本专家来参观，她认得我的。王选像她爸爸，很了不起的！

赵：其他人来采访过您吗？

王：没有，没有没有。

赵：那何必会先生怎么知道您对细菌战的事情是很了解的呢？

王：他跟我儿子王越很好的啦，是朋友，所以知道我的情况。

赵：您跟王甲升先生有联系吗？今天晚上我们约好要采访他的。

王：他跟何必会经常联系的。有一次，他见到我儿子王越了，问他是哪里人？王越说是崇山人。他又问，你父亲是谁？王越说是王化涛。于是，去年我就接到了他从美国打来的电话。他当时在上海一所大学工作的，他是大学毕业的，研究航空方面的东西的，成就很大的，文化程度也很高。20 世纪 80 年代，美国的一个科学家把他请到美国去搞科研。那时候，他还年轻么，到美国去正好可以发挥他的长处。

赵：是是是。

王：今天你来采访，我说一句心里话，义乌是抗战重灾区，新的细菌战纪念馆建了这么多年，还没建好……小赵，你是哪里人啊？

赵：宁海人。

王：宁海西店我去过的，西店有条街道的，我记得很清楚。

赵：您去西店做什么呀？什么时候去的呀？

王：1951年去的，我们团部就设在西店的洪家（音）。

赵：王老，您后来是怎么出来工作的呢？

王：我在家种田的啦，实际上是从17岁下半年就开始种田了。到了1949年新中国成立，我参加革命了，先是在上田村的乡政府里帮忙，他们不会写的，他们知道我会写写的，就叫我去了，这个工作是很秘密的，因为我们村里有土匪，他们是反对我们参加革命的。所以，不要说村里人都不知道我在干什么，就连我家里也不知道我在做什么。

赵：那您家里人问您天天去乡政府干什么，您怎么说？

王：我就说去玩喽，后来乡政府指导员写了一封介绍信，说让我到县政府去报到，吃了一顿饭就上火车了，到金华干校去学习。学习之后，分配工作，把我分配到浦江县政府里工作。到了1951年，要抗美援朝了，我就回来了，我与大弟、三弟商量，就一起去参加抗美援朝了。去的时候，还经过你们宁海县嘞，在西店住过几个月，在那儿训练。我在一八八团，两个兄弟在一八九团。

赵：噢，您参加过抗美援朝啊？三兄弟一起参加啊？

王：是啊，三兄弟都参加过。那个时候，热血青年么，上头一号召么，我们就去了。雄赳赳，气昂昂，跨过鸭绿江。你们是唱唱的，我们是真的跨过鸭绿江去打仗的，哈哈。

赵：那您的两个兄弟现在都好吗？

王：一个已经去世了，如果活着的话，86岁了；另一个在嘉兴，今年83岁了，当年我们三兄弟参加抗美援朝很光荣的，金华的大中报都登出来的。

赵：那你们村还有别的年轻人去参加抗美援朝吗？

王：王建政的父亲王侗就去参加抗美援朝的，转业之后，他就在老家做农民。

赵：那你们抗美援朝结束后，有没有什么工作？

王：有的，我转业到黑龙江教书教了半年，那边很冷的，米都没有得吃的，什么营养品都没有的。我大儿子就是在黑龙江出生的，后来，我要求回义乌，我说我父亲去世了，家里还有个老母亲要照顾，他们就同意调回原籍。结果，黑龙江省政府人事局又把我留下来，分配到中国科学院浙江分院，就是现在的浙江省科技厅，我是省科技厅退休的。

赵：是吗？那您是很厉害的啦。

王：还厉害！1962 年精简机构，就是精兵简政呀，把我处理错了，让我回老家种田去，我回去种了 14 年田。国家规定是 1957 年以后参加工作的人退回去的，我是 1949 年就参加工作的，他们居然把我也退回去，退回去之么，村里人还以为我是坏人嘞，你想啊，好人能退回去吗？有人还以为我干了什么不好的事情而被退回去的，我有嘴都不说清楚了，那个委屈受得呀！说不尽。我在农村不会干农活啦，我不会挑担，又不会插秧，所以只有 8 分工分。不过，我在那些年里，也教过书，代过课，当过民办老师，都是人家来请我去教的。我的小女儿就是在义乌老家生的，大女儿与王越是在杭州生的。我一共四个子女。

赵：两个儿子，两个女儿，您福气真好！那您是怎么从农村调回杭州工作的？

王：后来呢，我们两夫妻都回义乌务农的，我们原先是双职工，邓小平恢复工作之后，有政策规定，双职工可以回杭州一个，于是，我就回来了。我是 1975 年回来的。我老婆的户口到现在为止还是农村的。

赵：回杭州后还是回到原单位工作吗？

王：还是原单位喽，我们这个单位改来改去好几回，先是叫浙江省科技工作委员会、浙江省科学技术委员会，后来么改为浙江科技厅，名称改来改去，单位仍然是这一个。你等一下，我去拿点东西给你看看。

赵：好！

王：这是我的相册，这是我年轻时候的照片。

赵：唷，王老，您年轻的时候很帅么！这一张是你们当志愿军的时候拍的，上面写着：一对志愿军，在愉快地滑冰。

王：我们当年去朝鲜抗美援朝的时候，到了一个山沟里，那里面都是冰，可以滑冰。当时我与这个卫生员照了一张相，他是江苏无锡人，你看当年我们多年轻啊，我们那个部队还好的，部队里面有好多钢铁战士，敢打敢拼，不怕敌人。我们主要是修路的，保证部队车辆正常通行。有些部队是在一线作战的，就死了好多人。

赵：是呀，还是小伙子嘞。唷，这位小伙子也是军人么，是谁呀？

王：我的孙子，就是王越的儿子。

赵：王越是您的儿子啊？我认识他的，他是义乌市档案馆的副馆长，对吗？

王：对的，他是我的小儿子。刚才来家里的那个是我大儿子。

赵：噢，您的福气真好！

王：福气好啊？是的，吃过苦的人福气最好！

赵：没错没错，苦为福本。

王：喏，这是我的证明书。

赵：我看看：革命军人证明书，中国人民志愿军政治部，1951 年 10 月 1 日颁发。这里还写着：王化涛同志 1949 年 7 月参加我军，现在二十一军六十三师工作，其家属得按革命军人家属享受优待，此证！噢，当时还有这么一张革命军人证明书的？

王：是呀。

赵：王老，这本相册里面还有您的好多书法作品喏，您还是浙江省书法家协会会员啊？

王：哈哈哈，是的，我喜欢练习书法，我很知足了，知足常乐么。

赵：这本相册里面大大小小的字都是您写的吗？

王：是，都是我写的。喏，我最喜欢这一首诗。

赵：我来读一读："世事茫茫似水流，平安健康挂心头。粗茶淡饭随缘过，荣华富贵莫强求。"哎唷，您写得东西很广么，千字文也写，三字经也写，还有艾青的诗也写啊，上帝与魔鬼都是人的化身，哈哈哈，王老，您厉害的。

王：哈哈哈，我是玩玩的。喏，这篇是朱子家训"黎明即起"那一篇，这篇东西最好了，现在的干部如果做到这一篇东西所说的话，都不会犯错误的啦。

赵：王老，您是从小就会书法的，还是退休以后练出来的？

王：从小就会写的呀。我们读书的时候都是写毛笔字的，退休之后么有时间了，我就专门写字，很有兴趣的，有瘾头，乐此不疲，不写就要难过，哈哈。

赵：痴迷到这种地步啊？

王：是的，跟人家搓麻将一样，入迷了。

赵：直到现在还写吗？

王：写的，写的，听说你要来，我上午为你写了一幅字，要准备送给你的。

赵：是吗？太谢谢您了。

王：我把你的名字写上就行了，你是幸福的福，莲花的莲，福莲，这个名字好！

赵：谢谢！

王：我把送给你的这首诗读一遍：

豪华尽出成功后，逸乐安知兴祸双。

世事洞明皆学问，人情练达即文章。

德量自隐忍里大，名誉从屈辱中彰。

万事莫如为善乐，百花争比读书香。

看有益书知识广，行无愧事梦魂安。

守愚不觉世途险，闲着始知夏日长。

赵：王老，这是您自己写出来的？

王：有些句子原来就有的，有些句子是我自己想出来的，把它们凑在一起，就像一首诗了，读起来有点押韵的，后面落款是：2015年五一劳动节，王化涛书，时年九十一岁。这款印刻着"饱经霜"。我是吃过苦头的啦，所以叫"饱经霜"。

赵：太好了，太感谢您了。

王：你来了，我送你一幅。平时人家来讨，我是不给的，人家来买，我也不卖的。哈哈，我们有缘啦，结缘结缘。

赵：那太荣幸了，谢谢王老，今天浪费了您好多时间，不好意思哦。谢谢您！您多保重！有空，我再来拜望您。

王：好，欢迎你常来我家聊天。

赵：好好好，我会再来拜访您的，王老，您请留步。

王：不，我要送您到车站。

赵：这不大好吧？我打车去好了。

王：有什么不好，不用打车，这里有公交车到天目山路的，很方便的。我经常在外面走的，你放心好了。我每天早晨要做自己编的广播体操。

赵：那好吧，我们一起走。

王：走，就在马路对面。

赵：好，谢谢王老！

■ **王基旭**

日本鬼子把我奶奶的肚皮剖掉了

采访时间：2014 年 12 月 8 日 9：15—11：10
采访地点：义乌崇山细菌战纪念馆
受 访 者：王基旭（王）
采 访 者：赵福莲（赵）

赵：王老师好！不好意思，来打扰您了。

王：没事没事，我常在纪念馆里的，今天也比较空，没啥事情。

赵：王老师，您身体看上去很好，60 多岁了吧？

王：呵呵，我今年 76 岁了。

赵：76 岁了？一点都看不出来，身体真好！

王：老喽，呵呵。

赵：王老师，我昨天去采访王菊莲大妈了，采访到大量不为人知的事情。

王：她也是今年才知道的，原来大家都没有把她统计在内的，因为她是从崇山村嫁出来的。我到她女儿那个村庄去调查，才知道她是崇山村人。

赵：噢，当时是您去调查她女儿那个村庄的？

王：哎，是呀，是她女儿告诉我的。

赵：她有四个女儿，是她哪个女儿告诉你的啊？

王：那个后山坞村庄里有她的两个女儿，她的第三个女儿告诉我的，她女儿知

王基旭

道我在调查细菌战受害者的情况，所以就把她母亲的情况简单跟我说了说，让我去调查她母亲，当天下午我就去找王菊莲了。

赵：那她有没有跟你讲起当年的具体细节呀？

王：讲了一些，她主要是讲林山寺被解剖掉的人。那个时候，我还很小，不太了解这种事情。她那时候已经很大了，知道这些情况。她去林山寺给堂叔女儿送饭，她就看到了好几个姑娘被日本鬼子绑在门板上，她说日本鬼子的刀很亮的，她一看这个样子，肯定是日本鬼子在杀人了，一害怕，她丢掉饭篮就逃回来了。

赵：小姑娘怕死了，就逃回来了。

王：是呀，这个样子，谁不怕啊？对于林山寺活体解剖的情况，她是比较清楚的，因为她是亲眼所见嘛，对不对？

赵：是的，这些情况我昨天详细采访过了，她尽可能地给我讲了。王老师，请问一下，你们家里面有没有亲人被日军杀害啊？

王：有，有啊！我们家里有三个人被害死了。

赵：三个啊？是哪三个呀？

王：最早么是我的姑妈，1942年吧，她是比较早就传染上了细菌，她是我们家第一个传染上的，吃药也没效果，就死掉了，死掉之后么，我们全家都怕了，就逃到赤岸镇东朱村的一个祠堂里住下来。

赵：东朱村有你们的亲戚吗？

王：没有的，所以就住在祠堂里面。

赵：东朱村人肯收留你们吗？

王：肯的，因为当时还是细菌感染初期，外面的村民还不大知道我们崇山村死掉那么多人的情况，所以肯收留我们的。我那个时候还小么，才4岁多，我姐姐大概7岁了。逃到东朱村一个礼拜左右，那天，我们两个人到祠堂门口去玩，突然之间，有人喊叫：日本鬼子来了！日本鬼子来了！大家都喊叫起来了，一边喊一边逃。我因为太小了，逃不快，我姐姐就拉着我跑，我因太小了么，跑了几步就跌倒了，姐姐把我拉起来又跑，小孩子不懂事的，只顾跑，眼睛不去看周围东西的，一路逃啊逃，结果逃到火堆里面去了，以前农村的经济比较困难，种田时肥料是买不起的，都是自己到田野里，用草堆起来，用泥巴闷起来，拿火来烧，烧成灰，我们这里叫"草泥灰"，这种东西做起来很繁的，也很忙，但用起来效果很好。

赵：这种草泥灰可以当肥料的，对吧？

王：这种东西像土膏一样，很有营养的，你种花生什么的，抓一把草泥灰放进去，花生就会长得很好的。草与泥一起烧起来的时候，泥都变成灰了，很好的。那天么，我姐姐拉着我逃，眼睛也不看，一逃就逃到草泥灰里，当时正在烧着的，可怜我姐姐的两只脚被烧得熟掉了，结果躺在家里一年多，脚都烂掉了，天天哭，很痛苦的，那时候本来就是逃难来的，家里没有钱，不可能请医生来看，只好眼睁睁看着她哭。

赵：真是可怜，当时没有马上从火堆里跳出来啊？

王：因为跑得快么，人跌倒了，慌里慌张地，一下子起不来，弄了很长时间才爬起来。爬起来已经晚了，姐姐的脚烧烂了，后来逃的人发现我们姐弟俩抱在一起在火堆旁边哭，他们叫来我的家人把我们弄回家去的。那时候，我们住在东朱村祠堂内，姐姐的脚被火烫伤，每天都哭，全家人都哭，但是没有一点办法。

赵：可以想得出来，那时候你们家太难了。

王：难难难，那时候我家里还有奶奶，奶奶就化妆成要饭的人，衣服穿得很破，整天坐在祠堂门口。

赵：为什么要化装成叫花子呀？

王：喏，化装成叫花子么，日本鬼子看到她这么可怜，家里面肯定是没有东西可以抢的，就不会进来了。

赵：实在是没有办法了，她才会这样子做，您奶奶真好！

王：我爸爸么逃出来以后，对家里不放心，隔两天总要回崇山村家里去看一看，结果过了几天以后，我奶奶也感染上发病了。那时候，我母亲也知道了，林山寺里来了一批日本鬼子的卫生队，说是会医治这种病的，村民生病了，就要去林山寺看病，不要钱的。我母亲一听，有这么好的卫生队，又会看病，又不收钱，很高兴，就把奶奶送到林山寺去治。我奶奶生病后，我爷爷就回到崇山村家里了。奶奶送到林山寺后不久，我爷爷到林山寺去看她，一到那里，就看到我奶奶被日本鬼子剖肚皮了，五脏六腑都挖空了，只剩下一副空壳子，他们就这样子把我奶奶活活地杀掉了！

赵：活体解剖掉了？

王：是呀，里面的五脏六腑像肝啦肺啦这些东西全部被他们拿走了，就剩下一个空壳子。你说他们可恨不可恨？一想起这种事情，我心里面就恨！日本鬼子太不是东西了，太可恶了！我爷爷看到这一幕，当时就昏过去了。从此以后，我爷爷天天哭，夜夜哭，他感到很心痛很心痛，心痛到心都要碎掉了，哭了几天，我爷爷的眼睛就哭瞎掉了。

赵：你爷爷的眼睛瞎掉了？

王：是，哭瞎了！奶奶的尸体花点钱请人草草地埋葬了。后来么，我们全家都从东朱村回到了崇山村，再后来，我的爸爸也传染上了，没几天也死掉了。

赵：你父亲也传染上了？

王：是的呀，我父亲传染上后，拖得时间比较长，为啥呢？我母亲天天用针帮他刺，在他的淋巴上刺，把毒挤出来，这样子刺了以后呢，好一点了，拖了半个多月，他可以说是村里患病时间最长的一个了。

赵：用针刺了以后，就把那个毒逼出来了，对吧？

王：对呀，我们家里三个人感染了鼠疫而死亡。我爷爷的眼睛哭瞎掉。多少罪过！

赵：你爷爷后来活到什么时候去世的？

王：1955年。

赵：他活得真不容易！

王：苦的呀，我母亲生了三个女儿，一个男孩，就是我。

赵：你们兄弟姐妹一共四个？

王：对，我下面还有一个妹妹，那个时候，家里虽然有两三亩土地，可是，种地的人没有了，爷爷眼睛瞎掉了，我爸爸死掉了，我还小，所以田地都荒芜了。我母亲不会干农活的，她以前一直在家里做家务、带孩子的，但当我爸爸死掉之后呢，她只好去田里干农活，她叫我大的姐姐管牢我们几个小的弟妹，她怕我们太小了，万一跑到外面，跌到水塘里会没命的，就把我们姐弟几个关在家里面，孩子还小嘛，天天关在家里很无趣的，就哭，她们都在哭。我看着她们哭么，我也哭，一屋子哭声啦。小时候，家里穷到家徒四壁，我那时小，饿得没办法，找来找去没有东西，看到地上有鸡粪，就去抓起来吃。

赵：你那时肯定是饿坏了。

王：饿得快要昏过去了，什么东西都拿来吃，鸡粪吃下去都不觉得臭啦。家里没有劳力，一家人日子过得多少苦啦，全靠母亲一个人在做，我们四个小孩张口要吃饭，我现在想想，我母亲是很可怜的。

赵：王老师，你爷爷会不会跟你讲起家人受害的情况？

王：讲的啦，我奶奶被日本鬼子解剖以后，我爷爷经常同我们讲起当年的情形，他讲我的奶奶很可怜很可怕，他讲，他讲的时候嘴巴都在哆嗦的，他讲日本鬼子不是人啦，他把我奶奶的五脏六腑都拿走了。我的爷爷自从奶奶死掉后，就没有笑过，他不哭就已经很好了。可是自从他眼睛瞎掉之后，就整天坐在那里，干不了活了，看上去很可怜的，这种日子也是生不如死啦！

赵：您的爸爸去世后，所有的重担都压到您母亲一个人的身上了。

王：是的，虽然我们四个小孩一天天长大，但一年一年过得很苦的，母亲都是省吃俭用，从不乱花一分钱。

赵：王老师，您还记不记得当年崇山村烧掉的情形？

王：崇山村烧的那天，我们逃在东朱村，所以我是不晓得的，但是我爸爸是晓得的，我爸爸有时候要回到村子里去看一看，回来就跟家里人说，说崇山村房子被日本鬼子烧掉很多，死掉的人很多，有好几百人，我们听了都很害怕的。

赵：崇山村烧掉以后，你们全家住在东朱村有多少时间？

王：前后住在东朱村20来天。

赵：之后你们到哪里了？

王：我们全家就回到崇山村了。

赵：你们家里没有烧掉吗？

王：没有烧掉。

赵：不幸中之万幸！

王：我们村一共烧掉400多间房屋啦，大概有20来户人家全家都死光的。

赵：好惨！可怜呐。

王：房子烧掉之后呢，村里有许多人无家可归，那些寺庙啊、凉亭啊、路廊啊都被人住去，他们没地方去，只好到田野去住。

赵：田野里怎么住啊？

王：就是搞一点草搭一搭，弄个棚子住，搞得很低的，钻进钻出的那种。

赵：草棚子？一年四季都住在里面吗？

王：是啊，一年四季都住在里面，否则到哪里去啊？

赵：那刮风下雨怎么办？冬天怎么办？

王：冬天也没有办法，那个时候穿得很单薄的，一家人都冷啊，只好几个人抱在一起，互相取暖。

赵：当年有没有人冻死、饿死的？

王：有啊，很多的呀。

赵：这样子住在田野里大概有几年时间啊？

王：前前后后总有三四年时间吧。

赵：王老师，村子里面没有烧掉房子的人家，有没有接纳房子烧掉的村民来住段时间？

王：有也有，不多，因为那个时候大家的房子也不怎么宽敞，一下子住进来别的人家，肯定也住不下，他们一般会到祠堂、庙宇去住，大家挤一挤住在那里。那时候，大家无家可归，祠堂里早就有人住了，稍微迟一点，就没有地方可住了，只好到外面去找地方安身。日本鬼子烧掉房子后，大家都没有房子了，谁先找到祠堂或庙宇，这地方就是他的了，灾难面前，人情也薄，没有办法的。

赵：后面的人就住不进来了。

王：进不来了，没地方落脚了么。

赵：然后大家就到田野去住。

王：是呀。

赵：田野上搭的草棚四周有没有围起来的？

王：围是围起来的，就用我们晒谷的竹簟围起来的，很简单的，尽管围起来了，但还是漏风的，一到冬天，冷风吹进来，刀割一样的。

赵：唉，太可怜了，当时他们靠什么吃啊？

王：那时候都可怜的啦，那些生活条件好一点的人，拿点衣服或者吃的东西送给他们，有些人呢到亲戚家里去拿点来或借点来吃吃，实在没办法了，就去挖野草吃，挖树皮、树根吃，凡是能够吃的东西都去弄来吃。

赵：那时候，亲戚朋友有没有人送东西来的？

王：有，有的。

赵：不是说崇山村人感染鼠疫后，他们的亲戚朋友都不敢来了吗？

王：是这样的，鼠疫只发了几个月，崇山村烧掉以后，感染的人少了，大家也都知道鼠疫过去了，所以亲戚会送一些食物来，但毕竟心有余悸，有些人送东西来，不直接交给你，而是放在一个指定的地点，让你们自己去拿。

赵：这段时间，日本鬼子还在义乌吗？

王：还在的，他们大概一年多后才走的。

赵：日本鬼子烧掉崇山村后，他们有没有继续来骚扰、捣乱或祸害百姓？

王：明显的没有，他们烧房子，我有这样一个考虑的：因为鼠疫传染得太快了，我们村庄死得最多的时候，一天里面死掉二十多个人。这样一来，他们就怕起来了，他们自己内部也有人感染上了，所以就来烧掉整个村庄，因为这个鼠疫菌一下子是灭不掉的。

赵：有道理。王老师，您当时家里还有六个人对吧？

王：对的，我们姐弟四个，加上我爷爷和母亲。

赵：那一年，你们家孩子最大的是几岁啊？

王：我4岁，我姐姐7岁，最大的姐姐是10岁，底下还有一个妹妹。

赵：哦，那你们家负担很重了，没有劳动力，姐弟们都还小，不会劳动，只会张口要吃的，那是你们家最艰难的时候。

王：是的，这种苦只有自己晓得。

赵：那时候，你们都不能读书了？

王：饭都没得吃，房都没得住，哪里还有书读啦。

赵：王老师，您有没有听说过当年日本鬼子把你们村里的男人拉去当民夫什么的？

王：有的呀。

赵：拉去干什么？

王：那个时候，把他们抓去，一般来讲，抓去的人都去搞建筑工事的，日本鬼子到了一个地方呢，都要建造炮台，炮台你知道吧？

赵：知道，知道的。

王：不管你是哪里人，只要被他们看到，都要抓去建造炮台的。

赵：在什么地方造炮台？

王：各个地方都有的，佛堂也有，江湾那边也有。

赵：王老师，我听说我们这个地方有萤石矿，您听说过吗？

王：不是听说，就是有的啦，义乌有两个。

赵：那么，这些挖矿的矿工是不是从我们这些地方抓去的？

王：是的呀。我们义乌很多人被抓去开挖萤石矿的。

赵：这个事情请您讲一讲好吗？

王：佛堂那边有一个塔山下村庄，那个萤石矿是比较大的，这个萤石矿的萤石是最好的，被日本鬼子看中了，他们就来开挖，民工都被他们抓去矿里挖萤石的。

赵：那崇山村有没有人被抓去挖萤石？

王：有的呀，矿里挖萤石很苦的，你如果不好好干，日本鬼子就要打他，打得很凶的。有的人实在吃不消，就逃出来，如果被他们抓回去，就会被他们搞死的。

赵：您知道这个矿开了多少时间？

王：大概两年左右吧。

赵：两年左右，这个萤石是干嘛用的？

王：日本鬼子拿去做化学武器用的。

赵：我昨天采访王菊莲大妈时，她说她当年亲眼看到日本鬼子抓了很多村民，把他们用铁丝穿起来，穿过锁骨，每个人的锁骨都穿上了铁丝，然后两个一对互相用铁丝穿起来，并排走，两个人一对，两个人一对，前前后后有好多对这样的人在走，日本鬼子用枪押着他们走，我估计他们就是被抓去的矿工。

王：肯定的，他们这些人一般来说，逃是逃不走的，日本鬼子有枪有刀，你要逃也没有那么容易的，一旦发现你逃，他们的枪毫不留情地打过来，一枪就把你打死。

赵：王老师，您讲得很好，萤石矿的事情很多人都不知道的，王培根先生知道得还比较多的。

王：是。

赵：王老师，你有没有印象，当时你们村里有没有出过汉奸？

王：我们村庄有一个人叫王甲法，当时烧房子的时候，是他带路去烧的，他家里很富有的，后来么，大家都说他是日本鬼子的走狗，说他是汉奸，实际上呢，他是到日本鬼子面前跪下来，去求他们不要烧房子。

赵：噢，实际上他是去求日本鬼子别烧村里的房子，是村民们误会他了，对吧？那是怎么误会他的呢？

王：对，开始的时候呢，他可能也是出于私心，为什么呢？如果日本鬼子烧房子的话，他们家的房子也要被烧掉的，为了这一点，也为了村民们，他就跪下来去求日本鬼子。

赵：后来他家烧掉了吗？

王：他家没有烧掉。

赵：所以人家就误会他了，对吧？

王：对呀，误会他了。

赵：那这个人平时坏不坏的呀？

王：人是不坏的，他是做火腿生意的，家境比较好，对村民们也很帮忙的，买六神丸给大家吃。

赵：那这样误会他，他自己有没有什么说法呀？

王：有说法也没用了，根本不给他辩护的机会了么，实际上大家把对日本鬼子的恨转到他的身上去了，就把他当坏分子看待了。

赵：后来，这位王甲法怎么样了？

王：后来他就住到金华去了。

赵：那他也很惨的，本来日子蛮好过的，结果弄得百口莫辩。

王：是的呀。

赵：王老师，您的记性很好，以前的事情都记得这么牢。

王：这一段耻辱的历史就记得很牢，这种事情怎么能忘得掉！

赵：是的，王老师，当年崇山村鼠疫爆发以后，亲戚朋友都怕与崇山村接触，你们家亲戚朋友有没有这种情况啊？

王：他们对我们关心是很关心的，就是不敢来，因为他们一来，肯定是被传染上，一传染肯定就要死掉，所以他们不敢来。后来鼠疫结束了，他们就跑过来看我们，送来米啊菜啊衣服啦什么，也都有的，毕竟亲戚还是亲的么。

赵：我听说当时你们村里人去投奔亲戚时，他们都是拒绝的，有没有这回事啊？

王：有的啦，那是肯定不敢收留的，你要好心收留了，他们家的人就要死，这是谁都不敢收留的啦。

赵：当时崇山村鼠疫爆发后，你们家的亲戚有没有人来看过你们啊？

王：开始的时候是有的，后来，大家都知道崇山村的鼠疫太厉害了，一接触就要死的，那就不敢来了，如果他们来了，感染上死掉，我们也会很难过的。我们自己也不敢去，因为去了，会传染给他们的，也是很怕的，所以我们自己都很识相的，不会随便去投奔亲戚的，这种鼠疫传染起来很快的，有些地方，你今天传染上，明天就死掉了，很快的。

赵：王老师，听说您现在很忙的，具体地做一些什么事情呀？

王：我现在就在这个细菌战纪念馆里帮忙么，因为王培根书记身体不好，刚去杭州住过院，前天回来的，今天早上我还去他家里看过他，他是很关心这个纪念馆的。

赵：是，王培根先生真的令人敬佩，我已经采访过他了，很感动。王老师，这个纪念馆的事情我还没有好好采访过，请您详细介绍一下好吗？

王：好！这个纪念馆是 2005 年开始办起来的。实际上，早在 1976 年，南京军区就派人来调查过细菌战的情况了。但是，那个时候只调查了一部分，没有全面展开调查，调查出来的受害者人数很少的。真正搞起来，应该是王选参与进来以后，她那个时候在日本留学，知道这个事情后，她就参与进来了，说要继续调查，详细调查，要把人数搞清楚，说要跟日本政府打官司。所以，2005年，我们就开始筹建这个纪念馆了。那个时候呢，不是民政局批的，是义乌市人民政府批的，批下来之后，一直是民间在这里筹建、筹备的，所有的费用都是民间人士赞助的。这样一来，通过我们一次又一次的调查，以崇山为主，展开调查，仅崇山一个村，就死了 400 多个人。后来，慢慢地，在调查过程中，扩大范围，各个镇都去调查了，到今年，我们又调查了一次，这一次调查呢，就更详细了，我们到乡村、城镇都去调查了，大概调查了四五百个村庄，这么多村庄里面呢，有好几百个村庄都有鼠疫。我们到苏溪也去调查了，他们那边的发病率也很高的，有一户人家，没有分过家的，大家都住在一起，一个月内死掉 8 个人。

赵：那苏溪村的鼠疫是崇山村人带过去的还是他们自己那边感染上的？

王：他们自己感染上的，日本鬼子在他们那边也放细菌了么。我们这里带过去的有江东的塔下洲，这个村庄死掉 100 多个人。

赵：你们村里有没有炭疽老人啊？

王：有有有，不过已经死掉了，他们很可怜的啦，痛苦一辈子，烂脚烂起来，很臭的，没有人愿意跟他们接触，这种炭疽没有药可治，什么药涂上去都没有效果的。赤岸镇毛店村有个炭疽老人，是个男的，我去调查过，他是 3 岁时就开始感染上的，她的母亲带到在外面去走过，开始时还以为是被蚊子咬了，当时很痒的，用手去挠，就抓破了，从此以后，就一直烂脚，一直烂到现在，那条腿墨黑墨黑的，炭涂过一样的，看上去很可怜。

赵：他结婚了吗？

王：结婚了，孩子也有的，但是，这样的人讨到的老婆不是有残疾么就是生毛病的，一般好的姑娘不会嫁给他的了，你说对吧？

赵：那这个人年龄多少大呀？

王：跟我差不多，有可能比我小一岁。

赵：义乌的炭疽老人不多吧？

王：调查出来很多的，以前没有调查不知道。

赵：现在有医生在帮这些炭疽老人治病，您说能治好吗？

王：他们讲是讲，他们有几个炭疽老人治病治好了，但我看效果不理想，因为有几个吵着要回家，为什么呢？肯定看不好的么，如果有疗效，拼命会在那里看的，他们也不会吵着回家了，毕竟是一辈子痛苦下来了，稍微有点效果，他们肯定会安心治病的啦。他们住了一段时间，看看没效果，不如回家了。毛店这个炭疽老人，你可以去采访一下，他去杭州开过刀的，都没有用，他这样的人还要去种田啦，我们这边都是水田，他的双脚要落到水里去的，水里有很多蚂蟥，他的烂脚有一个很深的洞，洞里钻了十多条蚂蟥，他旁边的人看到他从烂脚的洞里一条一条拿出来，看看都吓煞啦。

赵：他都烂成这样了，还去种田啊？

王：农民嘛，不种田吃什么？一家人要养的，他说他每天下田，那个烂脚洞里都会钻进很多蚂蟥的，他都习惯了，懒得去拉它们。

赵：太可怜了。

王：是呀。

赵：王老师，您调查下来，最悲惨的令人最难忘的人有没有啊？

王：很多的啦，离我们这里大概五里路的一个村庄，叫柯村，有个人嫁到离村庄 5 里路的另一个村庄，就是我们下崇山。当时崇山鼠疫发得很厉害，她就回娘家看看柯村有没有这种鼠疫。回去的时候，站在门口时给日本鬼子看到了，就把她抓去强奸了。后来她就逃出来，日本鬼子就一直追，大概逃到半里路左右，旁边没有房子可以躲避，她就逃到水田里去了。田里有水，她就躺在水田里面。日本鬼子说："小姑娘，你上来，快上来。"她肯定不会上来的，上来么又要被抓回去强奸的。日本鬼子看她不上来，就朝她的胸部打了一枪，再朝她的肚子打了一枪，结果呢，她就被活活打死了，实际上，打死的不止她一个人，她的肚子里还有一个小孩啦，你说可怜不可怜？日本鬼子一下子害死了两条人命！

赵：惨无人道！可恶，可恨！她没有感染鼠疫而死，却被日本鬼子活活打死！

王：还有一个比较典型的，有个在那里烧饭的女人，年纪很轻，日本鬼子到她家里来，看到她在烧饭，又把她强奸了。之后，她也逃，逃之后被日本鬼子抓住了，再拉去跟别的日本鬼子睡觉，睡觉之后呢，拿刺刀把她刺死，不但刺死，还割下她的两只奶和生殖器，用线吊起来挂到祠堂的门口，你说日本鬼子有没有人性？这种人是畜生养的！

赵：是！天良丧尽！

王：想起他们，人就很生气！

赵：的确！……王老师，你们这里有没有这方面的基金会啊？

王：现在搞起来了，我儿子他们搞起来的，主要是救助受害者。受害者年纪都大了，身体不好，生病或丧葬都由他们出钱帮忙的，可以讲，现在细菌战幸存者 90% 的人都死掉了，剩下来的没有几个人了。

赵：是呀，幸存者不多了，王老师，现在请您再来说说细菌战纪念馆的情况，好吗？

王：可以的，今年我们调查出来的人数是 1352 个，这次调查是最彻底全面的一次。我们去的时候，都是亲自到一户一户人家去调查的，被调查的人，身份证号码都要记下来，调查的结果必须经过村委会确定才可以的。我们今年的调查比较仔细，比较全面、可靠。

赵：这个纪念馆就是民间搞起来的？

王：是的，是王培根书记让我们着手搞的，后来么，他的身体越来越不好了，太辛苦了，太劳累了，那我们大家就一起着手来搞这个纪念馆。

赵：王老师，这个纪念馆里面的大量图片是怎么收集到的？

王：我们到丽水、金华、衢州等地去收集来的，都是亲自上门去收的。

赵：你们具体派谁去调查的呀？

王：我们组成一个调查组，分工包干的，挨家挨户去调查登记，前后花了 4 个月时间。有时坐公交车去，有时骑自行车去。

赵：那这样搞一个纪念馆要多少钱啊？

王：刚开始的时候，每年大概需要一万元。有时候，我们办公的钱都是我们这里值班的人自己掏出来的。

赵：你们真好！在这里值班有工资吗？

王：没有工资，我们都是愿意奉献的，自己愿意做这件事。

赵：你们真了不起！向你们学习！自从纪念馆建起来后，你们每天都要值班吗？

王：对呀，每天一定要有人的，因为有许多学校组织学生来参观，这里是爱国主义教育基地么。

赵：你们这里每天都有人值班哦，那天我看到王希琦先生也在这里值班。

王：王希琦也经常在这里值班的，他家就在边上，很近的。

赵：纪念馆为什么不放在你们崇山村而放在这里？

王：崇山村的祠堂被日本鬼子烧掉了，而这个祠堂很早的啦，清朝的时候就办学校啦，是我们姓王的先人办的，办起来之后，凡是姓王的子孙都在这里读书，不要交学费的。

赵：哦，这里是义学。

王：是的，大概到一九七几年才结束的。

赵：您在这里读过书吗？

王：读过的，我们崇山村的小孩也都在这里读的，多的时候有 500 多人啦。

赵：你们那时候读书的教材有哪些啊？

王：语文、算学、地理、历史等都有的。

赵：您是读到初中还是高中毕业的？

王：高中。

赵：噢，那您是高级知识分子了，那个时候读到高中是很厉害了，对吧？

王：哈哈哈，哪里。

赵：王选有没有资料放在这里啊？

王：有《王选与她的八年抗战》，这本书你有没有啊？

赵：有有有。王选很了不起，您能谈谈对她的看法吗？

王：她要做的事情很多，面很广，她是面向全国的，不光是义乌一个地方，如果我们这里有事情要开会啦，请她来，她会来的，没有事情的话，她就不来的。我们也要考虑到她的经济收入，她是没有工作的啦，她也是依靠家人过日子的啦。人家说她脾气大，我觉得是她比较有个性，她要坚持自己的正义，她是为了细菌战这件事情而发脾气的，如果不是这件事情，她干嘛要发脾气啦，对吧？

赵：对对对，王老师，义乌市在建造细菌战纪念馆，如果造好以后，你们这个纪念馆里陈列的东西会不会搬过去的？

王：实际上不搬过去也可以的，这里也可以算一个点么，对吧？

赵：对，这里应该有一个点，因为当年的重灾区在这里么。

王：是呀。

赵：王老师，你们有几个人在纪念馆里值班啦？

王：五个人，我每个礼拜要值两天班，其他人么都是值一天班。

赵：王老师，你们这里值班的五个人，好像年纪都不轻了。

王：是的，最大的王希琦是 80 岁，一个 79 岁，一个 78 岁，我 76 岁，还有一个算是最小的，70 岁。

赵：早上几点开始、下午几点关门？

王：现在么一般早上 7 点半开门，下午 4 点半关门。

赵：你们真了不起，没有工资，自己还要贴钱买办公用品，还拿家里的茶叶给我们喝。

王：应该的啦。

赵：您住在崇山村，每天走来走去啊？大约要走多少时间啊？

王：十多分钟就走到了，中饭回去吃，吃好再回到纪念馆来值班。

赵：你们的精神真的令我敬佩，很感动，这才是无私奉献呀，你们还是要继续搞下去的吧？有没有培养年轻人来接班啊？

王：不用培养接班人，义乌档案馆会来接管的，等他们那边的纪念馆房子造好以后，义乌市政府会派人来接管的。

赵：他们接管后，你们就可以退休了。

王：哈哈哈，我们退休了。

赵：你们每个礼拜都在这里值班的，一下子退休会不会不习惯啊？

王：我们这几个人有一个看法，日本鬼子这样子残暴，如果我们不这样做，他们还以为我们好欺侮，他们会继续做恶事，那会给多少人带来痛苦！你知道，我们每个百姓都是无辜受害者，我们有责任有义务把这一段历史传下去，让我们的下一代都记住这一段屈辱的历史，我们要教育下一代热爱和平，拒绝战争。这样一来，我们的国家、我们的民族肯定一天一天会好起来的、强大起来的。我们一定要让下一代牢记战争的危害性，战争给百姓带来的深重灾难和痛苦。我们这几个人在这里守了 10 年了，没有工资，没有报酬，为什么？还不就是为了这个！因此，我们牺牲最大，我都觉得值得的！

赵：了不起！坚持 10 天是容易的，要坚持 10 年那是太难了，王老师，我被你们感动了。王老师，来这里的有没有日本人啊？

王：有的呀，等一下杭州市总工会就要来人，说有日本人要过来。

赵：那他们来了，是你们这里招待的吗？

王：不用我们招待，他们只是来参观一下，看完之后就走的。

赵：外面的人到这里来，事先都会跟你们联系的吧？

王：是的，一般都会跟我联系，来了么，我们跟他们介绍介绍，然后让他们自己看一看。我们没有经费，无法招待他们。

赵：您儿子他们成立的基金会，会不会资助你们一些？

王：他倒是说，资助我们一些，我说呢，你们这个钱，是专门用来资助他们受害者的，或者是让他们治病用的，我说不能用，为什么呢？桥是桥，路是路，不好混淆起来的，如果我拿那些受害者治病的钱来开销，我们心里也不好受的，你说是吧？我们这样子做，人家也要有意见的，所以这个钱不能用，还是分开好，因为这是救济款，就一定要用到救济上面去，其他的经费，另外再想办法。

赵：您说得有道理。王老师，现在您儿子也在做细菌战这一块工作了，您是不是感到特别欣慰呀？他们的基金会，有没有钱拿去救治细菌战受害者呀，譬如说为炭疽老人治病什么的？

王：是，他们有去救济的。

赵：真好！今天非常感恩王老师，百忙当中抽出时间来接受我的采访，您讲得很好，非常有条理，谢谢您！

王：你客气，我讲不好的。

赵：讲得很好的，王老师，谢谢您，下次如果还有什么不懂的地方，我再来请教您，再见！

王：再见！走好！

赵：王老师，请留步，再见！

日本佬强占民女，不答应就要烧村庄

采访时间：2015 年 4 月 15 日 8：30—10：00

采访地点：王希琦家

受 访 者：王希琦（王）

采 访 者：赵福莲（赵）

赵：王老师好！又见面了，您身体还是这么硬朗，真好！

王：很高兴见到你，小赵。

赵：本来去年年前我就想来采访您母亲的，听说她当时感冒了，就不好意思来，这次来采访她，可以吗？

王：真不巧，她这两天又受寒了，我去扶她起来。

赵：要紧吗？

王：不要紧不要紧。

赵：我跟您一起去扶她吧，哎唷，奶奶精神状态不是很好呢。

王：是的，让她坐着靠在椅子背上好了。

赵：奶奶，您还好吧？

王：她今天说不了话了，那就让她先靠着，我们聊。

赵：真不好意思，吵着奶奶了。

王：没事没事，我们聊好了。

赵：我们先跟奶奶合个影吧，来，我们一起来拍个照。

王：好的好的。

赵：奶奶，你的手还这么灵活啊？自己会扣扣子啊？我帮你扣吧，奶奶，你的衣服很漂亮的，来，笑一个，我们拍个照。

王：她不生病的时候，自己都会做事的，洗衣服都是她自己洗的，这两天身体弱，她就只想躺着。

赵：这么大年纪，还会洗衣服啊？

王：不光会洗衣服，还会穿针引线呢。

赵：奶奶，您真了不起。我现在都穿不了针了，半天穿不进去，您的眼睛比我的好！

王：哈哈哈，她不生病的时候是很灵活的，做来做去，不会停的。

赵：奶奶是生在哪一年的啊？

王：1910 年农历六月初三出生的，今年是 106 岁了。

赵：人瑞呀！奶奶叫什么名字啊？

王：龚海光。

赵：这个名字有点像男人的名字呢。

王：是的是的。

赵：奶奶的饭量还好吧？

王：还好，一日吃三餐，一餐一小碗饭。

赵：奶奶是本地人吗？

王：她的娘家是夏演，城西那边人。

赵：她是几岁嫁到这里来的？

王：24 岁嫁过来的，我外婆家里是很穷的，外婆就做裁缝、做手工，我母亲 3 岁时，带来带去不方便啦，就把她寄养在外婆家，我母亲的外婆家，才 3 岁的她，跟其他小孩子到山上去玩，被狼咬到了。

赵：哎唷，那她有没有被狼咬伤了？

王：有，屁股被狼咬伤了，后来么，我外婆没有办法，只好把她送到隔壁村庄

王希琦

当童养媳去了。母亲长大后，就跟那户人家的儿子成亲了，十八九岁时，生了儿子，那户人家也是很穷的。为了生活，她带着儿子到我们家里来了。我母亲是属于典妻，典妻你懂吧？她26岁那年就生了我。

赵：典妻我懂的，奶奶在你们家一共生了几个孩子呀？

王：三个儿子，一个女儿。我是老大，老二是弟弟，叫王希桁，和我相差2岁，老三是妹妹，老四也是弟弟。

赵：你们是哪一年从崇山村来到这里的？

王：1940年开始我们全家就住到这边来了，祖宗是在崇山的，后来我们家做生意了，就住到江湾来了。我们家是加工南枣、蜜枣的，生意做了之后么，买了土地造了房子。现在算起来已经在这个地方住了75年了，我是5岁那年来到这里的。

赵：当年日本鬼子烧崇山村，你们已经住在这里了，是不是看不到的？

王：看到的，看得到的。

赵：你们是不是也被日本鬼子赶到后山背上去了？

王：没有去，因为我们已经住到这里了么。

赵：那您怎么看得到的呢？

王：当时我在这个学校读书，已经读一年级了，那天看到大天井里面墨黑墨黑的，好像到了晚上一样，崇山村烧起来之后，烟飘过来，把我们的天井都遮住了，墨黑的，看不清天空。教室里面也一下子黑了起来。老师觉得奇怪了，就走出来看，看看情形不大好，因教室里太暗，没法上课了，于是，同学们也都跑出来看了。我们都跑到山上去看的，一看，就看到了崇山村大火弥漫，烧得一塌糊涂，那个烟很大很大的，一团一团朝天空里面窜上去，一大片天空都黑掉了。

王希琦的母亲龚海光

赵：你们还看到了什么？

王：我看到好多日本鬼子穿着白衣服，手里拿着枪，把村里人都赶到后山背上去。

赵：那你们过不去的喽？

王：不能过去的，日本鬼子把村口都堵住了，两边的人不能往来的。当时，老师一看这个情形，吓坏了，叫我们不要动，不要乱走，不要过去，我们学校操场那边有个小山背的，我们就站在那里看看。

赵：那一年您是几岁啊？

王：7岁，读小学一年级了，这一幕我的印象是很深的，永远都忘不掉。

赵：对，7岁是有印象了。

王：我都记得那时的情形，日本鬼子的飞机在学校上空飞来飞去，有时候从房子上面"哗"地一下飞过去，我都还记得的。他们的飞机飞得很低很低，就像从房屋屋顶飞过去一样的。

赵：王老师，我们这个村有没有日本鬼子来做坏事啊？

王：有啊，日本鬼子的炮台就造在我们学校的操场上。

赵：那您是知道这个炮台建起来的情形了？

王：知道的，日本鬼子把民夫抓去造炮台么，我们这里就有人去造过炮台的。

赵：那他现在还健在吗？

王：还在的。

赵：是吗？那我得去采访他一下，了解一下当时的情况，王老师，当年日本鬼子造炮台,你们这些小孩子能去看吗?

王:里面是不能走进去的,外面是可以看的。

赵:那你们每天都看得到日本鬼子喽?

王:每天都看到的。

赵:他们对你们凶不凶啊?

王:对小孩子是不太凶的。不过,我们也不敢靠他们太近,要看也是站得远远的。

赵:那您有没有到炮台里面进去过?一次都没有进去过吗?

王:直到抗战胜利,日本鬼子退出去了,他们从炮台上下来了,我们小孩子就从下面上去看。炮台下面是地下室,里面可以住人,也可以放东西,最上面是圆台,日本鬼子在上面巡逻放哨的。

赵:这个炮台有多少高啊?

王:很高嘞,仙姑庙那边也有一个炮台,跟我们这边的炮台互相都能望得到,两边的山头地势都是比较高的。

赵:噢,那应该是很高的,炮台是造在山上吗?

王:造在山顶,现在都铲平当操场了。

赵:王老师,当年崇山村人感染上鼠疫,死伤这么多人。我们这个村有没有人感染到啊?

王:有!我的大妈有一个妹妹,嫁给了我的叔叔,我大妈的妹妹晚上带着我的妹妹去崇山那边看一下,结果我的妹妹感染鼠疫死掉了。

赵:哎唷,可怜,那我们这个村当时感染鼠疫的情况严重吗?

王:当时我们跟崇山村是隔绝了啦,我们的叔叔伯伯都在崇山,有时候,晚上偷偷摸摸跑过去看一下,拿点东西去,如果给村里的保长知道的话,他就要来威胁我们的,万一传染过来,那就不得了啦!

赵:我们上田村感染死亡的人数多不多?有没有统计过?

王:不多的,因为我们隔绝得早。崇山村鼠疫一爆发,我们村的伪保长就说了,你是不能到崇山去的,去的话,出了人命,你们自己家负责,不仅崇山村不让去，就如江湾以及附近的村庄都不让我们去了，就怕传染过来，一旦传染了，那这个村庄也就完了。

赵： 王老师，奶奶对当年细菌战的情况了解吗？她有没有跟你们讲起当年的事？

王： 她年纪大了，记不起来了。再说，我母亲是典过来的，她很穷的，在家里也没有什么地位，家里人是看不起的，所以，她什么都不管的，我们家很大的，我有大妈，所以，我母亲只管做，不管别的事，直到把我生出来了，才稍微有点起色，母凭子贵嘛，对吧？

赵： 对对对，家里添了男丁了，母亲的地位就不一样了。

赵： 那您大妈是哪一年去世的？

王： 她是 77 岁去世的，是 1953 年。

赵： 王老师，你们家在崇山不是还有亲戚吗？那您母亲跟他们走动得勤吗？

王： 她不去的。

赵： 那您呢？有没有听亲戚们说起当年的惨景？

王： 我也不太去的啦，我们家新中国成立后被评上地主了，那就更加隔绝了，直到改革开放以后，才又恢复来往，当年我们两个村被封锁掉了，不准来往的。

赵： 那上田村的人会不会送些东西到崇山村去？

王： 绝对不能去送的，这是当时规定死的，谁也不敢冒这么大险去，万一鼠疫传染过来，不是你一个人、一个家庭，而是整个村庄啦，谁有这么大胆子，没有的啦。

赵： 王老师，这么说，您对当年细菌战的情况不是特别了解了？

王： 了解得不详细。

赵： 那你们的长辈有没有跟你们说起崇山村鼠疫感染而死人的情况？

王： 这个有的啦，他们就说崇山村谁谁家死人了，死掉几个人，反正每天都死人，死了很多人，越传越怕，越怕么，我们就更不敢去崇山村了，也不敢接触他们村的人了。

赵： 其实，上田与崇山相差不远，只隔一条马路，你们是同一个大队的吗？

王：1958年以前，我们是同一个大队的，办食堂、吃大锅饭以后么，我们就退出来了，因为到那边去吃饭太远了，这样子跑来跑去不方便，所以就并到江湾来了。新中国成立初，曾经同新元两个村合并为一个自然村，成为江湾第三村，后来么，又并到崇山村了，合并过去以后么，要开会什么的，感到不方便，又退出来，并到江湾去了，江湾有5个村联在一起的。

赵：那现在上田村跟崇山村没有关系了，跟江湾有关系，对吗？

王：是的。

赵：王老师，您对细菌战的事情了解得不是很详细，那您能不能说一说您看到的日本鬼子干的别的什么坏事呢？

王：有一次，傍晚，我们8个小孩子在我家门口那玩着，日本鬼子走过来了，他用手指指我们，一个一个数过来，数了以后么，我们就各自回家了。我们正要睡觉的时候，日本鬼子敲门了，"唪唪唪"，敲得很响。我父亲去开门，门一开，日本鬼子打我父亲一个巴掌，打得很响，我父亲被打得莫名其妙。日本鬼子说：这些孩子到哪里去了？我父亲说不晓得，日本鬼子就要我父亲去把这些孩子叫回来，结果呢，我们几个坐在门口，我父亲一个一个去叫回来。

赵：这些孩子年龄多大？

王：大多是七八岁的样子。

赵：日本鬼子把这些孩子找回来干什么呢？

王：他就点了点人数，看看人数是对的，就又回炮台去了，不晓得啥意思。

赵：这个情节，让我想起王菊莲大妈说的，日本鬼子把10来岁的孩子抓去造炮台的事情。他们会不会也是想把这些孩子抓去造炮台啊？

王：后来也没有把我们这些小孩子抓去过，因为已经是傍晚了。日本鬼子很坏的，他们叫我们晚上不要关门，如果谁家关门的话，就要点火烧掉的。

赵：那你们晚上不关门的啊？

王：不准关的，也不晓得啥个原因，就是不让关门，你如关起来，他们就要来敲门、砸门、打人。日本鬼子变态的啦，你们一关门，就来烧你们的房子。

赵：我觉得日本鬼子是在找大一点的孩子，因为七八岁的孩子太小了，抓去也干不了活，但他们要掌握这些情况，以便以后可以来找稍大一些的孩子去干活。

王：有可能的。

赵：王老师，你还记不记得当时日本鬼子干的其他的坏事啊？

王：当年没有造炮台的时候，我们一听说日本鬼子来了，就逃，逃到外面去躲起来。逃这边，逃那边，我记得逃到这边也不行，又逃到那边去，想想那边也不安全，又逃到这边来。

赵：你们都逃到哪些地方去的？

王：逃到田畈的高坎下面，有一次，我们逃到塔下洲那边去的，趟水过去的，刚刚过去的时候，我母亲把我拉起来，想到塔下洲避难，结果到了那里，听说日本鬼子也到塔下洲了，我们就又逃回来，又从江水里面趟过来，刚刚上岸，又听说日本鬼子来了，我们又逃到别的地方去，累得要死。还有一次呢，日本鬼子路过我们江湾的时候，进来抢东西，我家里人都逃光了，全部逃出去了，日本鬼子就在我们家里东翻西翻，翻得一塌糊涂。当时我家里正在做南枣，大锅里有好几斤，日本鬼子拿去吃掉，还在我们的大锅里倒进去脏水，也有可能是小便，很臭的，日本鬼子把我们家里的南枣、蜜枣、红糖、花生、鸡蛋什么的全部都拿去。养着的活货也都抓走，拿到佛堂那边去吃，家里被他们翻得一塌糊涂，惨不忍睹。

赵：村子里面别的人家也被日本鬼子抢了嘛？

王：他们是知道哪些人家比较富有一些，哪些人家穷一些，一般来讲，他们会到富一些的人家去抢，那些人家东西多呀，一抢一个准，如果到穷人家去抢，也抢不到什么东西的。

赵：王老师，我们先把奶奶扶到床上去睡吧，她坐在这里很累的。

王：好，让我弟弟扶她进去睡，我们继续讲。

赵：好好好！

王：所以说，经过那次日本鬼子的抢劫，我们家的损失是很大很大的，家里几乎值钱的东西都被他们抢光了，你晓得勿？这些日本鬼子都是做强盗投胎来的啦，他们不光抢东西，还抢女人啦。

赵：王老师，您说抢女人是什么意思？请详细说一说。

王：我亲眼看到的一件事，后来大人们也经常讲起。有一次，造炮台的时候，我们村里有一个妇女，老是去日本鬼子的炮台边上卖香烟，今天去卖，明天也去卖，时间一长么，日本鬼子看中她了，这个事情被炮台做工的民工知道了，他们就跟这个妇女讲，你还不逃啊？日本鬼子看中你了，要把你拉去强奸啦！民工一提醒么，她就收拾篮子走了。她当时不是直接回自己的家，而是从别人家的大门走进去，再从他们家的后门逃走。当天晚上吃饭的时候，日本鬼子发现没有这个妇女了，有个日本鬼子就到那户人家去找，他们是看见她走进这户人家的，他们家离炮台不远的么，看得见的，所以，他们就到那户人家去打门，主人出来开门的时候，日本鬼子就打他耳光，打完之么问他：那个花姑娘在哪里？她逃到哪里去了？那户人家的主人说我家没有花姑娘的，我也不晓得你说的是哪位花姑娘。我家只有儿媳妇，我让她走出来让你看看，日本鬼子一看，这个儿媳妇不是那位花姑娘，就对他讲：你明天如果不把花姑娘交出来，我们就来烧你们家房子。

赵：又要来烧房子啦？

王：是啊，说要来烧房子，那么，这户人家就怕了么，当晚就问所有的家人，究竟是谁走进我们家，再从我们家出去的？一问两问么，晓得是隔壁的那位妇女。那么，就到她家里去讲啦，说你老是去炮台卖香烟，被日本鬼子看中了，他们昨天晚上来我家查过了，说你从我家大门进来，从后门出去，他们都晓得的。他们要你到炮台去，如果不去，他们要来烧我们的房子了，最后么，这位妇女一听也没有办法，只得硬着头皮去炮台了。

赵：日本鬼子都住在炮台里吗？

王：不是，他们当时白天是待在江湾的一个祠堂里面的，晚上就到城里去住了。那天么，日本鬼子就把这个妇女带走了。带走之后么，她的丈夫就发疯了，疯掉了，把吃饭的桌子掀翻，大喊大叫，气得发抖。她的叔叔恨死了，发誓要报仇，就去参加游击队了，从此以后，他就没有回来过，也不知道是死是活。

赵： 她丈夫后来怎么样了？

王： 后来么，慢慢好起来了。他倒是好起来了，日本鬼子投降之后，这位妇女回家来了，但她丈夫不要她了。他说你同日本鬼子睡过觉了，脏！我不要啦。你看，这位妇女也很可怜的啦，她也是没有办法呀，对吧？结果她丈夫就不要她了。

赵： 那这位妇女后来怎么样了呢？

王： 她丈夫不要她么，她也没有办法，只好离开家了，后来么，又嫁人了，嫁了以后么，她又来过几次，因为这边有小孩的，她嫁人之后又生了小孩。她丈夫到新中国成立以后，也重新结婚了。实际上，这个家庭的悲惨都是日本鬼子造成的，你说可恨不可恨！

赵： 可恨极了，太可恨了！

王： 这是很惨的一件事情，把好端端的一个家给拆散了！日本鬼子害惨的岂止是一家两家！

赵： 就是呀！王菊莲大妈也讲到了这个炮台，说10—15岁的孩子被日本鬼子叫到这里造炮台，大一点的孩子挑小石子、沙子，小一点的孩子两个人抬。她说在炮台干了3个月，不知道是不是就是这个炮台。

王： 有可能的，造这个炮台的时间很长的，有好几个月了。

赵： 日本鬼子有没有烧上田村的房子啊？

王： 没有，就是会来抢东西，炮台没有造好之前，一直会来抢的。

赵： 王老师，您这个村有没有出过汉奸啦？

王： 这倒没有，没有听到过的，因为江湾有个维持会，日本鬼子有什么事情了，就派维持会会长来说。

赵： 维持会会长是你们村的人吗？

王： 不是，是江湾人。

赵： 那这个会长坏不坏呀？

王： 还好的，他也是没有办法呀，他自己又不想当这个会长的喽，是日本鬼子逼他当的，不当的话，就会被日本鬼子杀掉。

赵：王老师，您有没有看到过这里的日本鬼子投降后离开的情形？

王：1945年8月份以后了吧，我还有印象的，金萧支队的新四军，也就是八大队啦，他们穿着灰色的衣服来了，有不少人，押着两排日本鬼子，他们的头低下来，手里再也没有枪了，一副失魂落魄的样子。我们小孩子们都跑出去看了，晓得他们打了败仗，心里都很高兴的，说日本鬼子终于要滚出中国去啦！

赵：当时有多少日本鬼子啊？

王：十多个人，这之后，他们再也没有来过，我们从此就太平了。

赵：金萧支队的人有没有在这里住过呀？

王：来接收日本鬼子的时候住过几天，抗战胜利后，金萧支队的一个队长受伤了，来到这里养伤，前后大概住了一个多月，后来被国民党部队的人知道了，就来抓他了，他得知消息么，当天晚上就逃走了，他是有功劳的人，保护我们义乌人民的安全。

赵：他是本地人吗？

王：是义乌吴店人，吴店那边是八大队的根据地，因当时呢，有几股国民党的武装势力，很厉害的，金萧支队是属于共产党系统的。

赵：噢，是这样的啊，王老师，我再问一下，您知道义乌萤石矿的事情吗？日本鬼子开挖的萤石矿？

王：晓得的，学校组织我们去远足的时候，看到那个萤石矿，我们当时还拣了几块萤石呢。那边矿区，一个洞一个洞很多的，看过去像是山上长了很多的眼睛一样，当时不晓得这是日本鬼子开的矿，后来才知道是他们开的，有一个在佛堂附近的塔山，那边有码头，可以运送萤石的，佛堂到义亭这条公路，就是那个时候造的。

赵：就是日本鬼子为了运送萤石而造的吗？

王：是的。

赵：那萤石矿区的洞是怎么样的？像防空洞一样的吗？

王：不大的，一个洞一个洞，人都站不直的，人是爬进去挖矿石的，矿工是很苦的，反正洞口是很小的，里面到底大不大，我也不晓得，没有进去看过，有的地方很深的，挖进去，矿脉是一条一条的；有的地方么很浅的。我估计洞里面有些大的，否则他们矿工怎么挖萤石呢，是吧？

赵：现在萤石矿的遗址还在吗？

王：在的，遗址都还留在那里。

赵：对于日本鬼子开挖萤石矿这一块东西，我们义乌的研究还是不太深入的，有待填补。

王：这个问题，要去问佛堂人或者塔山人，他们当中年纪大的可能都知道这件事情，他们可能比较了解的。

赵：好，我去那里采访一下，希望能够挖掘到更多的历史真相，使这一块的史料能够丰厚起来。

王：好！这个事是要有人去做。

赵：王老师，您与细菌战纪念馆的缘分能不能从头至尾谈一谈？

王：呵呵，这个祠堂后来就成了学校，2004 年，王氏修谱的时候，我们与崇山村的王氏族人商量，把这个学校拿回来，重新成为祠堂。于是，族人们捐钱，捐钱后就进行修理、修缮。

赵：这个祠堂是谁主持修缮的？

王：王氏宗祠理事会主持修缮的，大概修了 40 多万元钱。

赵：这个学校是什么时候搬出去的？

王：1999 年，学校搬出去后，就一直空在那里，后来就成了一个石材厂了，人走进去呢，满脸都是石灰，租金很便宜的，每年只有 2000 元，这么大一个祠堂。

赵：石材厂是什么时候搬走的？

王：2004 年的 10 月搬走的，搬走之么后，我们就开始重新修缮这个祠堂了，修理之后，我们就在这里修谱，2006 年，谱就修好了。

赵：你们这个王氏祠堂建成到现在有多少年了？

王：600 多年了。

赵：这个纪念馆是什么时候开始陈列的？

王：2005年，有些东西都拿过来了。我们的王氏宗谱修完之后，就把这个祠堂拿来用作细菌战纪念馆的场所了，我本来在祠堂里做义工的。2008年，我开始来值班了，因为王锦悌去世了，这个纪念馆值班需要人，我反正就住在这里的嘛，所以我就来替他值班了。最早的时候，纪念馆是办在崇山村老年协会那里的，后来办不下去了，就定在这里搞。我是因为王锦悌去世后才代替值班的，结果，一代替么就做到现在。我离家最近，其他人值班有可能下午三点半就走了，他们离家远么，所以，三点半以后有人来参观的话，电话打来了，就由我来接待。我每天都在这里，哪怕不值班也在这里，习惯了。每星期二是轮到我值班的，不过，我不值班，也要来的。

赵：现在纪念馆里一共有几个人在值班呢？

王：本来城里有两个人来值班，但他们来了之后呢，纪念馆里都是有人在的，所以后来就不来了，现在呢，只有5个人在值班。

赵：这个纪念馆只是你们这些人在管理，跟政府没有什么关系了？

王：没有关系的，只有我们自己在管理。

赵：哪5个人在值班？

王：我、王基旭、王晋华、王基权、王国忠，但是最近王国忠身体不好，不能来值班了，就由王基本来代替他值班，刚来两个星期。

赵：那你们这些人的年龄都是70岁以上了吧？

王：王基本年轻一些，其他人都是70岁以上了，王基旭77岁了，王基权84岁，我、王晋华以及王国忠三个人都是80岁。

赵：王老师，您是哪一年出生的？

王：1936年农历二月二十四出生的，公历是3月17日，今年虚岁正好80岁。

赵：您的身体真好，哪像80岁的人啊。

王：呵呵，马马虎虎。

赵：王老师，你们很了不起的，这个纪念馆是非常有影响力的呀。

王：还好，反正平时都是我们这些人在管，有人来参观么，给他们介绍一下，有时候跑到劫波亭去介绍。

赵：你们这个纪念馆的活动经费是怎么筹措的？

王：经费是这样子的，都是由王培根或者其他人到几个工厂老板那里去筹集来的，东筹一点，西筹一点，实际上是筹不到多少经费的，我们大多是民间筹资为主。

赵：你们纪念馆平时活动多不多呀？

王：刚搞起来的几年活动多，譬如清明节，义乌的每个学校师生都要来的，还有人武部的人也要来的，也有一些单位组织人来搞活动。近两年活动少了，冷淡下去了，风头过去么，来的人就不多了。

赵：那你们自己组织的活动有吗？

王：有的，有时候我们开个会，组织一下什么活动，或者王选要来了，我们如何组织开会什么的都有。每年的冬季与清明，我们都会组织到劫波亭去扫墓的。

赵：都有哪些人去扫墓呢？

王：以崇山村民为主，其他村的人愿意的话也可以去，另外都是自发的民众前来参加。组织来的有学校与单位，他们组织起来的人比较多，江湾小学如果组织起来的话，基本上四年级以上的学生都会去的。

赵：然后你们给他们介绍这一段历史，对吧？

王：是的，我们作介绍，其他学校来的话，只派一个年级来，譬如夏演中学，他们来之前，会打电话到我家里，告诉我什么时候来，叫我去介绍一下。他们来的学生不会太多，顶多一个年级，还有稠江中学也会组织师生来扫墓，这个学校本来就在这里附近的，他们是经常来的，搬到那边去了以后呢，就不大方便了。

赵：王选常来你们这里吗？

王：王选啊，这两年来得不多，过去经常来的，她带日本学者、国际友人来调查细菌战的事情，经常来的，近两年她到外地去做事了，像金华呀，衢州呀，常德呀什么地方都去。

赵：日本学者来你们这里，需要你们接待他们吗？

王：要接待的呀。

赵：那您记住得日本学者的姓名吗？

王：不全记得，有好几个人是经常来的，年纪比较大一点的，像土屋公献、一濑敬一郎他们，我还记得。

赵：他们来时有多少人？

王：最多是十多个。

赵：他们来了之后，会不会召集当地人来取证啊？

王：会的，要座谈的，他们要来采访、调查的。

赵：我在图片上看到，日本友人来崇山村，向你们的村民鞠躬道歉，有没有啊？

王：有的，这些日本友人还算是有良心的，他们会对着崇山村的原告家属鞠躬道歉的。

赵：他们的话你们听得懂吗？

王：王选做翻译，她一翻译，我们都听得懂了。

赵：好的，王老师，太谢谢您了，打扰了您一个上午的时间。您今天讲得非常好，有些事情我以前都没有采访到过的，非常珍贵，非常感谢您！

王：应该的，应该的。

赵：好！王老师，您多保重。我们告辞了，再见！

王：再见再见！

■ 王晋华

我 3 次到日本作证，一点都不怕

采访时间：2015 年 4 月 15 日 15：00—17：00
采访地点：义乌崇山村老年协会
受 访 者：王晋华（王）
采 访 者：赵福莲（赵）

赵：王老师好！打扰您了。

王：没有没有。

赵：王老师，您看上去气色不错，今年有七十多岁了吧？

王：今年刚刚 80 岁，我是阳历 1937 年 1 月 11 日出生的。

赵：王老师，我在网上看到过记者采访您的新闻，知道您去日本作过证。今天呢，我来这里，请您给我讲一讲有关细菌战的事情，王老师，您是崇山村人啊？

王：是的，我是崇山人，一直没有离开过。

赵：我讲的话您听得懂吗？

王：听得懂听得懂，我讲的话你可能听不懂，因为我普通话不大会讲啦。

赵：没有，您的话已经是义乌普通话了，我听得懂，呵呵，王老师，听说您当过崇山村的书记，对吧？

王：对对对，当过的。

赵福莲与王晋华

赵：挺好！王老师，义乌市政府领导准备出版一部书，叫做《义乌细菌战受害者口述史》，今年是抗战胜利 70 周年，这部书稿在 8 月中下旬就要出版的，时间非常紧，今天请您讲一讲跟细菌战有关的事情，好吗？

王：我也听说了，说你一直在义乌采访那些细菌战受害者。

赵：是的，王老师，您是崇山村人，对细菌战非常了解，根据您知道的情况，能不能请您详细地介绍一下？

王：好！1942 年 10 月，侵华日军就到我们义乌崇山村来了，开始来的时候，他们人数不多，但经常来的，几乎是隔天就来，隔天就来，因为，当时日本鬼子开始搞细菌实验，从飞机上撒下鼠疫细菌，城关的鼠疫已经开始蔓延了，而且蔓延相当快，死掉的人数越来越多。所以，日本鬼子就经常来观察，看看鼠疫感染的情况。日本鬼子撒鼠疫细菌是有目标的，我们崇山村就是他们的目标之一，因为我们崇山位置很好，离佛堂很近的，离义亭火车站也不远，到义乌城里也很快就到的。我们崇山村是最好的一个村庄，我们村庄的地形是很好的，外面高，中间低，以前是没有公路的，加上村庄的树很多，把村庄围起来，是块风水宝地啦。我们崇山村的枣子很多的，枣子树很粗很大的，好几百年的枣子树都有啦。鼠疫发病的时间长达两个多月。日本鬼子不但在我们义乌放细菌，造成这么多人因感染鼠疫而死亡，而且他们无恶不作，烧、杀、抢、强奸什么坏事都干！

赵： 强奸也有吗？

王： 有，我听说的有好几个，我知道的就有一个，我们村有好几个人看到过日本鬼子强奸妇女的，我们村的王炳宏也亲眼看到过的。

赵： 对，日本鬼子强奸妇女的事情我也采访过王菊莲，她也亲眼看到过，我都详细采访了。

王： 关于放细菌的事情，我们村的王荣良是亲眼看到的，他说日本鬼子的飞机从我们村庄西面飞过去，飞机后面有一股白色的烟拖下来，就是日本鬼子把细菌放下来了，放下来一个星期，我们村的阴沟里啊、小溪上啊、家里啊都有很多的死老鼠，老鼠死了之后，村民们就得病了，感染上鼠疫了。我们村最早感染上鼠疫的是王焕章，他是我们村第一个感染鼠疫而死的人。王荣良家里死掉8个人，为什么，他们家死了这么多人呢？因为王焕章很穷，没有房子的，死掉以后的尸体放在王荣良家的厅里，他们家人与王焕章的尸体靠得太近了，所以，家里人感染了8个，一夜之间就死掉3个，另外5个不久也都死掉了，他们家死掉8个人之后呢，我们村的医生王道生也得病了，因为他是给王焕章去看过病的，他自己就感染上鼠疫了，他们家先后死掉11个人。他女儿来奔丧的，回去之后也死掉了。经过详细调查，我们崇山村因鼠疫感染而死掉的人有405个，烧毁房屋420余间，这些数字都是真实的，有依据的，不是乱来的，什么人，得什么病，症状怎么样，何时死的等等，我们都有登记的。日本学者他们自己都来我们村调查过的，都有证据。当时逃到外面去的、后来死在外面的人就无法统计了，所以没有统计在内。

赵： 当时村里死亡的情形您有听说吗？

王： 有，有的人家10个人，死掉5个，就是说死掉一半啦；有的人家死掉十多个人，像那个医生王道生家就死掉11个人，全家死光了；有的人家大人都死光了，只剩下一个孤儿。

赵： 那个孤儿叫什么名字？

王：王基煜。

赵：他当时几岁啊？

王：他父亲已经死了，他刚刚生出来，他的母亲就感染鼠疫死了，就是说遗孀生了一个遗腹子，就感染鼠疫死掉了，这个儿子就成了孤儿。

赵：王老师，您当时还小吧？

王：我还小，我是寄养出去的，寄养到稠江街道下何宅村我姑妈的家里。王选的堂兄王荣元也寄养在下何宅村的外婆家里。他也没事，我也没事，如果我们不去寄养的话，恐怕也死掉了，很难讲的。

赵：你们命大。那一年您几岁呀？

王：7岁。

赵：你们家里有没有人伤亡因感染鼠而死的啊？

王：有，有4个人，我的伯父、伯母、叔叔、堂兄。我的堂兄也是寄养出去的，他寄养在江东那边的许村。他母亲不放心，就去许村看他了，看了之后呢，我的堂兄就哭了，要跟母亲回家。母亲实在不忍心，就把他带回来了，如果不带回来就好了，也就不会感染上鼠疫了，不会死了，可怜他带回来三天就死掉了。

赵：您的堂兄死时几岁？他叫什么名字？

王：9岁，他叫王晋荣。

赵：好可怜！王老师，日本鬼子在林山寺犯下的滔天罪行，您总知道一些吧？

王：知道知道，日本鬼子来骗我们村里的人，说你们有病的人，都到林山寺去，"皇军"给你们治病，"皇军"大大的好！他们是以治病为名骗我们村民去的，前后去了40多个人，这40多个人中，我知道有一个人在晚上偷偷在从阴沟洞里爬出来的。

赵：这个人叫什么名字？

王：张菊莲，因为她看到、听到林山寺里的真实情形，看到日本鬼子把18岁的吴小奶肚皮剖开，吴小奶的惨叫声她都听到的，这个吴小奶，是我奶奶妹妹儿子的未婚妻。张菊莲当时听到吴小奶大叫："先生，我没有病的，我会好的，你们不要杀我。"日本鬼子就是不听，还是狠狠地把她剖肚皮了，你看日本鬼子有没有一点人性啊！这是一个例子，还有一个例子，就是 45 岁的吴翠兰，日本鬼子把她的一条腿锯掉，并把她的腿拿去化验，还有一个人叫赵小妹，日本鬼子砍掉她的一只手，拿去做化验，这三个人在林山寺里是很痛苦的，是张菊莲看到的，她逃出来以后，大家都不知道寺里面到底还发生了什么事。

赵：那些人死掉以后怎么处理的呢？

王：日本鬼子就近埋掉了么，像那些剖肚皮的人，日本鬼子拿走他们需要的部位，尸体就随便埋掉了。

赵：王老师，您说到林山寺有 40 多个人，活体解剖的有几个人？尸体被埋掉的有多少人？

王：这个没有统计过，也无法统计，因为不知道当时的具体情况呀。我们知道的情况是，只有张菊莲是活着逃出来的，其他人似乎进去就没有活着出来的，有些人死在里面，家里人如果去拿尸体的话，也可能拿出来过的。张菊莲逃出来以后跟村里人讲，你们不要去崇山寺，日本鬼子要剖肚皮的啦，你们千万不要去啊，他们不是给你们治病，是要剖肚皮的。村里人知道这个情况以后，大家都不敢再去林山寺治病了，不去了之后么，日本鬼子没有办法解剖了，他们就想另外办法，有些人死掉，棺材抬出去埋葬，如果被他们看到，他们就会把尸体挖出来解剖，弄得村民家里死了人，都不敢声张，不敢哭，也不敢用棺材抬出去，只好草草埋葬，不做坟墓，只埋在田地里，用土平掉，让人看不出这是坟墓，一旦看出，日本鬼子就会挖去化验的，他们连死人都不放过的。

赵：张菊莲逃出来以后，告诉村里人不要去林山寺，救了很多人啊。

王：是的，如果不是她告诉村里人，村里还会不断有人去林山寺治病的。

赵：对。

王：想起来多少罪过啦！那个时候，崇山村死了人，大家都不敢哭，不敢声张，更不用说操办丧事了。你如果一哭，或者操办丧事，日本鬼子知道的话，他们要来拿尸体的，刚刚死掉的人，拿去化验是可以用的，所以大家都是偷偷地把亲人的尸体拿去草草埋掉，连坟墓都不敢做，都是拿到糖梗田里或玉米地里挖个坑埋掉，上面用泥土盖上去，填平。

赵：王老师，您对日本鬼子烧崇山村的事有印象吗？

王：有，怎么没有！我姑妈的家离崇山村大概有十来里路，那天日本鬼子烧我们崇山村，我们在姑妈家那边看到满天空都是黑烟，墨黑墨黑的，看不到天空。

赵：您虽然没有在崇山村，但是烧崇山村那一天，您是看到了满天空都是黑烟，对吗？

王：对的，我记得很清楚，那一天是11月18日，我不会忘记的，这也是我们整个崇山村的一个灾难日，我们所有的村民都不会忘记的，这是我们一生中最难忘的一个日子，永远会记住这个耻辱的一天！我们这个崇山村历史很悠久的，一直以来，我们都过着自给自足的生活，很好的啦！结果被日本鬼子烧掉420余间房屋，整个村庄从此没有好好恢复过元气。

赵：您能说说那天日本鬼子来烧崇山村的情况吗？

王：我当时还小，但我经常听我父亲跟我讲那些往事。

赵：你父亲叫什么名字？

王：王德禄，我父亲跟我讲，那天日本鬼子来得比较多，有100多个人，平时没有这么多人的，731部队、1644部队以及地方联队都派人到我们崇山村来了。那一天，日本鬼子把我们村里的人都赶到后山背去，他们把整个村庄包围起来，还把我们村口封锁起来，不让村民进出。上午9点多钟，他们开始在崇山村点火了，在好几个地方点火，一下子，火光四起，烈焰冲天。嗷嗷！村庄的火一着起来，后山背上的村民就开始叫啊、喊啊、哭啊、跳啊，一时间，房屋倒塌的声音、狗叫声、村民的哭声混成一片，那个情形真是没办法形容。日本鬼子还不让村民们哭，你要是哭，他们就把刺刀戳到你面前来，来威胁你，有些村民站起来，要冲出去，被日本鬼子拦住了，让村民们蹲在地下，不准抬头看。我们村后面有一棵大松树，一个半人合抱都抱不过来的，但一下子不容易着火，日本鬼子就把硫磺枪打到树上，让它着火的，烧了三天三夜都没烧完，这棵不是一般的树，它是千年老树了，也可以说是我们村的守护神，但被日本鬼子一把火烧掉了，太可惜了！

赵：太可惜了！那你们家的房子烧掉了吗？

王：我家的房子没有烧掉，我家隔壁的王晋荣家烧掉了，烧房子那天，我的堂兄王荣森、王荣棋两个人当时在后山背上，看到自己家里的房子烧起来了，就偷偷地溜出来，拿了水桶想去自己家里救火，结果，王荣森被日本鬼子打伤了手，王荣棋被日本鬼子打伤了腿。

赵：噢，原来是他们两个人，我在采访时，经常有人提到这两个人，但都说不出名字。今天终于搞清楚了，原来是您的堂兄。

王：是，王荣森也是我们村的原告之一，只不过他没有去过日本作证，我去过日本作证。

赵：那天，日本鬼子烧村庄的时候，你父亲在哪里啊？

王：都被日本鬼子赶到后山背去了，我们崇山村是一个村庄两个大队，我们是崇山大队，下面还有一个大队，那个大队有个小山背的，山背上的松树都很粗很粗的。日本鬼子来了，叫村里人带着铺盖、锅、米什么的到山背上去，叫村里的保长来叫的，把我们村的男女老少都赶到山背上去，过去的后山背现在都造了房子了，不是原来那个样子了。我们小的时候，那个山背上的松树就已经很大很大、很粗很粗了，那天的经历，对崇山人来讲，真是太难忘了，太耻辱了，所以，每年的 11 月 18 日，我们都要举行祭奠仪式的，祭奠那些死去的亲人、村民，也告诫自己不要忘掉家仇国耻！

赵：对！当年你们家没有被烧掉，还算幸运的，可以住在自家家里，那些房屋被烧掉的人就无家可归了。

王：对呀，那些人只好逃出去，有亲戚的话就投奔亲戚；没有亲戚的话投奔朋友；没有朋友的话就只好在外面露宿或搭个草棚住下来。

赵：当时不是说凡是崇山村的人去投奔亲戚，是不受欢迎的吗？

王：是的，我有个叔叔到他爷爷家去，就不让他们进去，因为他爷爷知道崇山村发生瘟病了，要传染的，要死人的，那个时候不叫鼠疫，叫瘟病的。20 世纪 60 年代，空五军派人来我们崇山村住了好几个月，调查之后得出一个结论：

这肯定是日本鬼子放的鼠疫细菌，后来有日本学者来调查之后，也说是日本鬼子放的鼠疫细菌。

赵：王老师，当年崇山村爆发鼠疫后，你们那些亲戚朋友知道这个瘟病是传染的，所以不让你们村的人去投奔。那么，这个鼠疫过去以后，你们与亲戚之间的关系有没有搞僵掉？也就是说，有没有从此断绝来往的？

王：这是没有的，因为这是没有办法的事情，如果亲戚朋友接纳我们，那他们就要死掉，我们自己也知道这是很危险的，所以当时他们不接纳我们，我们也是理解的，所以鼠疫过去以后，我们还是来往的，并没有因为这件事情而疏远，亲情是永远割不断的啦，你说是不是？

赵：是是是，王老师，当年日本鬼子烧掉崇山村之后，那些房屋被烧的人无家可归，住到破庙、凉亭、野外的枣子树下，那还有没有人住到别的什么地方啊？

王：有的，我们村外面有口池塘，不高的，池塘旁边有沟的，有人在沟里搭个棚，就住在那里。我们这个村庄的地势是高低不平的，比方说这口塘，上面是田，下面是水渠。人就在水渠里面搭个棚子住下来，用晒谷的竹簟搭起来住。

赵：那这个沟的面积是很小的喽？

王：很小的，住不了几个人的，这个事情我都知道的，我虽然年纪不大，但是日本鬼子来的事情我都记住的。

赵：崇山村烧掉以后，日本鬼子还来吗？

王：烧掉以后，日本鬼子就不来了。他们为什么要烧崇山村的房子呢？鼠疫蔓延来是很快的，在佛堂塔山那边有日本鬼子开的萤石矿的，这个萤石矿是很好的，产量也很高，日本鬼子开采萤石运到日本去。塔山离我们村很近的，日本鬼子就怕鼠疫传染到他们那里去，所以就来把村庄烧毁，这是一个理由；另一个理由呢，就是把崇山村烧掉之后，我们就找不到罪证了，没有证据了。

赵：是这样的啊？那你们村庄有没有人被日本鬼子抓去开萤石矿的？

王：这个没有听说，大多数人是佛堂那边拉去的，因为，我们村离佛堂10里路，离塔山15里路，他们肯定就近拉民夫的。

赵：王老师，您能否详细地讲一下您伯父一家以及您叔叔感染的情况？

王：我伯父也是原告，他家里死了三个人。我伯父原来是义乌火车站的装卸工，力气很大的。他那次回家来，三天就感染上鼠疫，很快就死掉了。他死了之后，我的伯母也染上鼠疫了，也是很快就死掉的，正好那个时候呢，我那个寄养在外婆家的堂兄回来了，也感染到了，同样死掉，一家三口全部死掉，堂兄才9岁。还有一个呢，是我的叔叔，他是独身，没有老婆的，他看到我伯父全家这么悲惨地死去，是又悲伤又恐惧，没想到他自己也感染上了鼠疫。他很想活命，不想这么年纪轻轻地就死去，于是，他就逃到塔下洲村去向我的祖父也就是叔叔的父亲求救，希望他父亲请个医生能够救他一命。我的祖父当时在塔下洲村做老酒的，但是，他们村的人都知道崇山村人得瘟病了，传染上的话要死人的，所以不让我叔叔进村，让他在村外的关帝庙住着。他的父亲就让他在关帝庙里呆着，自己去请医生来为他看病，有位医生给他来看病，结果呢，这位医生就得病了，传染了鼠疫，他回到村里以后呢，他也感染上了，在村里就传染开了，当天晚上我叔叔就发高烧，发得很凶的，很严重的，当夜就死掉了。

赵：你叔叔叫什么名字啊？

王：王樟高，我叔叔死掉之后么，尸体都没有拿回来，就直接葬在那边了。

赵：那年你叔叔多少年纪啊？

王：37岁，我叔叔死掉以后呢，塔下洲就接二连三地发生鼠疫了，总共死掉103个人。塔下洲有个周宏根也是原告，他也去过日本作证的。

赵：王老师，您有没有亲眼看到过日本鬼子？

王：看到过的，自己村里看到过，在我姑妈那边也看到过，因为那边的仙姑殿旁边有个日本鬼子的炮台，我寄养在姑妈家里的呀，经常看到日本鬼子在炮台上，拿着枪走来走去。日本鬼子有时候看到小孩子不会弄我们的，但也很难讲的，有时候他们也会杀小孩的。那些日本鬼子也经常到江湾来，江湾那边也有个日本鬼子的据点，江湾细菌战纪念馆后面小学附近也有炮台的，王菊莲他们就在那个炮台给日本鬼子干活的。

赵：当年日本鬼子来的时候，你们不是经常逃警报的吗？您有没有逃过啊？

王：逃过的嘞，经常逃的，我跟我父亲一起逃到塔下洲去的，那时候鼠疫还没爆发，我们村离塔下洲才6华里路。大人教我们逃警报的时候不要穿花衣服、红衣服，否则被日本鬼子看到了就要抓住了。有时候，实在没有地方躲，就躲在坟墓与坟墓之间的夹缝里。如果田里有农作物已经长高了，就躲在农作物里面，譬如玉米地呀、糖梗地啊。

赵：您还记不记得一共逃了多少次啊？

王：记不得了，无数次了，开始的时候还记住的，后来次数多了就不去记它了。

赵：这过的是什么日子啊！日本鬼子来之前，你们这里的生活过得怎么样？

王：那是很好的啦，大家都种田地，什么都有得吃的，被日本鬼子烧掉房屋以后，就再也回不到原先的样子了。

赵：是的是的，王老师，您到日本东京法庭去作过证的，能不能说一说当时的情况呀？

王：当时呢，是王培根叫我去的，我其他的事情都不怕，就是怕高血压。我有高血压的，我跟王培根讲过的，说我不能去，我有高血压的，高血压的人坐飞机是不行的，很危险的，他说没有关系的，他就一定叫我去，那我就去了。

赵：跟谁一起去的？

王：1997年8月，我、王锦娣跟王选他们第一次去日本东京，崇山村就我们三个人，宁波有三个人去，其中有两个是研究细菌的专家叶荣开、黄可泰，还有湖南常德的何英珍，女的，我们一共就这么几个人。真正的原告是5个人：我、王选、王锦娣、宁波的何其绥、常德的何英珍。宁波他们几个人是先去日本的，我和王锦娣的签证签得比较迟，我们到日本的时候，他们跟我们讲，你们怎么才来啊，日本的报纸都登出来了，说你们崇山村的农民都没有来。他们还以为我们不去了。

赵：不是不去，是手续没有办好，你们第一次去的时候，是谁出钱的？

王：是日本一个民间组织出钱的，吃、住等费用都是他们付的。

赵：王老师，您第一次去日本，有多少岁数了？

王：64岁了。

赵：您在日本东京的法庭上作陈述，紧张吗？怕吗？

王：怕？有什么好怕的！是日本人欠我们血债呀！

赵：你们那次去的主要目的是什么？

王：有两个：一是递交诉状，到日本东京法院去递交的，113号窗口，我们放进去的，递交以后呢，那些律师就叫我们到另外一个地方去，我跟何英珍在一组。那个时候，正是桥本龙太郎当政，他是左派。我当时对日本政府里的一个人（好像是秘书）说，我们这个诉状应该拿在手上，他说这个我们是做不到的，当时叫我们每个人讲两分钟话，诉讼完毕，我们就到日本的每一个城市里去作证演讲，第一个是福井那个大城市，他们叫我们到福井的电视台去讲，去的时候，我们坐在一个朝鲜人（也有可能是韩国人）的车上，他对我说，你们中国人来日本打官司是很不容易的，我们也在日本打一个官司，已经打了10年了，还没胜诉。

赵：他们也在日本打官司啊？

王：是啊，他们也在日本打官司，那天是到福井。第二天到了金泽市，这个城市也是很大的。为什么去那个城市呢？据说当年石井四郎的部队曾在那个城市里的。日本战败后，石井四郎没有受到审判，在美国和日本政府的庇护下，回到了故乡隐居起来了，他是1959年死掉的，死于喉癌，听说他晚年还参禅修佛，大概是想忏悔他那罪恶的灵魂吧。

赵：你们到了金泽举行过什么活动吗？

王：有的，金泽有个展览馆的，叫我们去参观、演讲。

赵：你们演讲的时候，听众是中国人还是日本人？

王：日本人多，那一天就不太好了，为什么呢？有人来捣乱了，日本的右翼分子来捣乱了。因为那个地方是石井四郎的根据地，是很有基础的，那边的民众是相信石井四郎的，所以见我们去演讲，他们就来捣乱，车子开过来，两个大喇叭说些什么我也听不懂，但是我是知道他们是不怀好意的，这是看得出来的，我就问王选，这是怎么了？她说不要理他们，都是些右翼分子，他们是来捣乱的。

赵：你们在金泽呆了几天？

王：我们在金泽呆了一天，然后就回到东京，日本律师陪我们一起到地方法院，把材料送进去，送好材料出来以后么，又到一个地方去开大会，让我们去做证人，到了那里以后呢，何英珍他们也来汇合了，本来我们是分头行动的。何英珍这个人心很软的，讲着讲着就哭了，讲着讲着又哭了，很会哭的。这个大会开过之后呢，我们到了名古屋，叫我们去演讲做证人。我们讲过之后呢，有一个日本的中学老师过来同我握手，给我一张照片，是他父亲的照片，他同我讲：这是我父亲，他到过中国，是搞细菌研究的。他回到日本之后呢，生病了，内心非常过不去，跟我讲，他本来是想到中国去赔罪的，现在看来是没有时间了，他让我今后有机会的话，去中国替他谢罪。这位中学老师说起来是很激动的，他就朝我跪下来谢罪，这个中学老师是很好的。还有一个日本人，年纪也比较大了，他同我说，他当年是随部队到马来西亚的，在马来西亚那边，日本鬼子也搞细菌战，是霍乱，他说这种细菌感染上的话，也是几天之内就会死掉的，当时死了300多个人，他是亲自参与研究霍乱细菌的，那时候他看上去有五六十岁了，他说日本人根本就不知道他们当年在中国犯了这么大的罪，如果他们自己不讲，日本民众是不知道的，但是他们亲自参与过细菌战的人，内心时时受到熬煎。

赵：像他这种人还算是有良心的，能够来同你讲，有些人根本不觉得这是什么错，还以为是光荣的事情。

王：是啊是啊，他们有些人是承认干过细菌战的，但不承认这是错的，说是为皇军做事很光荣的。

赵：名古屋演讲之后到了哪个城市？

王：我们去了大阪，在大阪时间比较长，我们参观了纪念馆，第一个纪念馆走进去一看，那是很好的，比我们的纪念馆好多了，他们的纪念馆里面也陈列着日本鬼子侵犯我们中国的图片，细菌战方面的图片也有的，日本人来我们中国调查，来义乌崇山以及各地调查的资料与图片，他们都有展览的。

赵：这个纪念馆里也都陈列着日本侵略中国的图片吗？

王：有的有的，名古屋那边有两个纪念馆，其中一个刚刚在建，还请我们去剪彩的。

赵：还请你们去剪彩啊？

王：是的，我也去剪彩过了，之后么就让我讲日本鬼子侵害我们崇山村的罪行，他们都不知道的。

赵：那个纪念馆是民间的吧？

王：民间的。

赵：那你们在日本前后呆了多少时间啊？

王：半个月时间，那是最长的一次。

赵：您后来去过日本吗？

王：2002年，我又去了，因为我们第一次诉讼的人不去不大好，所以又叫我去了，王锦悌也去了，第二次去只呆了一个礼拜。

赵：您那次去日本，土屋公献先生还在吗？

王：在在在。2005年我又去了一次，总共去了3次。第三次去时他还在啦。地方法院最后一次判决，判了之后，日本政府只承认细菌战事实，但不道歉也不赔偿，他们的理由有三个：一个理由是国与国之间签过协议了，中国说不要日本赔偿的；第二个理由是说民间是没有理由到日本来打官司的，因为说过，为了中日两国人民的友好，免于一切战争赔偿，所以不能来日本打官司；第三个理由是说时效已经超过了，日本法律规定超过20年就不能再打官司了，你们都已经过了六七十年了，怎么能再来打官司呢？所以，日本政府只承认事实，不赔礼道歉，也不赔偿。最后到日本最高法院打官司那一次，我也去了，崇山村除了王选，就我一个人去的。2005年，我们杭州的律师楼献也去了，《浙中新报》的记者龚喜燕也去了，那一次我也在法庭上作证了，讲了好几分钟，但这次判决仍然维持原判。

赵：王老师，您做过原告代表之一，前后三次去日本作证，但官司没有胜诉，您是怎么想的?

王:我们辛辛苦苦去了三次,漂洋过海的,多么不容易。我们后来两次去日本的费用,都是王培根去拉来的赞助,拉得很不容易的,一开始还有人赞助,后来就没有人愿意出钱了。我当时听到败诉的消息,心里面很不痛快,我们花了这么多钱来日本打官司,你们日本政府官员就这么轻描淡写地说几句话就过去了,还判我们败诉,太没道理了,我很气愤!我们作了很大的努力,第一次去日本的时候,我们在市中心很热闹的地方举行游行活动,日本律师非常支持我们的,一濑敬一郎对我们说:我们一定要保证安全!日本警车开道,为我们保驾护航,我们都跟在警车后面,一路喊口号"打倒日本军国主义",还有其他的口号,我一时也记不住。

赵:那次游行有多少人啊?

王:嗷嗷!几百人是肯定有的,有人说上千人,到底多少我也不清楚,反正人很多。日本民众也跟在队伍中,一起喊口号,日本的一些民众还是不错的,我们都挂着一块牌子去游行。

赵:牌子上写着什么字?

王:写的是日本字,我也看不懂,大概是"还我正义、还我尊严、判决不公"之类的标语。

赵:付出那么多努力,结果日本政府还是没有谢罪与赔偿,心里肯定是不舒服的。

王:哪里只是不舒服,简直是太气愤了!太不公道了!太没有人性了!

赵:王老师,我问您呀,如果现在再请您去日本作证,您是去还是不去呀?

王:肯定是愿意的,不过,现在年纪大了,身体又不好,去不动了么,好在我的儿子现在成为原告继承人了。

赵:您的儿子?叫什么名字?

王:王瑞理,他不是接我的班,他是代表我的堂兄王荣森,他也是原告之一,我的堂兄已经死掉了么,所以,由我的儿子接替他当原告代表。

赵:那王瑞理现在具体做哪些工作呀?

王：他是做服装生意的。

赵：噢，挺好的，王老师，跟日本政府的官司打完了，你们接下去准备做一些什么工作啊？

王：我们年纪大了，也做不了别的事情，就在细菌战纪念馆里值值班，接待接待参观的人。

赵：噢，纪念馆里您也在值班啊？

王：对啊，一个礼拜轮到一次，好几次细菌战调查工作，我都参加的。我从去年下半年开始就身体不好了，讲话的精神都没有，因为我生过肿瘤，动过刀，在杭州医了四五个月。就是治病期间没有来值班，其他时间我都来的，现在也恢复值班了，一个礼拜一天，我也很愿意来，热爱这份义务工作。我们一共6个人轮流值班的，我本来可以来两次，因为我的老婆糖尿病中风已经15年了，所以我下午3点就要回去照顾她的。

赵：哎呀，这样的啊？那今天耽误了您的时间。

王：不要紧的。

赵：您自己在照顾她啊？您不是身体也不怎么好吗？

王：是呀，没有办法，只好由我自己来照顾。

赵：那您真是了不起，又要照顾老婆，还要来纪念馆值班，自己身体又不好，前几年还跑到日本去作证，哎呀，您真是太伟大了。

王：谈不上伟大，事情总是要做的。

赵：了不起！我在报纸上看到采访您的报道，觉得您非常了不起，所以今天一定要来采访您。

王：没有什么了不起的，普通人做点普通事。

赵：王老师，您说曾经在日本东京的法庭上作过陈述，那这么份陈述书还保留着吗？

王：我带来了，知道你要来采访我，我就把这份陈述带来给你看看。

赵：是吗？您真细心，让我看一下您的陈述书。

王：就是这一份，字写得有些潦草。

赵：不要紧，我看得清楚，这份陈述书非常有价值，我得把它纳入我们的采访中。

王：好的。

赵：王老师，这份陈述书写得非常好！有理有据，情辞恳切，可以想象您那年在日本法庭宣读这份陈述书的情形，一定能打劫在场的每一个人！

王：我只晓得要把这份陈述读好，也不知道有没有感动其他的人。

赵：一定会感动的，王老师，非常感谢您百忙当中抽出时间，来接受我的采访，非常感恩，希望您多保重身体！我知道您住在城区，我们有车，把您送回家里，好吗？

王：好好好，那太感谢了，我是得赶回去，我的老太婆一定在等我了。

赵：真是不好意思，已经超过 15 点钟了，对不住您。

王：没事，没关系的，偶尔一次没有关系的。

赵：好，那我们赶紧回去，车子在外面等了，我们上车吧。

王：好！

附：王晋华先生于 1997 年 8 月第一次在日本东京法庭上的陈述书

尊敬的法官先生：

我叫王晋华，64 岁，农民，生于 1937 年 1 月 11 日，住在中国浙江省义乌市崇山村。1942 年细菌实验战，造成崇山村重大灾难。我家在这场灾难中，因感染鼠疫病死难的亲人有伯父王六妹，义乌火车站装卸工人，回家三天感染死亡。随后，伯母吴仙荷、堂兄王晋荣相继死亡。前后五天，一家死绝。

叔父王樟高亲眼见到兄嫂、侄子三人死亡的情景，他怀疑会传染，恐惧出逃，逃往距离我村 6 华里的塔下洲村找我的祖父，也就是他的父亲，请医诊治。结果感染鼠疫，医治无效，次日死于塔下洲村的关帝庙，并不幸传染到塔下洲村村民，造成 103 人死亡的惨剧。那种死亡恐怖的威胁至今仍令人惊悸，生生世世不能忘却。法官先生，为了给在日军侵华期间实施的细菌战中，成千上万的死难同胞申冤，为了替死于鼠疫灾难的崇山村讨还人的尊严，1997年8月11日，我会同崇山村王锦悌、王选以及宁波市、湖南省常德市等地鼠疫受害者，向贵院递交诉讼，状告日本政府，向日本政府讨还正义、索取赔偿。这场诉讼至今进行四年多，已开庭26次，其间受害地众多，原告陈述的深重灾难事实以及日本731部队老兵的证言，贵院应详细记录在案。今天我和王锦悌又来了。崇山30名原告已有6名去世，2次诉讼原告180名，已死了19名，占十分之一。我这次全村村民凑钱要我到这里来，讨个公道，中国有句老话：善有善报，恶有恶报，不是不报，时辰未到，时辰一到，立即就报！中国人民不可侮！我们平民百姓虽然是善良，但也有志气，随着贵院对本诉讼判决的临近，我重申诉讼的初衷和诉讼请求，要求确认事实，谢罪赔偿。

我的陈述完了，谢谢！

陈述人　王晋华

小日本把我们的村民杀死后扔到池塘里取乐

采访时间：2015 年 4 月 14 日 14：30——16：40

采访地点：义乌金祖惠家

受 访 者：金祖惠（金）

采 访 者：赵福莲（赵）

赵：金老好！打扰您了，您午睡了吗？

金：不客气，中午小睡了一下，听说你要来采访我关于义乌细菌战受害者情况，我很高兴。

赵：是的，金老，今年是抗战胜利 70 周年，义乌市领导准备出一本书：《义乌细菌战受害者口述史》，请我在采访编写，我想挑选一些有代表性的人物，就是细菌战受害者、幸存者或在做细菌战这一块工作的人，您是其中有代表性的人物之一，这不？就来打扰您了。

金：好事情，辛苦你了。

赵：不辛苦，应该的，金老您听得懂我的话吗？

金：听是听得懂的，但我的耳朵不太灵，听不大清楚的。

赵：那我讲得响一点好吗？金老，您今年 97 岁，对吗？生日是哪一天呀？

金：对，97 岁，我是 1919 年农历七月二十四日出生的。

赵：金老，您在 1941 年、1942 年间被日军鼠疫感染的具体情况我不是很了解，能否请您介绍一下？

金：义乌鼠疫是 1941 年发生的，下半年。

赵：那一年您已 23 岁了，对吧？

金：对，23 岁，第二年（1942年），我的第二个儿子出生了。

赵：那您对细菌战这件事情是了解的。

金：了解的，鼠疫什么地方发生的，我都知道，但那个时候，根本不晓得这是日本鬼子干的。我们这里的人都说这是瘟病，大家感染上后，就说是发瘟病了。我们民间老百姓不懂科学，一下子死了这么多

赵福莲与金祖惠

人，发起瘟病，以为是触犯了什么神灵，就开始搞迷信，请道士、和尚来烧香啦、超度啦，弄了一阵子也没有效果，瘟病还是照发不误。

赵：金老，你们家有没有人感染上鼠疫呀？

金：有，我是第一个感染到的，当时说我是发了瘟病。第二个感染到的是我奶奶，第三个感染到的是我母亲，接下去就是我的妹妹感染上了。那个时候，我母亲只有 40 多岁，奶奶也才 60 多岁，我的妹妹才 9 岁，太可怜了！因为瘟病是要传染的，人一死掉，马上就抬出去埋葬了，连邻居都不晓得的。我妹妹的尸体是我与第三个弟弟一早把她抬出去埋掉的，也没有棺材，也没有什么东西，只用一张破草席卷起来拿出去草草埋掉了。那阵子，鼠疫传染很快很快的啦，农历 8 月后半月开始，到 11 月间，快过年了才结束这个鼠疫。

赵：金老，您母亲和您奶奶感染上鼠疫，相差多少天去世的？

金：相差半个月。

赵：您妹妹呢？

金：妹妹跟我母亲相差 20 天去世的，我奶奶和母亲去世后，有棺材的，妹妹就没有棺材了。

赵：金老，您刚才说家里死了人，邻居都不晓得的，这是为什么呀？

金：我们乡下人相信迷信，相信因果报应，你家里死了这么多人，一定是你们做人做得不好，遭报应啦，所以才会死这么多人，说出去难听的，倒霉的，所以，大家都不说，自己把亲人偷偷地抬出去埋掉，是这样子的。别人家里死了人，我们也不知道的，两家是贴隔壁的，死掉人互相都不晓得的，如果你家里死了人，死掉的那个人要赶快抬出去埋掉，接触过死人的人要马上隔离开来，否则要传染的，一传染肯定要死掉，这是大家都晓得的。

赵：太惨了。

金：当年的义乌好比是人间活地狱啦，火车开过义乌都不停的，交通都断绝的，通是通的，但火车不停，就等于断绝了交通。

赵：火车都不停，就怕感染上鼠疫了。

金：对呀，因为那时候义乌鼠疫已经被外地人知道了，说义乌发了瘟病，很厉害的，所以不能去义乌，一踏上义乌，人就要死掉的，所以就越传越可怕，越传越可怕，大家都不敢来了，连火车也不停下来了，义乌变成一座孤岛了，很可怜的。

赵：金老，您在城区，城区这一带死掉的人多吗？

金：多！白天、晚上都在死人，每天都有。

赵：金老，你们一直住在现在这座房子里吗？

金：不是，我们原来住在北门街 48 号，最早的时候，我们住在黄井头 26 号。新房子造起来后，那时候没有门牌的，北门街 48 号一开始是没有门牌的，后来才有的。我们本来都住在城里的，现在这个房子么，原来都是田地啦，门口有池塘的，这座房子是 20 世纪 80 年代造的。

赵：金老，北门街感染最早的不是你们家吧？

金：我们不是最早感染上的，我们家人也都是从人家那里传染过来的，我们是隔壁人家传过来的，隔壁住着我的堂姐、堂妹一家，结果，堂姐、堂妹也都传染而死。我们家里感染而死的都是女的。我们那个地方，我们住在一起的人家，就有 4 个女的死掉，最大一个姐姐，比我大 3 岁，还有一个妹妹，她们都是堂伯伯的女儿。我们家里的几个亲人，都是死在农历十月份，初三、十一、十六。

赵：金老，北门街的鼠疫是怎么开始的？

金：我们北门人后来传说是汉奸传染过来的，这些汉奸住在北门，现在的工人路那个口里。那个地方有个旅馆，旅馆的三楼投下来两个瓶子，瓶子里面是水，投下来两个瓶子掉在一户人家里面，他们是夫妻，做裁缝的，结果，他们两个感染上了，后来就蔓延开来了。这个可能是传说，我也是听说，到底是不是真的，我也不晓得，只是听人家在讲，说最早是做裁缝的夫妻发了瘟病，再慢慢蔓延开来传给大家的，说是这么说，是不是事实，还要调查过的。

赵：当时你们都不知道什么病？更没想到是日本鬼子干的？

金：不知道的，只知道那些老鼠啦，到处跑来跑去，跑到有水的地方去喝水，喝过水马上就死掉了。

赵：感染以后，有没有人到医院去医治啊？

金：那个时候，没有医院的，只有一个卫生院，也没有几个医生的，即使有，医生的医术也都是不高的，不大会看病的，一般的小毛小病是可以的，鼠疫这种病，他们哪里能治得了啊？

赵：金老，您不是说你们家您是第一个感染上的吗？您后来是怎么医好的？

金：我感染后，关节里都有淋巴结的，发热，发高烧。我年轻的时候，体格是很好的啦，我那个时候，人难过得不行，浑身不舒服，就到街上去喝白酒，喝得很醉很醉，睡在卫生院里，脑子是清楚的，就是走不动，就睡在那里，我醒过来之后呢，我用手摸摸淋巴结，发现都没有了，淋巴结消失了，一看淋巴结消失了，高烧也退了，我就很高兴，回到家里来。第二天，我老婆、儿子、弟弟都跑到乡下去，住在一个庙里，是我姑妈家附近，叫何麻车，距离义乌飞机场很近。

赵：他们是不是怕您传染给他们逃出去的呀？

金：是呀，虽则讲我的烧退了，淋巴结不见了，但是我是受过感染的人，如果他们不逃出去，万一传染上怎么办？是不是？就像当时我奶奶死掉以后，就把我父亲也隔离起来了，开始的时候，很多人被隔离在我们这里一个土地菩萨的庙里，结果，到庙里隔离的人也死掉不少，也跑出去一个，他在庙上面凿个洞，跑出去了，亲眷来拉他出去，他也活了好多年，现在已经不在人世了。

赵：金老，您记不记得北门街当年一共死了多少人？

金：没有人准确地统计过，当时鼠疫爆发的时候，大家都不敢讲的，家里死了人，都自己抬出去埋掉。再说，互相之间都不走动的，有些人要隔离出去，大家都不知道别人家的情况了，连自己家的事情都管不过来，因为这个事情，在我们乡下人看来不是什么光彩的事情，都感到这是很倒霉的，所以，谁都不说，也没有人会去统计，就是你去统计，人家也不会说真话的，对吧？

赵：这倒是的。

金：当时，死掉的人多，连棺材都买不到啊，你去做都来不及做，还是人死得快啦，我奶奶的棺材，是从江湾朋友家里去拿来的，是朋友母亲备用的棺材。

赵：一开始人死掉还有棺材，到后来是不是都没有棺材了？

金：这要看这户人家的情况好坏，条件好的人家会去东阳、去外地什么地方买来；条件差的话，就随便抬出去埋掉了。后来，死的人多了，就不那么隆重了，草草率率就埋掉了，因为义乌城内的棺材都卖光了，一张棺材都买不到啦，天天有人死的啦。

赵：当时你们发的病症状都差不多吧？

金：差不多的，最明显的就是发高烧啦，淋巴结节啦，体格越好，死得越快。我如果不喝白酒，如果不喝得烂醉，恐怕也已经死掉了，看来，白酒是可以消毒的。

赵：我前几天看到一则资料，有一个人感染上鼠疫了，他的母亲就用白酒涂他的身体，再让他喝白酒，结果也活下来了。

金：是的，白酒也救了我一命。

赵：金老，您原来就会喝白酒的吗？

金：会喝的，平时朋友在一起，也会到街上去喝。那天，我感觉自己身体不舒服，可能是鼠疫感染上了，但又不愿意承认，年轻人怕死嘛，一个人就不开心，走到街上去，闷闷不乐的样子，朋友碰到我，说你今天好像不大高兴，我们一道去吃老酒。我说你们尽管喝，钱我来付。我一个人喝了半瓶多白酒，就喝醉了，醉得不成样子，朋友们就把我抬到卫生院里，中饭后抬过去的，两个枕头垫在我的头底下，我一点都不知道，一直睡到下午 5 点钟的样子，卫生院的医生要下班回家了，对我说：你好回家了。我坐起来，马上去摸有淋巴的几个地方，摸来摸去，淋巴都没有了，但我发现，两个枕头都湿了，都是我吐出来的脏东西，大概白酒喝下去，又吐掉，把身体里的细菌都吐出来了，我的病也就好了。

赵：白酒是有杀菌作用的啦，加上您一吐，排毒排掉了。

金：我的病好了之后，我的奶奶到保长家里去，我叫她不要去，她怕难为情，一定要去，第二天就不好了，感染上了。

赵：她去保长家干什么呀？

金：喏！保长的老婆死掉了，去帮忙的，他们家同我们家平时关系还算蛮好的，邻居嘛，结果么，奶奶就传染了。我有两个母亲都去照顾奶奶，奶奶夜里要大小便的，抱来抱去，结果，我亲生的母亲感染上了。

赵：金老，您兄弟姐妹一共几个啊？

金：7 个，一个妹妹死于细菌战感染，另一个妹妹死于疾病，年纪很大了，大的弟弟祖池上过黄埔军校，第二个弟弟新中国成立后在粮食公司里做工的。小弟弟在合作社里做工的，他们都退休了。我就是种田当农民，我年轻时身体特别好，精力旺盛，力气大，15 岁就能挑一两百斤东西了，所以就留在家里种田了。

赵：您年轻时这么厉害啊？

金：呵呵，还可以的。

赵：金老，您有没有看到过日本鬼子呀？

金：没有看到过，因为发鼠疫以后，我们都不敢到街上去了，路也不能走，北门到城里去，路都封死了，过去有城门的，他们用石灰堆过去，把道路都堵住了，两边的人都不能来往了。

赵：那个时候，你们都躲在家里面吗？

金：我们家在北门街出口处，离北门城门还有一段距离的。

赵：那么，那段时间你们做些什么呢？

金：种田呀。

赵：日本人的飞机看到过吗？

金：日本鬼子的飞机怎么会没有看到过呢！那个时候，大轰炸开始了。1942年上半年，农民们要种田啦，日本鬼子的飞机就开过来轰炸了，义乌绣湖公园那个地方当年都被日本鬼子的飞机炸掉的，炸得一塌糊涂啦，那时候，绣湖公园不是公园，是街道呀，是县前街，一条街全部都被炸掉了。

赵：飞机来炸的时候，你们有没有逃出去呀？

金：我们都逃到田畈去躲起来。

赵：田畈怎么躲啊？有没有防空洞啦？

金：没有防空洞的，就在田畈的高坎头里躲着，连小孩都知道，警报一拉，我们就带好中饭，逃到田畈去，躲在高坎头里。当时，义乌火车站也被轰炸过了，但没有被他们炸准过，都炸在火车站两边的田畈里，这是第一次轰炸，日本鬼子的飞机开过来炸火车站，结果炸不准，没炸着，飞机轰炸的时候么我们都去逃命，躲起来，平时么都去种田，没有空着的时候。

赵：金老，您看到过飞机扔下来的炸弹吗？

金：看到过的啦，炸弹不大的，都是小小的那种。

赵：你们躲在田畈里，不是很容易被日本鬼子发现的吗？

金：不会的，我们都是躲在田畈的另一侧田坎里，如果背面的飞机飞过来，我们就躲在南面的田坎里，日本鬼子飞机飞过来就看不到我们。

赵：金老，你们逃飞机逃了几年啊？

金：3年！上半年么，三四月份比较频繁；下半年么，八九月份比较频繁，那些天，上午一次，下午一次。我们都知道他们的规律了，他们不来的时候，我们就去田里种田啦，他们一来，我们就躲起来了。

赵：金老，义乌北门街，日本鬼子有没有进来过？

金：进来的呀，只是我们都逃出去躲避了，没有看到。我们经常逃到亲戚家里去，在乡下的。

赵：当时义乌发鼠疫，不是说你们到亲戚家去投奔，他们都会拒绝的吗？

金：我们是去外婆家，在乡下，离开城里 30 里路，廿三里过去还有 7 里路，那个村叫花溪。我们家里只留了两个人，其他人都逃出去了。我的第二个儿子生出来才 23 天，我们就逃到外婆家去了，花溪后来也被日本鬼子炸掉了。我外婆家里离花溪还有 2 里路，是个小村子。花溪是大村子，有 1000 多户人家。1942 年下半年，日本鬼子把花溪村全部房子都烧光了，只有两间半房子漏掉未烧完，花溪村的房子靠得很紧，你靠我，我靠你，所以烧起来很快。从花溪一直到苏溪，一共有 24 个村子被日本鬼子烧掉，同一天烧掉的。

赵：同一天烧掉 24 个村子啊？

金：是啊，日本鬼子走到哪里烧到哪里，像强盗一样。

赵：金老，花溪、苏溪一带有没有人因感染鼠疫死掉的？

金：当时被日本鬼子炸死的人，有；烧死的人，有；但有没有人感染鼠疫而死的，我就不知道了，因为我们也是去逃难的，对他们村子里的情况不了解，当时也都是泥菩萨过河，自身难保啦。

赵：是是是，金老，你们在外婆家住了多少时间啊？

金：住了一年多，外婆家住了一年多后，又住到廿三里过去的西京村，那个村子里还有我的一个外婆，我有两个外婆，后来还住过王店村的朋友家，一住就是半年多，我在王店代课当老师，在那里教书。

赵：金老，您的文化程度是……

金：小学毕业，从 7 岁开始读到 15 岁，不过，我们那个时候，小学读的书跟你们学的不一样，读的是古书。

赵：那您的文化水平是很高的了，完全可以教书了。

金：那个时候，世道动乱，日本鬼子打进来了，你要真正读点书也困难。我在学校里除了教书，还要管住学生，不要让他们跑到田畈里去，哄他们说：田畈里有野狼，所以，王店那边六七十岁的人，还是叫我金老师的。

赵：半年以后，你们全家就从王店村回到家里来了？

金：是的，回家了，回来以后么，继续种田，就再也没有到外面逃过难了，回到家里后的第二年，日本鬼子就投降了，日本鬼子投降前一天，我看到三个十多岁的小孩躲在草丛里，已经被日本鬼子用刺刀杀死了，太惨了。

赵：金老，您有没有听到过当年日本鬼子在本地干过强奸这种事？

金：听到过了，多了，当年这里有慰安所的，有两个女的，一个是我们知道的，本地人；另一个是日本大阪人，日本鬼子投降后，她就留在这里了，当时有人穷，娶不起老婆，就去抽签，抽到的人就把慰安妇娶去当老婆，日本大阪那个女人被东江桥一个男人抽签抽去了，生了两个儿子，我的第二个儿子都认识他们的，他们也都住在北门街的，都上班的呀。后来，我们国家同日本讲和了，开放了，中日友好了，她就带了一个儿子回到日本去了，听说户口也签过去了。还有一个慰安所里的女人，来到慰安所里没有几天，日本鬼子就投降了，她就留在义乌嫁人了。

赵：是吗？金老，还有没有日本鬼子干的坏事，请您再说一说。

金：义乌北门街有个许财村，中间有口池塘，日本鬼子在这口塘中杀了5个人。

赵：这5个是我们义乌人吗？

金：是的，日本鬼子把他们刺死以后，扔进池塘里去取乐的，其中有一个没有被刺死，池塘最里面有个石臼，那里有个洞，那个没被刺死的人游到洞里面去，日本鬼子想再把他刺死的，但是因为水深，刺不到他，他就逃出来了，这个人叫许其辉，他当年才四五十岁，有力气，游到那个洞里面就逃出来了。

赵：刺死的5个人中，几个男的，几个女的？

金：一个男的，没有刺死，逃出来了，就是许其辉，其他四个是女的，一个女的头被刺破，医不好了，烂死掉了，当时没有死，一个多月以后死掉的。另外三个女的都死掉了，因为她们都被日本鬼子捆绑起来，扔进池塘里去的，日本鬼子是拿村民们的性命开玩笑的，拿他们取乐的，把他们刺死，然后扔进池塘里，刺不死，也会被淹死的，你想活都活不了。当时，我们在乡下逃难，我母亲到乡下来看我们，如果我母亲不去乡下的话，也被日本鬼子刺死了。

赵：金老，我听说日本鬼子在义乌开了两个矿务所，开采萤石矿的，您知道这个情况吗？

金：有，在江东，南山水库里面，那个地方，一个洞，一个洞，很多的。那个时候，我们家里困难，柴火没有了，我就到那个水库里面去砍柴，看到了日本鬼子开矿留下的氟石矿。新中国成立后，我们做义务工，去那里运过萤石，送到火车站去。南山水库里面的氟石矿遗址本来还在的，一个洞，一个洞还在的，现在，筑了水库了，这些遗址都沉到水库底下去了。

赵：佛堂也有个矿务所，日本鬼子开的。

金：是的，佛堂那边也开过矿的，在塔山，双林寺那里，也是一个洞，一个洞地开在那里。南山水库那边开得多，佛堂那边开得少，因为佛堂那边有游击队。

赵：金老，您当年有没有看到过日本鬼子造的炮台？

金：炮台啊？有的！下面么开矿，上面么碉堡筑起来。南山那边有个风车口（音）的地方，就有个炮台，不过，具体的情况我也不清楚，因为当时我们都逃到廿三里那边去了，其他地方的情况都不晓得的。那个时候，大家都怕鼠疫传染，不敢到处去走的，都去躲起来，所以，义乌其他地方发生什么事情，都不晓得的，直到后来才听人家讲发生了什么事什么事。当时的交通不便的，加上这边有游击队，那边有游击队，听到你是城里来的人，肯定要查，要盘问。我们的亲眷都在廿三里一带，很多的，那些游击队都是当地人，都晓得我们亲眷的，所以我们去了，他们就不会来盘问，对我们就很放松，每个村子里都有游击队，如果村里来了陌生人，他们就问你是哪里来的？如果你是感染区来的，就不让你进村。所以，那个时候，也没有人来我外婆家，消息是非常闭塞的，根本不晓得外面发生了什么情况。

赵：金老，您算是幸运的了，有那么多亲眷可以去投奔，那些没有亲眷的人可怎么办啊！

金：没有亲眷么，就不去了么，就在家里碰运气了。

赵：金老，您一点都看不出97岁，顶多只有70多岁。

金：哪里有这么年轻，哈哈。

赵：有有有，金老，我再请教您，当年日本鬼子在城里还做过什么坏事？

金：他们自己在城里不大出来的，他们手下不是有那么多汉奸吗？还有伪警察、特务队的人，日本鬼子自己不出来抢东西，都叫汉奸去抢的，让你们中国人去抢中国人。

赵：金老，你们这个地方有没有出过汉奸啊？

金：有的，有个汉奸，原来是游击队的，北门街也有两个人当汉奸的。

赵：这些汉奸有没有来你们家抢过东西啊？

金：我们过去都是同学啦，我们的父亲都是同年兄弟，彼此都是晓得的。

赵：您还记得汉奸的姓名吗？

金：记得的，一个叫孟国金，另一个叫王克武，是朝阳门那边的人，后来么，日本鬼子投降了，孟国金逃掉了，王克武被游击队枪毙了。

赵：这两个汉奸都是您的同学啊？

金：王克武不熟的，孟国金是我同学，也是北门人。

赵：孟国金也到你们家来敲竹杠吗？

金：他自己不来的，叫另外一个人到我们家来，叫我父亲到他们家里去，叫我父亲把家里的红糖、南枣、火腿什么的都拿去给日本鬼子吃。

赵：那你们真的给他们拿去过吗？

金：当然拿去过了，一开始要我们钱，钱没有，就要实物。我父亲家，我叔叔家，我自己家，三家都把东西拿给日本鬼子吃，拿给汉奸吃。你说可恨不可恨？

赵：太可恨了！从小在一起的同学，居然当了汉奸，来你们家敲竹杠，能不恨吗？

金：他们来敲竹杠，我们都答应给他们东西了，他们自己不来拿，要我们挑到火车站，还要我们亲自装到火车里面去，你说这个世间有没有公道公理的啊？一装上去，火车就开走了，留一屁股黑烟给我们。

赵：孟国金后来怎么死的？

金：日本鬼子投降后，他就逃到四川去，我曾经去找过他，因为我弟弟在四川那边当兵的，我写信给弟弟，叫他打听孟国金的下落。

赵：您为什么会去四川找孟国金啦？找他算账啊？

金：他把我家里的钱拿去当盘缠，又抢了我家那么多东西，我想想很气愤，我是想去找他说理的，要他赔给我钱，但一直没有下落。

赵：金老，您弟弟是不是就是金祖池呀？

金：对呀，就是他。他也是搞细菌战研究的，一开始，义乌调查细菌战受害者什么的，他都在做的，调查报告也写的，他的文化水平很高的，字也写得很好。

赵：他还在吗？

金：去世七八年了，很可惜的，他要是还活着，他会跟你讲很多有关细菌战的东西，他是义乌调查细菌战受害者最早的那一批人之一，他家还保留着很多资料。

赵：太可惜了！金老，我请问您，您有没有听说当年北门街哪家人家最悲惨？

金：根本不晓得当时的情况，那时有人发瘟病，他们家里人都隐瞒起来的，不让别人晓得，怕别人说他们家做人不好，遭报应。所以，那个时候，家里死了人，连邻舍隔壁都不晓得的。再说，我那个时候，同家人逃到外婆家、朋友家去了，北门街的死伤情况不了解的，你要说悲惨，凡是家里感染鼠疫死掉的人家都是悲惨的，你说对不对？

赵：那倒是。

金：西门杨村那边有许多人被日本鬼子杀掉了，乡下人到城里来买东西，被日本鬼子抓起来杀掉了，包括刚才我讲的五个人被捆绑起来扔进池塘里杀掉，日本鬼子杀人不眨眼的啦，你要是仔仔细细去统计的话，那是不晓得杀了多少人了。

赵：是的，金老，当年崇山村鼠疫这么严重，又死去那么多人，你们当时知道吗？

金：不晓得的，我们逃难在乡下呀。不像现在，打个电话什么情况都知道了。那个时候，交通不便，没有车子的，从廿三里走到崇山要走多少时间啊，对吧？再说，鼠疫发生以后，大家都不愿意走来走去，找到一个避难的地方，都不出来的啦，我们逃到一个地方，不能跑来跑去的，游击队要管的，他们还以为你们跑来跑去当汉奸啦，所以，外面发生什么事，根本不晓得的。我刚才讲的被日本鬼子杀掉扔进池塘里的那天，正好我母亲来乡下外婆家看我们，因为她们平时关系很好的，经常在一起的，如果那天我母亲不到我外婆家来看我们，说不定她的命也没了。崇山村发生大灾难，我们是后来听人家讲起来才晓得的，说是 1942 年，崇山村被日本鬼子放火烧掉了，具体情况都是不晓得的，那个时候，被日本鬼子烧掉的村庄太多了，所以并没有觉得崇山村有什么特别，我刚才说过，花溪、苏溪一天之内烧掉 24 个西村庄啦！到后来，人都麻木掉了。

赵：金老，你们家有崇山村的亲眷吗？

金：我的第二个儿媳妇就是崇山村人。

赵：那他们家上一辈有没有人被鼠疫害死的？

金：有的呀，具体情况我不是很清楚，你可以去问问她。王选当年到崇山村插队落户，就是跟我第二个儿媳妇同一个生产队的，她们年纪差不多，经常一起干活的。我第二个儿媳妇 68 岁，比王选大 4 岁。

赵：是吗？金老，有多少人来采访过您呀？

金：很多很多啦，北京、上海、杭州、金华，还有美国的记者，都来过，日本专家来义乌搞调查，还住在我们家里的。

赵：日本人来住在你们家，您怕不怕？

金：那有什么好怕的！没有什么好怕的！我年轻时，跟人家打架，对方来了两个人我都不怕的，本来王选他们叫我去日本作证的，我说我讲话讲不来的，后来就叫我大弟弟祖池去了嘛。我大弟弟在部队里曾经当过参谋的，很有本事的，他会说会写，新中国成立后么，因为他在国民党部队里当过官，所以后来就一直没有工作，在老家当农民。他去日本打官司时，在日本碰到两个日本军官，他们当年在湖北宜昌面对面打过仗，这么多年过去了，他们居然都还认得出来，当年日本兵被我们打败了，把他们俘虏了。后来，他们回到日本国了。我大弟弟是义乌细菌战诉讼团的团员，第一次到日本去打官司时，见到他们两个日本老兵，他们对我大弟弟说：啊，你好你好！然后就跪下来向我大弟弟道歉。

赵： 您大弟弟去日本几次啊？

金： 一共去了两趟，第一审、第二审都去过，原告团的陈述书都是我大弟弟写的。

赵： 那你大弟弟家条件好吗？经费如何落实的？

金： 他家条件不怎么好的，去日本的经费可能是别人赞助的，他说到上海乘飞机到日本，要三个钟头。

赵： 那他去日本打官司的情况会跟你们说吗？

金： 经常讲起的，当时呢，我第二个儿子还在上班，才50多岁。王培根喜欢我二儿子一起去干，我弟弟祖池也喜欢我二儿子去参与。我弟弟做了大量的工作，这个原告团去日本打官司，很不容易的，钱都是筹集起来的，义乌市政协捐一些，社会集资集一点，原告自己拿出一两百元，还有些人都是自费的，那些声援的人就是自费的，诉讼团里面也有人是自费的。

赵： 是的，这些人了不起！

金： 去做这件事情，要年轻，要有好身体，有精力，我们都老了，做不动了。

赵： 哪里，金老，今天非常感恩您接受我的采访，打扰您休息了，浪费您一个下午的时间，太不好意思了，谢谢您！

金： 不用客气的，你也很辛苦。

赵： 金老，那我先告辞了，多保重！再见！

金： 再会！你走好！

赵： 谢谢！金老，请留步！

金： 好好好！再会！

■ 王菊莲

我给日本鬼子造过 3 个月炮台

采访时间：2014 年 12 月 17 日全天

采访地点：义乌江湾下街村王菊莲家

受 访 者：王菊莲（王）

采 访 者：赵福莲（赵）

陪 访 者：王建政（政）

赵：王老师，这是江湾下街村吗？

政：对，下街村。

赵：你到王菊莲大妈家来过好多次了？

政：没有，只来过一次，这些地方基本上都熟悉的，来过一次就记住了。

赵：你记性好。

政：菊莲姑，您在家啊？

王：啊，在家在家。

政：赵福莲作家来采访您，请您说一说崇山村鼠疫感染的事情。

王：赵作家来采访我啊？前两天刚有记者来采访过我。

政：是吗？

赵：我们坐在门口晒太阳好了，天太冷，在屋子里采访的话，大妈会冷的。

王：好好好，那我们把椅子拿出来哦。

赵：多好的太阳啊，坐在门口很舒服的。大妈，您身体看起来很好啊？有80岁了吧？

王：86岁了，过了年就87岁了，我是1929年农历4月12日生的。

赵：身体真好，很硬朗，不过，大妈，您的腿好像有点不便，怎么了？

王：被一个瞎子推了一把，我就摔了一跤，钢筋还在腿里面，没有拿出来。

赵：钢筋还在腿里面啊？痛不痛啊？

王：痛的，没有办法呀，你是哪里来的啦？

赵：我是杭州来的。

王：杭州啊？这么远啊？

赵：是呀，大妈，您是几岁嫁到这个村来的呀？

王：20岁。

赵：1942年，崇山村人感染鼠疫的情况您还记得吧？

王：那年我虚岁15岁了，怎么会不记得呢！

赵：当年，你们家里有没有人感染上了？

王：我姐夫感染上了，当时是这样的，我呢已经感染上鼠疫"死"了，躺在棺材里，放在柴楼里7天了，第八天的时候准备要埋葬我了，可我在棺材里慢慢会动了，我就"咚咚咚"敲打棺材。我母亲听到声音，就来看，把棺材盖掀开来，我看到母亲，就叫了声：姆妈。那天，我姐夫本来是来葬我的，发现我没死，没死呢，他连门也没开，就从窗口塞进两根甘蔗，让我吃，然后，他自己就回去了，在回去的路上就死了，我姐姐要把我姐夫拉回家，乡长、保长来威

王菊莲

胁我姐姐说：如果村里有第二个人死掉的话，就要把你活活埋葬。我姐姐听了之后，又伤心又担心，最后还是没有把我姐夫拖回家，可怜我姐夫进不了村，回不了家，连张棺材都没有，随地就埋掉了，因为那时候大家都相信迷信，总觉得我姐夫做人没做好，把不好的东西带回来，会给村里人带来霉气，所以拒绝他进村。我姐姐也可怜，后来她改嫁了，早死掉了，如果她还活着，已经96岁了。我姐姐生了三个小孩，一个女孩，两个男孩，其中一个小男孩6岁时就死了，还有一个小男孩是16岁的时候死掉的，只剩下一个女儿活着，主要是家里太穷了，生病都治不起。

赵：大妈，您当时感染鼠疫后，怎么个难受法呀？

王：难受啊，发烧、淋巴肿痛，口渴，很难受的，后来就昏死过去了。我母亲以为我死掉了，就把我装进棺材，放在柴楼里掩盖起来，万一被日本鬼子发现，要被拉去剖肚皮的。本来早就拿去埋葬掉了，因为那些天，村子里老有日本鬼子在走动，我母亲怕被发现，就没敢动。有一天，我母亲想把我葬掉，日本鬼子又来了，她就去逃命了，把我放在柴楼里也不会被发现的。一直到第八天，日本鬼子好像没有出现，母亲就叫来我姐夫，要把我葬掉。结果，我没有死掉，我姐夫却死掉了，好可怜！如果不是因为我，我姐夫也不会丧命的啦。

赵：你说在棺材里躺了7天，是谁说的呀？

王：我母亲说的呀，我自己"死"掉又不知道的。

赵：大妈，您命好大呀！

王：我命大啊？我是命苦啦，当时村里的王文权说我运气好，命大，死掉的人又活过来了，可以给我母亲做做伴，可怜他第二天就死掉了。

政：菊莲姑一家和王文权一家都是住在我家附近的，我们都是邻居啦。

赵：大妈，您家里一共几个人呀？

王：就我和母亲两个人，我母亲怀上我一个月的时候，我父亲就去世了。我父亲长什么样我都不知道。我有一个姐姐的，比我大10岁，她早就嫁掉了，姐夫来我家看我后就死在路上，好可怜！

赵：是可怜。大妈，听说您当年到林山寺去送饭，您都看到了什么？

王：我当时去林山寺给我堂姊妹送饭（注：王菊莲是给王化涛的妹妹去送饭，她们是堂姊妹），我们平时的关系很好的，很亲的，经常在一道玩的。有一次，他的父亲叫我把饭送到林山寺去给她吃，因为当时送饭一般都是小孩子去送的，大人不敢送的，但又担心家人在林山寺没饭吃要饿死的，所以叫小孩子去送饭。我到林山寺去了之后，日本鬼子把我关起来了，我看到里面有两只杀猪桶，那些活体解剖的人先要在桶里洗澡的，洗好澡被捆绑在门板上，手脚都被绑扎起来的，日本鬼子拿着刺刀站在旁边，好像马上要下手杀人了。我怕死了，怕自己被杀掉，我就想逃到一个角落，发现有个洞，想逃出去，有人就叫了：有个小孩跑掉啦，有个小孩跑啦，要抓住她，另外一个人要活体解剖了，顾不过来，就说：让她跑掉就跑掉吧，随她去，但当时还有几个小孩被抓回去了。

赵：大妈，林山寺里面的日本鬼子多不多啊？

王：好几个，他们都戴着白手套，戴着防毒口罩，有几个拿着枪走来走去。

赵：大妈，您亲眼看到过日本鬼子剖村民的肚皮吗？

王：我看到日本鬼子把村里人抓住，把他们的衣服脱掉，捆绑起来，绑在门板上，我看到后吓死了，就逃出来，剖肚皮没有看到，不过，我想想他们马上就要把村民的肚皮剖开了，看那个样子就是的。

赵：大妈，您跑出来后到哪里去了？回家了吗？

王：回家了，吓死了，赶紧跑回家去。

赵：那您跑出来有没有看到外面的日本鬼子？

王：日本鬼子就在林山寺里面，还有几个在离林山寺不远的地方，他们端着枪在巡逻。

赵：这件事情发生在崇山村烧掉之后还是之前？

王：村庄还没烧掉，不过，马上就要烧村子了，烧村子那天一早，日本鬼子派人挨家挨户来说：你们每家带一口锅、3斤米、一床被出来，叫我们出来做什么呢？日本鬼子说是叫我们到后山背去煎药医病，实际上，日本鬼子是骗我们出来，好让他们烧房子。村子里二十几个火头烧起来之后，我还没找到母亲，找了三天都没找到，我吓死了，就哭。

赵: 当时,烧村子的时候,村里人有没有烧死的呀?

王: 没有没有,家家户户都被日本鬼子骗出来了,骗到后山背去了,村子里的人一个都不能留在家里,他们就用汽油烧稻草,破旧一些的房子马上就烧起来了,坚固的房子如祠堂、厅堂什么的一下子烧不起来,他们就用燃烧弹打,打到哪里就烧到哪里,烧起来很快的,你想去救火都没有办法,再说,救也不能救,日本鬼子看到你去救火,要用枪打人的,村子里就有两个年轻人去救火,被他们打伤了手和腿。

赵: 大妈,烧村子那天,你在后山背吗?

王: 是呀,我在后山背看管从家里带出来的米呀、锅呀、被子呀。

赵: 大妈,那天村里人在后山背干什么呀?

王: 大家知道日本鬼子要烧村子了,都要站起来看,站到前面去看。日本鬼子叫大家蹲下,不能站起来看。你一站起来,日本鬼子就把枪指着你,装作要打你的样子。那天,到后山背的人家,有大人的就由大人看管带出来的米、锅与被子;没有大人的人家,就由小孩看管,反正不能站起来,大家就坐在地上,或蹲在地上。那天,日本鬼子特别多,后山背有,远一点的地方也有,他们都用枪架在那里,看起来很恐怖的。

赵: 大妈,你们家烧掉了吗?

王: 烧掉了,烧掉以后么,我母亲也找不到了。

赵: 您哭过吗?

王: 怎么不哭啊?我母亲都寻不着嘞,到底是被烧死了呢还是逃到外面去了呢?我都不知道,想想又哭,想想又哭,还不好大声哭,大声哭的话,日本鬼子听到要把刺刀戳过来的,三天都找不到我母亲,多少伤心啊,就哭个不停。你想呀,我多少可怜啦,一个亲人都没有,吃又没东西吃。

赵: 那时,后山背上都是崇山村的人,看到自己的房子烧掉以后,有没有人哭的呀?

王: 大人哭的话,日本鬼子要把枪、刀戳过来的,小孩子都在哭,日本鬼子就把枪朝我们晃动,装作要开枪的样子威胁我们。

赵： 后来您的母亲在哪里找到的？

王： 烧完村子后，我回去看，家被烧掉了，我母亲在家里烧掉的楼梯边哭，很伤心很伤心。

赵： 那场火烧了几天啊？

王： 烧了6天以后还在冒烟。

赵： 房子烧掉以后，你们住在哪里去啦？

王： 房子烧掉以后，有的人家没有烧掉，就挤出一间给关系好一些的人家住；有的人家房屋没有全部烧掉，就稍微整修一下住进去；有些人家住到庙里去了；也有人住到路边的凉亭里去了，大多数人家都住到田畈去了。

赵： 田畈里怎么住人啊？

王： 在田垄里用竹簟（晒谷子用的竹席）搭起来住人，烧饭怎么办呢？田垄里不是有个沟吗？就在那个沟里面，用坟头挖来的砖砌起来烧饭，就是这样过日子的，很多人家这样过了3年。

赵： 3年啊？那冬天怎么过呀？

王： 冬天苦嘞，落雨时，全家人都被淋湿，冻煞啦，风刮过来，刀割一样，全家人抱在一起。有小孩的人家，小孩子冻得哭个不停，听起来心酸煞了。

赵： 吃的米哪里来的呀？

王： 总太公（众家）那里还有点粮食的，拿来分给大家吃几日；亲戚也会送一点米来给我们吃。

赵： 您跟母亲是怎么过的？

王： 我们有七斗地，种点东西，我母亲平时就给别人做点女红，譬如说缀鞋底什么，贴补家用。

赵： 大妈，您那时候做什么呢？

王： 我也经常去给人家做工，3斤米一天。

赵： 大妈，您和您母亲当时住在哪里呀？田畈里吗？

王： 是呀，在田畈里住了3年，吃足苦头啦！3年住在天空下面啦，冬天冷，衣服单薄，冻得发抖，我就去抱住母亲，母亲也抱牢我，两个人抱在一起，感

王建政与王菊莲

觉稍微暖和一些。我母亲要哭的啦，嘴里说："罪过啊，可怜啊。"3年以后，我们住在太公留下来的一间破落小房子里，很小很小的，一屁股大。我母亲住在那里一直到死。我住到20岁嫁人，你说大妈可怜勿？

赵：可怜的，太可怜了，大妈，当时村里烧掉房子之后，那些住在田畈里的人家是怎么过的？

王：大家都差不多的，都很苦，有些人家么，他们的亲戚会拿点东西来；有些人家3年里面都没有亲戚来看他们的。一到冬天，就苦嘞，想弄点稻草都弄不到，稻草拿来可以铺在地上当垫被的，大家都想要稻草，稻草没有那么多，有些人家连稻草都没有，只好挨冻。

赵：大妈，当年你们住在田畈里，有没有人继续感染鼠疫的？

王：有啊，很多嘞，一个草棚一个草棚，天天都有人死掉，他们都口渴得很，都要喝水，全都跑到沟里面去喝，但沟里没有水了，他们喝不到水，就死在沟边上，也有的人，从田畈到沟渠的路上，爬着爬着，"啪"地就死在路上了，再也不动了。

赵：你们住在田畈的时候，有没有人饿死、冻死的？

王：冻死的倒没听说过，饿死的人是有的。

赵：你们当时吃什么呀？

王：有时候么，亲戚送点给我们吃吃，他们不是直接送到崇山村的，是送到上田村的，说好一个固定的地方，叫我们自己去拿，还有点族粮可以分，就是太公田种出来的粮食，用石臼捣好，分点给大家，可以吃一阵子。

赵：分族粮的时候，有人去抢粮食吗？

王：有，有人抢的啦，不抢就没有了，有些人家家口很多的，没有粮食吃，就会去抢族粮，否则家里人要饿死的。有时候分煮熟的米饭，有些人抢来的比较多，就晒好存放起来，慢慢吃，村里人看到这样下去不行，就叫大家排队来拿，不能抢。我们家里没有人去抢，母亲是小脚，不方便去抢，我又怕难为情，不愿意去抢，所以分到的粮食就少，我母亲就省着吃，她自己每顿只吃一点点，叫我多吃点多吃点，她说她个子小，吃不多，说我正在长身体，要多吃点。

赵：大妈，你们住在田畈里 3 年，你做什么呢？

王：种田地呀，我们家只有 7 斗地，5 斗是一亩，大概有一亩多点地。我什么都会种，种稻、种菜都会的。我母亲是个小脚女人，她去车水，脚不会踩水车，人在水车上没多少力气，她就把身子挂在水车架上，用膝盖来踩水车，很苦的。她用膝盖踩一下，一口水上来，再踩一下，一口水上来，踩了半天，也没有多少水啦，我母亲实在是太可怜啦。有钱的人家都有伙计车水的，没钱的人家只有自己去做。有时候，人家看我母亲可怜，也会来帮一下忙。当年，我经常到王希琦父母家里去打工，他们家办有火腿厂、红枣加工厂什么的，3 斤米一天，当时来说，已经很好了。

赵：您具体做些什么呢？

王：挑米、挑石头什么的。

赵：您那时大概几岁啦？

王：18 岁开始去做工的，我 17 岁就到田畈去干活了，反正那个时候，什么活都干，有什么活就干什么活，没有闲工夫的。

赵：真是可怜，大妈，日本鬼子是什么时候走的？

王：日本鬼子当时住在江湾的，我们村子烧掉半年以后，他们才走的，有个早晨起来，大家都说日本鬼子走了，再也不来了。

赵：崇山村房子烧掉以后，过多久才重新把房子造起来的？

王：好几年了，有钱的人家么又开始在原来烧掉的地基上造新房子了；没钱的人家么就一直住在茅草屋里，等到慢慢慢慢有了点钱，再把房子造起来。

王：我母亲是小脚女人，有些农活干不了，我就只好自己做，我命苦，嫁个老公也不好，他好吃懒做的，经常要打我的啦。我是1949年3月28日嫁到江湾下街村的，当年下半年10月份新中国就成立了。

赵：大妈，您嫁到这里来以后，经常回娘家吗？

王：回，经常回去的。我这边有了米啊、小麦啊，还有蔬菜瓜果啊，都要送点去给我母亲吃，我母亲去世已经有50多年了，她死的时候，正是人民公社化，大家都到食堂去吃饭，不用钱的。

赵：大妈，新中国成立以后，您都做些什么呢？

王：我当民兵，打土匪，我是女民兵队长呀。

赵：您这么厉害啊？

王：当时么，我们大家一起唱歌、跳舞、打花鼓，搞得很热闹的。

赵：大妈，您说打土匪，您会打枪吗？您不怕土匪吗？

王：我不会打枪，我拿一把红缨枪去打土匪。

赵：您打土匪打了几年呀？

王：打了好几年嘞。

赵：当时有多少女民兵啊？

王：100多个，我做了两年女民兵队长。

赵：大妈，您有几个小孩？

王：6个，2个儿子，4个女儿，其中一个儿子21岁时就死掉了，如果活着，已经50岁了。

赵：大妈是我采访到的细菌战受害者中比较健谈的一位，如果深挖的话，完全可以讲出很多不为人知的事情，可惜我听不懂义乌话，如果听得懂，我就坐在这里，采访她三天三夜。

政：是的，她很健谈的。只要你问得出，她都能答得出来。毕竟她那年已经17岁了。记忆力又强，很多事情她都记得的。

赵：对，我再问她一下，在烧崇山村之前，日本鬼子是不是经常出现在崇山村一带？

政：菊莲姑，在烧崇山村之前，日本鬼子是不是经常出现在崇山村一带？

王：有的有的，经常看到的，我还被他们抓去三个月，给他们建炮台，我去挑沙子。他们本来是来抓民夫的，结果大人们听说日本鬼子来了，都逃掉了，他们没有办法，只好抓去了很多小孩子，我也其中之一。

赵：大妈，您当时在日本鬼子的炮台里干过活啊？

王：对啊，有时候一天都没有吃一顿饭；有时候一连几天没有东西吃，饿得头晕眼花，好像马上要倒在地上一样。

赵：日本鬼子这么坏啊？对小孩都不放过啊？

王：日本鬼子太坏了，他们经常拿我们取乐，他们站在炮台上面，把小便拉在我们身上，哈哈大笑，这些小便从我们的头上流到头颈里，再流到身子里，我们全身都很臭很臭的。

赵：那个炮台在哪里啊？

王：在佛堂。干活的小孩子年纪都很小，没有力气的，两个人抬；稍微大一点的小孩，就一个人挑。

赵：你们主要是抬沙子？

王：是的，沙子，还有小石头，建炮台的。

赵：他们为什么把小孩抓去建炮台？

王：那些大人一听日本鬼子来了，就跑，他们跑得快呀，万一抓住的话，日本鬼子就用铁丝穿过他们的锁骨，两个人穿在一起，一对一对在路上走，把他们赶到萤石矿里去做工，日本鬼子拿着枪，押着他们在路上走，我亲眼看到过的，很可怜的嘞！

赵：为什么要两个穿在一起啊？

王：怕他们逃掉呀！穿在一起么就逃不掉了。

赵：被抓去的人多吗？

王：多的，两个两个穿起来，并排走的，一个长长的队伍，日本鬼子用枪押着他们，每一对民夫有一个日本鬼子押着。

赵：成人么抓去挖矿，小孩抓去造炮台？造了几个炮台啊？

王：两个炮台。

赵：你们还是小孩，怎么造炮台啊？

王：我们小孩只把沙子、小石子运到炮台，日本兵自己砌炮台的，他们一时找不到民夫呀，只好自己搭建炮台。

赵：你们住在哪里啊？

王：住在义亭那边，没有床铺，也没有席子的，地上都是泥，大家站的站，蹲的蹲，靠的靠，连大小便都拉在那里，臭都臭死嘞。三个月里没有躺倒睡过，一直就是那样子过来的。日本鬼子很坏的，到了晚上，我们集中在一起，他们就把小便拉在我们身上，每个人身上都有的。我们开始时都蹲在地上，实在瞌睡得不行，就倒在地上睡着了，第二天一早起来再干活。

赵：日本鬼子太可恨了！是冬天吗？

王：冬天倒不是，身上穿了两三件衣服。

赵：大妈，当时跟您一起去炮台干活的有多少人？

王：20来个人。

赵：都是你们崇山村人吗？

王：金村来的也有，义亭来的也有。

赵：年龄最大的大概多少岁啊？

王：像我算是最大的啦，都是小孩子啦。

赵：全是童工！

王：义亭那边的小孩，他们家人还有来给他送饭的，我们村没有人来送，饿都快要饿死嘞，几天吃一顿饭啦。

赵：真是可怜！大妈，当时日本鬼子没有把你母亲抓去造炮台吗？有没有抓另外的女人去造炮台？

王：我母亲是小脚女人，走路都摇摇摆摆的，哪里造得了炮台，另外的女人一听说日本鬼子来了，都逃掉了，躲起来。日本鬼子实在抓不到大人，就只好来抓我们这些孩子了，都是 10 多岁的小孩，可怜嘞。

赵：大妈，日本鬼子打不打你们这些小孩的？

王：打是不会打的，把我们打伤了，谁给他们造炮台？他们就是虐待我们，把小便拉在我们的头上、身上，不让我们吃饱，不让我们睡，随便把我们放在一个泥地里，不管我们死活的，好不容易给我们吃一顿饭，也没有菜的。

赵：大妈，日本鬼子里面，有没有对你们稍微好一点的人？

王：有个别人还好，他看到小孩子里面有个人饿得很瘦很瘦，都快要饿死了，那个日本鬼子就叫他回家去，问他回家的路熟悉不熟悉？还用手指指他回家的路，叫他回去。这时候，炮台已经造得差不多好了。

赵：大妈，您在炮台里做了 3 个月，人有没有瘦下来啊？

王：瘦了，瘦得不成样子嘞，3 个月没有换过衣服，就穿同一套衣服，脏死嘞，臭死嘞。我们都蹲在一起，不能睡，又没有东西好吃，人一日一日瘦下来，力气一日一日小起来，有时候头晕，天地都会转啦，你说大妈苦不苦啦？

赵：苦苦苦，真的是太苦了。

王：有时候，没有米饭吃，日本鬼子就给我们烧点青菜吃吃。

赵：大妈，你们当时造炮台，日本鬼子没有给你们吃饱饭，有没有小孩子饿死的呀？

王：有的，我亲眼看到的就有 3 个，两个男孩，一个女孩，是义亭那边的人，他们 3 个人死的时候，我们都怕死嘞，怕自己也要饿死，不是饿死，也要做死，那些天怕得不得了，晚上坐在一起，大家你看看我，我看看你，都不出声，眼睛里都露出恐惧的神情，特别那 3 个小孩死的时候，我看到其他小伙伴们都快绝望了，很可怜嘞。

赵：3 个小孩死掉以后，尸体怎么处理的？

王：进来几个日本鬼子，把他们拖走了，也不知道拖到哪里去了。我们那个时候，又累又怕又饿，不知道接下来死的会不会是自己，特别是前面三天特别怕，夜里都不敢睡觉。你想想嘛，日本鬼子叽里呱啦说的话又不懂，饭又不给我们吃饱，活很累，住的地方很脏，又没有地方睡，这样下去一定会像那三个小孩子一样死掉的，想哭又不敢哭，怕日本鬼子听到哭声进来要骂我们、打我们。

赵：一个炮台里有几个日本鬼子啊？

王：有时候么5个人，有时候么4个人，有时候么3个人，最少的时候一个人，他们是轮流值班的，如果他们来5个人，那我们肯定是不能睡觉了，为什么？他们就拿我们取乐，他们朝我们每个人身上拉小便啦，每个人都拉到，一边拉，一边笑，拿我们开玩笑啦，你说日本鬼子可恨不可恨啦？

赵：可恨，可恨，可恨极了！

王：这还不算，他们朝我们拉小便，还要叫我们喝他们的小便啦，经常这样的，我们一看到炮台里来了四五个人就要怕了，他们又要叫我们喝小便啦，担心得不得了。

赵：大妈，我问您呀，您平时有没有看到日本鬼子做什么坏事啊？

王：我自己亲眼是没有看到过，不过，听人家经常讲起，日本鬼子要来抢东西，什么都抢，火腿啦、南枣啦、红糖啦、老酒啦，反正看到什么就抢什么。我自懂事起，一听说日本鬼子来了，也就跟着大人一起跑，躲起来，看不到日本鬼子在做什么坏事。

赵：日本鬼子来了，你们都会逃到哪里去躲起来啊？

王：逃到田畈去，躺在水稻田里也有，躲在糖梗田里也有，躲在水沟里面也有，反正能躲人的地方都去躲。

赵：大妈，您逃了多少次啦？

王：记不牢啦，好多好多次嘞，有时候来不及逃，就在家里用锅反过来，覆在身上，再用柴草盖起来，我是个苦命人啦，给日本鬼子抓去当过童工，背着儿子去打土匪，平时在家里都是自己劳动做来吃的，现在好了，我有四千多块钱的保险，80岁以上的人，每个月有150块的补助费。我就一个人住在这里，自己烧饭自己吃，如果我的脚不被那个瞎子推坏的话，我还能到田畈去干农活呢，我种的蔬菜都拿去卖的啦，柴火也是我自己去砍来烧的啦。

赵：大妈，您有没有听到过日本鬼子在崇山村强奸妇女的事情啊？

王：我不是听到，是亲眼看到的！我们村有 5 个女孩，都是同年纪的，我是五个女孩之一，我们经常相约去玩的，感情很要好的。我们中的一个小姐妹被日本鬼子轮奸死掉了。她是我们中发育得最好的，个子高。

赵：大妈，您说亲眼看见日本鬼子强奸这个姑娘的，您能说说当时的情形吗？

王：我们 5 个人约好要一起玩的，我们四个人已经在房间里了，那个金华的姑娘还没进门。日本鬼子看到她走到天井了，还没进门，他们就"花姑娘，花姑娘"地叫。她一看，吓死了，便逃，逃不过日本鬼子，被抓住了。我们一看日本鬼子来了，吓得不敢出门，只好躲在床铺底下了，大气不敢出一口。日本鬼子把金华的那个姑娘抓住，拖到我们的床铺上面，把她按在床上。我看到日本鬼子身上的枪放到地上，刀放到地上，水壶放到地上，布袋放到地上，凡是身上挂着的东西都放到地上了。我们四个女孩子躲在床铺底下，一点都不敢动，万一被日本鬼子发现，我们也要被强奸的。金华那个姑娘哭啊叫啊，哭声很悲惨的啦。过了一会儿我们在床铺底下，看到血流下来了，流到我们身上来，没有过多少时间，金华那个姑娘不叫了，没有声音了，又过了一段时间，日本鬼子穿好衣服走了，把地上的枪啊刀哪水壶啊都重新挂好，走了，等他们走远，我们就从床铺底下爬出来，看到金华那个姑娘已经死了，满床都是血呀。

赵：金华姑娘会不会是日本鬼子杀死的？

王：我也不知道，反正已经死掉了，都是血，很多血。你说可怜不可怜！我们害怕死了，连忙把她的老公去叫来。她老公看到以后，发疯一样，嗷嗷嗷地大叫，恨得眼乌珠都快要突出来了，他把她抱走了，边走边哭，边走边喊，很悲惨的。我们 4 个姐妹都很难过的，都哭了，伤心煞了，这么好的姐妹就这样被日本鬼子活生生地杀害了，就在我们的眼皮底下死了！你说日本鬼子可恨不可恨？

赵：太可恨了！简直是丧尽天良啊！强奸的事情还有没有发生过？

王：有啊，王基旭那个村也有姑娘被强奸的，她的脚天生有残疾的，但人长得很漂亮。她跟金华那个姑娘不是同一日被强奸的，金华姑娘是前半个月被强奸致死的，这位姑娘是后半个月被强奸死的，不是同日是同月，我只晓得这两件强奸的事情，其他的事情都不晓得了。

赵：大妈，崇山村有没有人为日本鬼子做事的？

王：我晓得的有三个，男的，他们对我们说，他们是"和平军"，日本鬼子有什么事情，都让他们来传话的。有时候，他们来拿米、鸡鸭鱼肉、蔬菜什么的，日本鬼子自己不来抢，让他们来拿。他们很喜欢到财主家里去拿，因为穷人家里没有什么东西好拿，财主家富有呀，有东西好拿呀，所以老是去财主家拿东西。他们是本村人么，知道哪些人家富，哪些人家穷，穷人家里他们不大来拿的。

赵：实际上就是汉奸啦。

王：对，就是汉奸啦，后来，日本鬼子退走了，他们也都跟日本鬼子走了。

赵：这些人有家庭吗？

王：没有没有，都是光棍啦，没有父母，没有老婆，没有孩子的，他们家也没有，就住在我们老祖宗留下来的一个很古老的厅堂里面。

赵：当时汉奸还干了什么坏事呀？

王：当年烧崇山村的房子，日本鬼子是叫王基清（早已去世）的父亲来通知的，他是给日本鬼子当翻译的，他来叫大家去后山背，其实，他也是没有办法，日本鬼子叫他来通知，他不得不通知，但村里人对他肯定是有恨的，谁叫你给日本鬼子做事情啊？谁叫你来通知大家去后山背啊？误会他跟日本鬼子勾结起来烧掉了村庄。所以，日本鬼子走了以后，村里人把他绑扎起来，叫他把舌头伸出来，"咔嚓"一记，就把他的舌头割掉；再把他的眼睛也挖掉，他的眼睛扔在草地上，"卟卟卟"还在跳啦，跳了好长时间嘞，接下去，把他的阳物也割掉了，最后，他是流血流死了。

赵：动刀的是什么人啊？

王：我们村里有人去当土匪、做强盗的，如王龙、王虎等，他们也打日本鬼子，他们是劫富济贫的，如果村里面有汉奸的，给日本鬼子当差的，他们就恨死了，会来杀的，有可能是他们动的刀。

赵：这位被杀的人叫什么名字啊？

采访后赵福莲和王菊莲合影

王：兴（音），大家都叫他兴，哪个兴我也不知道，就叫王兴。他有两个女儿一个儿子的，儿子就是王基清，没有老婆的，50来岁就死掉了。他家也很穷的，没有房子的。当时，村里人都会去问他：日本鬼子什么时候来？都知道他与日本鬼子有联系的，譬如说我当年"死掉"躺在棺材的第一天，本来要把我抬去埋掉的，他说日本鬼子不会来的么，结果呢，日本来了，我母亲就把我放到柴楼里藏起来。第二次，要埋葬我的时候，又去问他：日本鬼子会不会来？他说不会来，就在那天，我活过来了。

赵：王兴是什么时候被处死的？

王：日本鬼子走了没几天，就把他弄死了，因为日本鬼子在的话，要帮他的，大家都不敢杀他，处死他以后么，就把他草草埋葬掉了。现在回过头来想想，他也很可怜的，也蛮罪过的，说到底，都是日本鬼子造的孽啦！

赵：是是是。

王：唉，说起过去的日脚，真是罪过煞啦，我一说到这些，就要哭的。

赵：谁说不是呢，大妈，您认识王基旭先生吗？

王：认识，怎么不认识，就是他来找我的，说我是崇山村细菌战的幸存者，他到我三女儿那个村子去调查细菌战幸存者，我三女儿跟他讲：我母亲也是崇山村人，嫁到江湾的，现在还健在，你可以去找她采访，结果他就来了，问我当年细菌战的事情，有10多个人来找我啦。

赵：他们采访您的时间长不长？都问些什么问题呢？

王：时间没有您采访我这么长，不过也不短，问的问题都是当年细菌战时，我们家里受害的情况。

赵：有没有记者来采访您啊？

王：采访我的记者也有的，前几天就有一个记者来采访我，她讲普通话，我又听不懂。我讲义乌话，她也听不懂，最后，她叫我坐好，拍了几张照片回去。她又问我几几年生的，我说一时记不清楚，她就把我的身份证拿去看，记下我的出生年月。

赵：大妈，您现在腿脚不便，生活还能自理吗？

王：能的，我什么都会做的，大妈是苦出身啦，能动就要动，能做就要做，一辈子都靠自己的啦。

赵：大妈，您真能干，不过，我很心疼您，真的。您能否跟我到杭州去，到我家住段时间，让您老享享福，您说好吗？

王：你这个人真好，我如果脚不摔断的话，身体很好的，我是会跟你去的，你当我女儿多好！

赵：好呀好呀，您就把我当女儿好了。

王：呵呵呵，我哪有这么好的福气啊！不过，女儿是越多越好呀。

赵：对对对，女儿越多越好！大妈，非常感谢您，采访您一天了，您也没有烦我，感恩不尽！

王：没有关系的，我都是讲我亲眼见过的，没有见过的事我不会讲，我知道你们采访去是要写书的，我不会乱讲的。

赵：我知道，大妈，谢谢您！以后有空，我会来看望您的，您多保重！我走了，再见！

王：再会再会！走好！

赵：大妈请留步，再见！

鼠疫夺走了我的父母，只剩下我一个人

采访时间：2015 年 4 月 15 日 12：30—13：50

采访地点：王景云家

受 访 者：王景云（王）

采 访 者：赵福莲（赵）

赵：大妈，您好！

王：好好好！坐坐坐。

赵：大妈，您看上去身体很好！

王：呵呵呵，还好，就是耳朵有点不灵光。

赵：大妈，您今年高寿啊？

王：88 岁了，我叫王景云，景色的景，天上云的云。

赵：噢，那快要做 90 大寿了，哈哈哈，您的生日是哪一天啊？

王：1928 年农历九月十七日，你从哪里来的呀？

赵：我从杭州来的。

王：你找我有什么事情没有？

赵：有，有事情才来找您的呀，大妈，您是崇山村人吗？

王：是的，我是崇山人，你找我有什么事情？

赵：我来问您当年崇山村发瘟病的事情。

王景云

王：发瘟病的事情啊？我晓得的，你们要来拍电视啊？你看看我这件衣裳好不好看？

赵：很好看很好看，您的衣服很漂亮，您放心，很漂亮的。

王：头发乱不乱啊？

赵：不乱不乱，很整洁、很干净的，您放心，您拍出来一定非常漂亮的。

王：呵呵，老了，漂亮不了啦。

赵：好，大妈，您说说当年崇山村发鼠疫的事情好吗？

王：发瘟病啊？发鼠疫啊？

赵：对，您那一年几岁啊？

王：15岁。

赵：大妈，请您详细地讲一讲当年发瘟病的事情好吗？

王：嚯嚯！老鼠啊，很多老鼠跑出来，跑出来就死掉，跑出来就死掉，老鼠身上有跳蚤的，跳蚤身上有细菌的，跳蚤跳到老鼠身上，老鼠就要死掉，跳蚤跳到人的身上，人就要发瘟病了，发了瘟病就要死掉了。

赵：大妈，请您详细说一说当年崇山村感染鼠疫的情况。

王：嚯嚯！你不晓得，那个时候，崇山灾难来了，这边死人，那边死人，到处都死人，到最后，死了400多个人。

赵：大妈，你们家有没有人感染上鼠疫？

王：有啊，我父亲感染鼠疫死掉了，我父亲死掉的第二天晚上，我母亲也感染鼠疫死掉了。两天时间，我的父母双亡！只剩下我一个人，你说我可怜不可怜？

赵：可怜可怜，您是独生女儿吗？

王：不是，我的哥哥嫂嫂已经成家分出去了。我姑妈看到我的父母都死了，很心疼我，见我孤苦伶仃的，很可怜，就让她的女儿，也就是我的表妹来照顾我、陪伴我。我表妹来陪我的时候是 11 月，她是正月回去的，回去之后，不久就死掉了，死掉之后么，我表妹就躺在家里的中堂里面，结果，我姑妈叔伯的儿子才 3 岁，他是很喜欢我表妹的，我表妹平时经常抱他的，跟他一起玩，感情很好的，我表妹一有空，就去抱他的。小孩子根本不晓得什么是死，他看到我表妹躺在中堂里，他就过去叫"姐姐抱抱，姐姐抱抱！"见她没有动静，就去拉她，又叫"姐姐抱抱，姐姐抱抱"。可怜呐，第二天，这个才 3 岁的男孩子也死掉了。

赵：太可怜了！我都快要听不下去了。

王：我表妹死掉、表妹的堂弟死掉以后，我姑妈两夫妻都不敢住在家里了，怕这个房子了，说有细菌的，要传染的，就逃到外面去了。

赵：大妈，你们当时晓不晓得鼠疫是日本鬼子放的？

王：当时不晓得，开始的时候，大家都说这是瘟病，老鼠死掉这么多，跳蚤身上带瘟病的，所以传到人的身上就要死掉。当时，大人说这是因为我们人没有做好，触犯了什么神灵了，所以请人来做法事，超度神灵，结果，也没有用，照样死人，天天死人。后来，大家来调查鼠疫时死掉多少人，我们才晓得这是日本鬼子放的细菌。

赵：您当时害怕吗？

王：害怕呀，你不晓得，那个时候，我们村子里这边死人，那边死人，光我们 14 间里就死掉 9 个人！你不晓得啦，那些天，刚开始的时候，崇山村一片哭声啦，天天都死人，天天都能听到哭声，到后来么，日本鬼子要剖肚皮啦，活人、死人都要拉去剖肚皮的，所以，家里面死了人都不敢哭，怕日本鬼子晓得了要拉去剖肚皮。日本鬼子没有良心啦，像野兽一样的啦，不把人当人看的啦，把我们人当鸡啊鸭啊猪啊羊啊一样看，想杀就杀的，这种人没有良心的啦，良心都给天狗吃掉了。

赵：是，他们没有人性的。

王：你晓得剖肚皮这件事情吗？

赵：我晓得一些，请您详细说一说好吗？

王：我有个堂的大妈，被日本鬼子骗到林山寺，骗她去那边治病，说日本鬼子良心好，免费给生病的人治病。她一听，就去了，结果被日本鬼子剖了肚皮，把肚皮里面的心啊肺啊肝啊什么东西都挖去了，她发烧的时候，腋下的淋巴肿痛，日本鬼子把她的腋下淋巴也挖去，挖去搞试验啦。

赵：您大妈叫什么名字啊？

王：时间长了，不记得了。

赵：大妈，除了您堂妈被剖肚皮，还有别的人被日本鬼子剖肚皮吗？

王：我晓得的还有两个人，其中有一个人是只有女儿，没有儿子的，被日本鬼子剖肚皮了。

赵：是活着就被剖肚皮的还是死掉以后剖肚皮的？

王：死掉以后剖肚皮的，那个时候，人死掉就是装进棺材里面，埋掉之后，如果给日本鬼子晓得了，也要挖出来剖肚皮的。崇山村被日本鬼子害死400多个人，烧掉400多间房屋。

赵：对，这些情况我了解的，大妈，您父亲当时感染上鼠疫之后，有没有到林山寺去医治过？

王：我父亲感染鼠疫生病了，他想到林山寺去叫日本鬼子来治病。我母亲叫我哥哥去叫，结果哥哥还没到林山寺，我父亲就死掉了，可怜他最后一帖药都还没喝完。我看到父亲已经死掉了，就赶快跑出去叫哥哥不要去叫日本鬼子了，父亲已经死掉了。

赵：您哥哥当年几岁啊？

王：哥哥26岁了，我哥哥听到父亲死了，就哭了，我就劝哥哥不要哭不要哭，那边有日本鬼子，他们听到哭声的话，要把父亲拉去剖肚皮的。

赵：大妈，您把您父母亲得病的情况再讲得详细一些好吗？

王：我父亲死掉了，我母亲在整理他的东西，她的病情就一下子严重起来了。我看到母亲快不行了，就去叫我哥哥。我哥哥说，妹妹你不要管母亲了，反正她是要死的，你到我家里去吧。我哥哥嫂嫂结婚以后，住在另外的房子里，他叫我到他家去住，不要管母亲了，第二天我起来的时候，我母亲已经死了！刚刚死掉父亲，第二天又要埋葬母亲。我哥哥把我母亲的衣服统统往棺材里面塞进去，他又怕日本鬼子来剖肚皮，所以，很快就把父母亲的棺材抬到田里去埋掉，把我父母亲两个人埋葬在一起，他们两个埋在同一个坟墓里。

赵：大妈，你父母亲是在崇山村被烧掉之前去世的吧？

王：是的，我父母亲都是在崇山没有烧掉之前死掉的，那时候，几乎每户人家都死人的，死到后来都有些麻木了，不像开始的时候那么伤心了，如果哪户人家有的感染上鼠疫，反而见他要怕的，要离他远一点，否则自己感染上也要死掉的。

赵：大妈，日本鬼子烧崇山村那一天，您在哪里？

王：那天我逃出去了，不在后山背上，逃在官清畈躲起来了。

赵：你们家的房子烧掉了吗？

王：我们自己家的房子没有烧掉，我奶奶的五间房子烧掉了，因为怕日本鬼子来抢稻谷，我们家和叔叔家的粮食都存放在我奶奶的五间房里，谷仓很高的，谷仓是用梯子架上去的，放一块拦板，把谷子倒进去，再放一块拦板，把谷子倒进去，存了很多粮食，结果，日本鬼子的火一放，这五间房里的稻谷烧了三天都没烧完，一直在烧。

赵：大妈，您在官清畈待了几天？回到村里看到了什么情形？

王：当天就回来了，回到村里看到村庄大部分房屋都被烧掉了，有些房屋还在着火，有些房屋还在冒烟，有些房屋已经烧光了。当时，我哥哥也生病了，很严重的，我就到江湾去帮哥哥买药，结果我自己也发起高烧了，就把给哥哥吃的药煎剩下来的拿来再煎一煎，喝下去。这个药很好的啦，我们吃下去，病就好起来了。

赵：大妈，您当年发烧时，口渴不渴？

王：口渴死了，一直想喝水，喝了还想喝。

赵：持续了多少天？

王：好几天，我每天都喝哥哥的药渣，喝喝就好了。

赵：大妈，您命大。大妈，您到药店去，药店老板对你们好吗？

王：没有办法好的呀，药店老板也知道我们得的这个病要传染的，所以，他让我们把药方扔进去，把我们的药配好之后，他从药店里面抛出来的，抛到街上，让我们自己去捡，他不让我们进去的，怕传染给他么。我们拿到药，他就叫我们快走快走，不能待在那里太久。我们自己也都很识相的，拿了药，马上就走。

赵：药店老板对所有人都这样吗？

王：不是的，他对我们崇山村的人是这样的，其他地方的人就很好的，可以进药店去取药。

赵：大妈，那您去配药，说您是崇山村人吗？

王：不是，我说自己是金村人，这样的话，他就会让我进去取药。

赵：金村那边没有人感染鼠疫，对吗？

王：是的，他们那边没有人死掉的，我叔叔在金村当乡长的。

赵：崇山村烧掉之后，你住在哪里？

王：我自己家没有烧掉，不过我是一个人了，哥哥就叫我到他们家里去住。14间房屋里面住着叔叔伯伯他们4户人家，现在这些人都去世了，只剩下我一个人了，老房子也没有人住了，我真是孤单伤心啊！

赵：大妈，崇山村那些房屋被烧掉的人是住在哪里的？

王：有亲戚肯收留的，就住到亲戚家里去；亲戚不肯收留的，就自己想办法；有些邻居好的话，如果有两间房屋，就让出一间给你住；有的人家住到庙里去；有的人家到别人屋檐下搭个铺；有的人家到田畈枣树去搭铺；有的人家到水沟里面去搭铺，反正好住人的地方都住满了。

赵：大妈，您晓不晓得崇山村的姑娘被日本鬼子强奸的事情？

王：晓得的，我们村里有一个人，平常大家都叫他"常"，到底叫什么名字我也不晓得。他的老婆人长得很漂亮，有一天带着花雨伞，走在外面，被日本鬼子看到了，就把她拉到麦地里去强奸了，日本鬼子叫着"花姑娘，花姑娘"，说她这么漂亮。

赵：大妈，您有没有看到日本鬼子干过别的什么坏事啊？

王：我自己是没有看到过，因为一听说日本鬼子来了，我们就戴着大笠帽逃出去躲起来。我们都晓得日本鬼子要强奸姑娘的，所以逃出去时不穿花衣裳，戴着笠帽，把脸罩住，不让他们看到我们是女的。

赵：是的，您很聪明。

王：我们都是这样的，大人教我们这样做的。

赵：大妈，您再回忆回忆，当时村里非常悲惨的人家有没有啊？您讲一讲。

王：有的啦，你说哪家不悲惨啊？家里死了人，又被烧掉房屋，都悲惨的啦。

赵：对对对。

王：当年我们家算富有的，平时来往的也都是条件蛮好的人家，所以那些特别悲惨的人家到底是怎么过来的，我也不晓得。我哥哥很疼我的，他不让我随随便便跑出去的。我父母死掉之后，他就像家长一样保护我的。父母死掉以后，我们兄妹就是最亲的人啦。

赵：是，大妈，你们村里有没有汉奸的？

王：听说过，我自己没有看到过。

赵：您读过书吗？

王：我们家还算好的啦，经济条件还不错的，我16岁时去读过书。我哥哥出钱叫我去读书。

赵：您在哪里读书的呀？

王：就是上田细菌战纪念馆那个王氏祠堂，这个祠堂一直是个学校，大家都在这里读书的。

赵：大妈，您读了几年书啊？

王：我16岁开始读书，一直读到17岁，18岁那年，人家就来给我做媒了，我老公就在那个学校里教书的。

赵：哈哈，大妈你们是师生恋啊？

王：我是不懂事的，是别人介绍的，所以，我18岁就嫁给他了。

赵：大妈，您有几个子女啊？

王：三个儿子，一个女儿，三个儿子都退休了，女儿也退休了，我女儿的大媳妇在北京工作的，大的儿子也在北京工作，管石油的，现在退休了。他们的下一代也都是大学毕业的，我现在也很好，有个阿姨在照顾我。

赵：真好！您的福气不错，陈剑英先生是您第几个儿子？

王：第三个。

赵：大妈，您知不知道崇山村的王菊莲呀？

王：菊莲？认得的，她是我的堂姊妹。

赵：你们两个是同年的，我采访过她。

王：是的，我们是同年的，我们在一起读过书，我们从小一起长大的，很要好的，常在一起玩的，你看到过她啦？她来也不来，我们好长时间不见面了，她好勿？

赵：她身体很好，也很健谈，你们现在没有来往啊？

王：以前是来往的，已经有好多年不见面了，以前，我经常送糖梗给她吃的，你碰到她，叫她来我家碰碰面。

赵：她摔了一跤，腿脚不便，现在可能来不了，等她的腿好一点，你们可以见一面。

王：好好好。

赵：到时候，把她接来看您，或者把您接过去会她，好不好啊？

王：好，好好好，我们两个蛮要好的，是堂姊妹，又是同学，又是同年纪的，后来，我老公到萧山教书10年，我都跟去的，住在萧山的，从此两家没有来往过了，这么多年都没有见她了，很想她的。

赵：是是是，到时一定让你们俩见一面，大妈，您晓不晓得王菊莲当年感染鼠疫的事情？

王：她没有感染过。

赵：她感染过，她母亲以为她已经死了，装进棺材里面，因为怕日本鬼子发现后拉去剖肚皮，所以把她藏到柴楼里，过了7天，她就活过来了，会叫姆妈了。

王：是吗？这件事情我不晓得，她没有同我讲起过。

赵：您的生活环境跟她的生活环境大大不同，所以，有些事情不可能晓得。

王：菊莲的亲娘没有了，是后妈带大的，后妈对她很好的，因为后妈没有小孩，就把她当作自己的小孩来看待的。

赵：是吗？这个事情她没有讲起过么，她说她是母亲的遗腹子，她母亲怀上她一个月，她父亲就去世了，她怎么会有后妈呢？这个事情我再去核实一下。

王：都快中午了，在我家吃饭吧，我烧点粉干给你吃吃。

赵：不吃了，我们在外面都预订好了。

王：你这么远跑来，一定要在我家吃点粉干再走。

赵：大妈，不要客气，非常感谢您，给我们讲了这么多事，很有价值的，谢谢您，多保重身体！

王：那你叫菊莲有空来我家会一会。

赵：好好好，这件事情我会记在心里的，一定让你们这对好姊妹好好地会一会面。

王：好，我们年纪大的人，会面是很难得的。

赵：是的是的，我知道，大妈，您放心吧，我们一定安排你们见面，了却您的心愿。

王：好，谢谢！谢谢！

赵：大妈，再会！多保重！

王：再会！再会！

■ **孙文锡**

脚不烂了，我就开心了

采访时间：2015年4月16日 9：15—11：20
采访地点：义乌义亭镇先田村孙文锡长子家
受 访 者：孙文锡（孙）
采 访 者：赵福莲（赵）

赵：孙伯伯！您已经在等我啦？

孙：呵呵。

赵：您坐下来，您这腿怎么了？

孙：腿痛啊，痛煞啦！日本鬼子那个炭疽细菌感染到了，烂了一辈子，痛了一辈子。

赵：孙伯伯，您能否打开来给我看看？

孙：可以的，不过，很臭的啦。

赵：没事没事，我不怕臭（孙伯伯把包裹着的布包拿下来，把伤口露出来，烂得骨头都看得到，很大一个口子，漆黑漆黑的，中间因为敷过药而呈灰白色，流着脓，真是惨不忍睹，不忍看）。哎唷，这么厉害啊？那能不痛么！

孙：烂了好多年了，一直在治疗的，钱是花了不少喽，就是治不好。

赵：您这个伤口这样子烂着，到了夏天怎么办啊？

孙：是呀，一到夏天，苍蝇、蚊子都要来咬的啦，赶都赶不走。

赵：孙伯伯您是哪一年出生的呀？

孙：1929 年农历三月初四。

赵：孙伯伯，您的普通话讲得不错呀，哈哈，是不是很多人来采访过您啦？

孙：是有不少，前段时间宁波的大学生也来采访过我。

赵：是吗？孙伯伯，您是几岁时开始感染上炭疽的？您把当时感染上的情况说一说，好不好？

孙：十多岁时感染的，当年，我在金华塘坞那边放牛、割草，到山上去放牛的，那时候就觉得痒，不是一般的痒啦，是很痒很痒，被虫子

赵福莲与孙文锡

一叮，就更痒了，我就用手去抓，越抓越痒，那个难受，真是说不出个苦啦，没有破掉的，先痒起来的，虫子一叮就更痒了。

赵：当时您还以为是割草的时候，不小心被虫子叮咬而痒的吧？

孙：是呀，不知道是日本鬼子放的细菌，当时哪里晓得啦？后来才晓得这是日本鬼子干的坏事！真是没有良心啦，这种人！

赵：孙伯伯，您怎么这么小就到金华去给人家放牛啊？

孙：我 13 岁时，父亲就去世了，家里穷，没有办法只好去给人家放牛。我当时腿上感染后，痒得厉害，就到水里去洗一洗，我想洗一下就会好了，谁知道越洗越痒啦，就用手去挖、抓，结果么，越挖越痒，越抓越痒，到后来就烂起来了，痛煞啦。

赵：孙伯伯，您在金华塘坞村的哪一户人家放牛呀？

孙：这户人家是开窑的，烧砖瓦的，他们家养的牛是用来踩烧砖瓦用的泥的，所以，我们放的是水牛，水牛踩出来的泥很韧的，做砖瓦是很好的。他们家有

175

两头水牛，有两个小孩子帮他们放牛。

赵：那您是吃住在他们家里的，有没有工钱的？

孙：有的，50 斤稻谷一年。

赵：主人对您好不好啊？

孙：不好的，他们家烧饭不是他们自己烧的，是雇用村里的人来烧的，做砖瓦的师傅有四五个人，他们也每天要吃饭的，饭是吃得饱的，菜么就很随便，干菜啦、酱啦、萝卜条啦，烤豆腐算是最好的菜了。

赵：孙伯伯，您这条腿烂了以后，是继续在金华塘坞放牛呢还是回家来了？

孙：没有回来，后来我人一点点大起来了，他们就叫我去种田。

赵：您这样烂着腿还去种田啊？

孙：没有办法呀！主人叫我去种田，我哪能不去呢，只好拖着烂脚去种田，夏天更要命啦。田里的水滚烫滚烫的，把我的烂脚都泡肿了，晚上就越发痛了，整夜整夜睡不着觉。

赵：您在塘坞村干了几年？

孙：我在塘坞放牛放了两三年，是第二年的时候感染上炭疽细菌的。我们那个时候只晓得日本鬼子来了，都不知道他们放了这个细菌。

赵：孙伯伯，您在金华就一直在那户人家放牛、种田吗？

孙：没有，后来我又到另一个村庄（作者考证：这个村庄就是艾青的老家畈田蒋村）给别人放牛。

赵：孙伯伯，您当时烂着腿，那家主人有没有给您治腿啊？或者说有没有什么药给您敷上啊？

孙：那不会管我的，谁会来管我这种烂脚，这种病医不好的，膏药贴上去没有效果的。

赵：孙伯伯，您在金华那边一共做了多少年啊？

孙：刚开始两三年都是在塘坞开窑的那户人家做的，后来到了田畈蒋村放牛，再后来就在金华那些乡村里面干活，一直到新中国成立那一年，我还在田畈蒋村一个叫小弟的人家里做工。

赵： 您放牛放到几岁结束的？

孙： 二十来岁。

赵： 那您这条腿就一直没有好起来？

孙： 不会好的，后来我弟弟参军之后，把我带到金华医院里面，去割过筋，在大腿根部割过筋，还打过封闭，全没有用，还是烂。

赵： 这种痛很难熬吧？

孙： 是啊，躺在床上，这腿根本没办法放到地上，止痛药吃几颗么好一点，不吃么又开始痛。

赵： 那您一生吃了很多止痛药了？

孙： 嘿嘿！那是没办法讲了。我的腿一痛起来，就吃止痛药，那个药呢，一粒3元钱，一盒呢要30多元钱。

赵： 那您一天要吃几颗啊？

孙： 至少吃两颗，实在太痛了么，就多吃几颗，想想药这么贵，有时候痛起来，就熬一熬，不吃止痛药了，省一点钱。

赵： 苦死了，这一辈子！当年，您家里还有哪些人呀？

孙： 我母亲，还有一个妹妹，一个弟弟，当时家里很苦很苦的，当时我年纪还小，家里全靠母亲一个人操劳，我小的时候不会种田，都是叫娘舅来种的。

赵： 您的娘舅很好啊。

孙： 全靠娘舅，他也很辛苦的，自己家里的田要种，还要管我们家的田地。

赵： 孙伯伯，我问您呀，您是什么时候开始谈恋爱、结婚的？

孙： 36岁，像我这样的人，还有什么资格谈恋爱呀，有姑娘能跟我生活，就算不错了，很多像我这样的人，一辈子打光棍，没有婚姻，没有子女，很罪过的。

赵： 您是人家介绍的还是自己看上的？

孙： 肯定是人家介绍的呀，我这样子烂着腿谁会看上我呀，对吧？我老婆为什么会嫁给我呢，因为她自己也有毛病的。

赵： 什么病啊？她是哪里人呢？

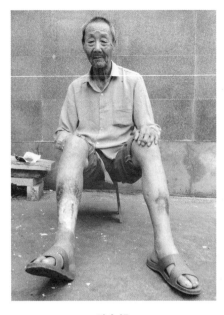

孙文锡

孙：气管炎，蛮严重的，她是杨村人。

赵：你们都是互相知道对方情况的，对吧？

孙：我们的媒人，就是介绍人啦，是我们村的小学老师，这个老师见我人很老实的，就把她介绍给我，说她虽然有点病，但干活还是可以的，如果要找一个没有病的姑娘，也是不可能的，为啥啦？人家姑娘好好的，肯嫁给我这样的烂脚吗？所以，我就同意了。我是属蛇的，比她大12岁，她也是属蛇的。我当时比她大这么多，不好意思，就瞒掉2岁，说自己是34岁。

赵：哈哈哈，孙伯伯您还有点坏呢。

孙：呵呵呵，没有办法。

赵：那您老婆看到您的腿烂成这样，很心疼您吧？她会照顾您吗？

孙：她有严重的气管炎，还要我去照顾她啦，我们两个人都有毛病的么。

赵：这倒是，您有几个孩子？

孙：三个儿子，一个已经死掉了，23岁的时候，早上起来，就死掉了，心肌梗塞死掉了。

赵：那您老婆是什么时候去世的呀？

孙：很早的，47岁就去世了，她死在佛堂医院里面的，她是死于肺气肿，肚子鼓起来，很大的。

赵：那她平时会干家务活吗？

孙：会干的，生产队里的活都去做的，那时候做工分的啦，每天6分。我也去生产队里干活，每天 9 分工分，最高工分是 10 分，那是正劳力。

赵：那你们的生产队会不会照顾您呀？

孙：有的，生产队里会照顾我的，因为我烂脚么，队里就尽量不让我落水，但农忙季节还是要下水的，没有办法。队里又分配我老婆去养猪、养牛，总是尽量照顾我们一家啦。

赵：你们村的人真好，善良。

孙：是的，他们都对我们家好的，我这个烂脚时间一长么，也有点麻木掉了，不去管它了，你去管牢的话，就更痛，干脆不去理它好了，呵呵。

赵：那您这腿长年都这么包裹着吗？

孙：对啊，你不包裹的话，苍蝇、蚊虫要来咬的啦，再一个，人家看了也会恶心的，还是包裹起来比较好，其他季节还好，就是夏天受不了，太热了，闷煞啦。

赵：您一般用药的话，用的是什么药啊？

孙：都是土药，用桑树皮和猪油捣在一起，敷在伤口上，就不大会痛的，好是好不了的。

赵：就是说这种土药能够止痛？除了这种药，您还有没有用过别的药啊？

孙：医院里的药布也用过，治不好。

赵：您这一生里面，有没有什么慈善机构或人把您接到医院去治疗啊？

孙：没有，没有，我自己也没有钱医治，反正医不好了，就不去医，前几年开始呢，义亭那边有个医生，叫张兴土，是乡间名医，要给我治疗，但他的膏药需要 100 元钱一张。

赵：那种膏药有没有效果啊？

孙：效果还好的，我是 2011 年开始用他的膏药的，陆陆续续用的效果是不错的，就是太贵了，买不起。他的要求是最好我接牢用，不要断掉，否则是没有效果的。

赵：那现在您的腿看上去好像还不怎么好么？

孙：已经好多了，本来还要厉害啦，整条腿是墨黑墨黑的，现在腿上的颜色有点变淡了，原来的时候，腿上的伤口是墨黑的，上面结疤以后，我就用手去撕，结果越撕，伤口越大，越撕，越不会好，因为结疤以后，边上会痒的，一痒就去撕，一撕就糟糕了。有一次，有爱心人士搞慈善活动，送给我一箱药棉和药水，我都不知道怎么用，一直放在那里，后来有人教我用，用了也没有效果。还有一次，我到崇山村去开会，那里来了很多烂脚的老人，大概是浙江省内的炭疽老人都集中到崇山村来了。

赵： 那天你们都做些什么事情呢？

孙： 开会，照相，很多人啦，我都认不得的，只有王培根晓得的，那天吃完中饭，王培根就把我送回家了，他这个人很好很好的，有一次，他送来一桶油、一袋米。我们去开会，拿来 1000 元钱。

赵： 每年都有吗？

孙： 那没有的，我们去开会了，就有的。有一次，也叫我去开会，我没有去，那次也有 1000 元红包可以拿的，我不去么就没有拿。我因为不会坐车，要晕车的，要吐的。我要躺在车上才会好一点，坐起来的话，就不行了。

赵： 可能是慈善机构搞的活动，王选您知道吗？

孙： 不晓得，没有看到过。王培根到我家里来过四五次了，他也是老人了，还多次来看望我。他是个好人啦。有一次，他说要来看我，结果身体不好，没有来，打个电话来问我好。还有一次，我们义亭这边有个村庄，这个村子里面有个叫滕奕的，他和王培根一起来看我，看我生活过得不大好，就给我点生活费，我是很感激的，我总想送点红糖给他，可一直没有找到他。

赵： 孙伯伯，您现在的收入主要是靠什么呀？

孙： 国家给我 170 元一个月。我老了，不会种田了，烂脚有时候要买药，所以那个张兴土呢，就说让我先治烂脚，一定要根治，他说让我先付 2000 元钱，等治好了，再付给他其他钞票。

赵： 2000 元可以买 20 个膏药，如果真的能治好的话，一定要治一下，我来帮您好了。

孙： 2000 元已经拿去了，我原来这个烂脚要流脓、流水的，皮肤墨黑，腿部粗肿的，鞋子都穿不进去。

赵： 那您现在走路痛吗？

孙： 痛的啦，不走也不行啊，要做事情，现在么，只在村子里面走一走，外面很少去了。我体质是很好的，现在耳朵也还灵光的，就是这条烂腿不好，我这一生，给日本鬼子害惨了害苦了。

赵： 孙伯伯，我问您呀，您是什么时候知道您这腿是日本鬼子洒的细菌给害的？

孙： 那是很后来的事情了，王培根、我侄子孙清土他们来跟我讲，你这腿是日本鬼子放细菌给害的，我才晓得，本来不晓得的啦，你说日本鬼子坏不坏啦？

赵： 太坏啦！

孙： 他们没有人性的啦，良心给狗吃掉了，才会做这种事！王培根给我讲，说崇山村死了400多个人，还有其他地方的烂脚老人也很多，像我一样的，有些比我还要可怜啦，我算是好的。我看到报纸上讲啦，上海专家医生到金华婺城第一人民医院来为烂脚老人治病啦。

赵： 哪张报纸啊？金华日报啊，哪天的？2015年4月16日，就是今天的报纸嘛，这是好事呀，您一定要去看病，说不定就治好了，是不是每位烂脚老人都可以去医治的？

孙： 那些烂脚老人到上海也去治过的，现在又到婺城区第一人民医院医治。

赵： 孙伯伯，您想不想去医治啊？

孙： 当然想的啦，都是免费治疗的，哪里会不想呢，可是没有熟悉的人可以帮忙呀。

赵： 我帮您去联系义乌细菌战受害者遗属协会的领导或救助基金会的领导，看看能不能让您去治疗，这是个好机会，不能错过呀，对不对？

孙： 谢谢你，不过，报纸上说，烂脚老人必须是低保户，我有儿子的，不是低保户，可能不符合条件，医治不了。

赵： 我帮您去问一下好了，到底能不能去医治，好吗？

孙： 好好好，谢谢谢谢。

赵福莲察看孙文锡的烂脚病状

赵：孙伯伯，您看报纸，老花眼镜都不戴啊？眼睛这么好啊？

孙：我眼睛好的，不用戴老花镜。

赵：那您读书读了几年呀？

孙：没读过书。

赵：那您怎么会识字看报啊？

孙：我读过夜书，以前国家号召大家扫除文盲么，大家都去读夜书，所以我认得一些字，后来么，我在生产队里管经济，当出纳，慢慢慢慢就认识了不少字，现在看看报纸没有问题。我的弟弟也没有读过书，他是当兵以后才学文化学知识的。

赵：那你们兄弟两个都是很聪明的，自学成才啦，您夜校读了会当出纳，我大学毕业都不会做出纳，哈哈。

孙：呵呵，我现在呢，村里照顾我，叫我管村前面那个鱼塘，20元钱一天。有人来钓鱼了，钓了几斤鱼，我就去称一称分量，收收钞票，就做这些事情。

赵：多少一斤鱼呀？

孙：11元一斤，收来的钞票交给村里。我么每个月600元工资，每天都去，鱼塘在老年协会边上，很近的。

赵：孙伯伯，我问您呀，您除了烂脚以外，身体上其他部位有没有不舒服呀？

孙：没有，我身体很好的，体格一直好的，就是因为这条烂腿，把我害死了，我眼睛不花，耳朵不聋，双手也灵活的，脑子很清楚，没有其他疾病的。我们老人每年都有免费体检的啦，村里面给我们体检的，村里现在很好，很照顾我们老人的啦。我检查出来都好的，就是肺有些不舒服，所以我现在烟也不抽了。

赵：您现在饭量还好吧？

孙：半斤米两餐。

赵：是吗？不错呀，比我会吃，哈哈。

孙：呵呵，早餐吃面条。

赵：您现在是一个人生活吗？您自己会烧饭吗？

孙：一个人生活，我会烧饭的。

赵：真能干，孙伯伯，我问您呀，日本鬼子这么坏，您心里面有没有恨过啊？

孙：恨的呀，能不恨吗！这种没有人性的人，能不恨吗？如果当年播放细菌的日本鬼子让我看到的话，我会把他们杀掉的啦，恨煞啦！你不晓得，那个时候，日本鬼子不但播撒细菌，还把我们村房子都烧掉，七八个人死掉。

赵：死掉的人是不是都是感染了细菌的？

孙：有的啦，有一个人鼻子都烂掉了。

赵：这个人叫什么名字？

孙：杨福英，她的鼻子烂掉了，跟口腔连起来了，吃饭都要流出来的，很可怜的啦。她死的时候大概也有六七十岁了，这一生也很悲惨的。

赵：太惨了！孙伯伯，您当年从金华塘坞回来，日本鬼子把你们村子都烧掉了，你们家烧掉了吗？

孙：烧掉一进房屋，村子全部烧掉了，剩下没几个房间，也都不像样子了。

赵：房子烧掉以后，你们怎么过日子的？

孙：我们逃到外面去了，有亲戚么到亲戚家里去住一住；没亲戚么到外面找个地方避一避，路廊啦、凉亭啦、破庙啦、土地庙啦，反正能遮风避雨的地方都有人住，有些人连这些地方都住不进，只好搭间稻草铺住进去。

赵：孙伯伯，当年你们村里死掉人数最多的人家是谁呀？

孙：当年，我们村里有户人家，一支国民党部队住在他们家里，那天他们家有好几个女人都在为国民烧饭。日本鬼子进来，杀掉他们六七个人，然后把他们家房子都烧掉，这是当时最悲惨的一幕，大家都晓得的，太可怜啦。

赵：孙伯伯，您有没有听您的长辈说起日本鬼子在你们村强奸的事情？

孙：有的呀，多了，日本鬼子不穿内裤的，就用布围起来，立夏前后，大麦熟的时候，旁边有个村子的，村里的女人们在晒麦场晒麦子的时候，日本鬼子就跑过来，要强奸妇女。有些女人灵活一点么，就逃掉了；有的女人反应迟钝一点么，就被日本鬼子抓住，拉去强奸了。以前呢，铁路那个地方，就是杨桥那里有座碉堡，碉堡里有日本鬼子的，经常要出来强奸妇女的。当时被强奸的妇女怕难为情，都不说的啦，恨煞啦。

赵：日本鬼子到你们村里抢过东西吗？

孙：抢啊，老是来抢的呀。鸡呀鸭啊，凡是你家里有的东西，日本鬼子都要来抢的。我们义乌么，有红糖、南枣、火腿，这些东西也都被日本鬼子抢去吃了。你如果不给他们，他们就要打死你。他们还把我们种在田里的番薯挖去吃，夏天很热的，日本鬼子就来我们田里用刺刀挖番薯，挖得太热了，就跑到我们村里来，向我们家要水，因为听不懂他的话，还以为他要喝水，实际上他是要凉水冲身子，结果就给他凉水，他冲了好多次，我们家地板上都有好多的水，跟小河道一样，因为正好是在水缸边上么，他就用脸盆拿去不断地冲，那个日本鬼子其实是中暑了，我的爷爷看到这种症状，就把情况写好送到炮台里。十几个日本鬼子就过来了，有几个日本鬼子么守住路口，把这个中暑的日本鬼子抬回去。他挖番薯的时候很热，用凉水一冲么就中暑了，病得更厉害了，他们把我们家的门板卸下来抬去的，抬到一个老房子的厅上治疗的，那些过来抬那个中暑的日本鬼子的日本兵，还以为是我们害了他啦，用刺刀对着我们，很凶的样子，嘴里叽里咕噜说着话，他们肯定以为是我们把那个日本兵给害了。

赵：你们村有没有出过汉奸啊？有没有伪保长啊？

孙：汉奸倒没有，伪保长么，每个村都有的啦，这是没有办法的事情，谁都不愿意当。

赵：孙伯伯，你们村有没有统计过被日本鬼子烧毁的房屋有几间？强奸的女人有几个？杀掉的人有多少？

孙：没有，有些事情是不好说的，譬如说，强奸了多少妇女这个问题，你去问，人家也不愿意告诉你，对不对？怕难为情的呀，说出去不好意思，倒霉啦。有些女人明明被日本鬼子强奸过，可她是不会说出来的，一说出来的话，她的老公就不要她了，这种事情在农村，是很有可能发生的。所以这个事情是统计不好的。杀掉多少人倒是可以统计的，烧掉几间屋也是可以统计的。

赵： 对，您说得有道理。您看到过日本鬼子吗？

孙： 我看到过，那个时候我在金华塘坞那个人家放牛，日本鬼子打进来以后么，我母亲就叫我回来过，我们一看到日本鬼子就逃，去躲起来。

赵： 你们逃到哪里去躲起来啦？

孙： 躲在糖梗田里，因为我们这里红糖很有名的，糖梗种了很多，糖梗林密密麻麻的，你躲在里面，日本鬼子是看不到的。我们躲在里面能看到日本鬼子的，他们把村里的鸡啊鸭啊抢去，我是亲眼看到的。

赵： 孙伯伯，您有没有看到村子里面大人被日本鬼子抓去修炮台、筑碉堡啊？

孙： 怎么没有啊！我父亲就被日本鬼子抓去过，我父亲是做裁缝的，手工做得很好的，他的体力不怎么好，他被日本鬼子抓去当挑夫，日本鬼子不把挑夫当人看的，让他们日夜干活。我父亲就是当了挑夫回来不久就死掉的，是给他们干活累死的。他一回来就肚子痛，痛得很厉害，就是这么活活地痛死了。他本来就没有体力，结果给日本鬼子当挑夫，干重活，他哪里吃得消啊，最后就累死了，他死的时候我才13岁。他吃好中饭就肚子痛，马上就死了，因为是夏天，尸体要发臭的么，所以晚上就葬掉了，那时家里没有米，中饭还是别人家人借来的米烧起来的。他还很年轻的啦，才43岁，你说可怜不可怜啊？我父亲死后两年，我奶奶也死了，她是心痛死的，才70来岁。她是东阳人。

赵： 太可怜了，日本鬼子太可恨了。

孙： 我们村里还有一个人，他也被日本鬼子抓去当挑夫的，他现在还活着呢，现在还能干活。他体格好，所以没有问题，我父亲体力差，就做死了。

赵： 你们村里还有没有拉去筑炮台啊？

孙： 有的，有两个人拉去筑炮台，晚上就睡在竹簟上，炮台是很高的，四周有瞭望孔的，我娘舅来帮我们家种田，经过炮台的时候，被鬼子看到了，就把他抓到炮台去关了一夜。后来，附近村庄有个人认识我娘舅的，他也曾经到炮台去干过活，就去跟日本鬼子讲了一下，他们就把我娘舅放出来了。我们家里人都不晓得啦，我娘舅来帮我们种田的，谁晓得他在炮台里吃苦头，被日本鬼子关了一夜。

赵： 还算幸运的，总算放出来了，如果不放出来，他也要在炮台干活了。

孙： 肯定的。

赵： 孙伯伯，当年有没有军队来打日本鬼子啊？

孙： 有的啦，八大队呀，日本鬼子一听到八大队，魂灵都要吓出来的啦。

赵： 对，我知道八大队的历史，它是属于金萧支队的。1942年5月15日，日军调动14万兵力发动了浙赣战役。5月21日，日寇侵占义乌县城。1942年7月7日，中共义乌县委根据"柳村会议"开展抗日武装斗争的决定，在义乌上溪下宅成立抗日第八大队。第八大队等抗日武装经历大小战斗230余次，先后攻克了日伪据点68个，毙日军180余人，伤俘日军260余人，毙伤俘伪军860余人，缴获轻重机枪80余挺，长短枪1200余支。在当时，是一支日寇闻风丧胆的部队，相当英勇的。

孙： 八大队埋伏在日军炮台的对面，对着炮台开枪、射击。

赵： 是吗？孙伯伯，我们这个村子里面有没有年轻人去当兵打日本鬼子啊？

孙： 这个好像没有，不过，有人去打土匪的，这是新中国成立以后的事了。

赵： 孙伯伯，我问您呀，您知不知道王选、王培根他们代表你们受害者去日本打官司的事情啊？

孙： 后来听说的，说没有赔偿来，官司白白打了。

赵： 不是白白打了，日本政府承认细菌战这个事实了，还有，他们中的和平人士向我们道歉赔礼了，这是很大的胜利呀。

孙： 是是是，这已经很不错了。

赵： 孙伯伯，如果官司打赢了，您希望赔偿到多少钞票呀？您吃了一辈子的苦头，如果能赔偿，您想得到多少钱？

孙： 现在我年纪大了，您赔偿我，我也用不了多少了，无所谓了，如果我年轻的话，那是要日本鬼子多赔偿一些，我可以讨老婆啦、造房子啦，对不对啊？我还可以去大医院医疗烂脚，有钱么总归是好的，请的医生有名气一些，用的膏药也好一些，钞票贵一点也不心疼，想买就买，你说对不对啦？

赵：对对对，您现在恨日本鬼子吗？

孙：怎么不恨啊？我的腿一痛么，就恨一次；一痛么，就恨一次，我的恨积起来像大海一样深啦！以前不知道这日本鬼子放的细菌，总怪怨自己的命不好，怪自己穷，生了这种医不好的烂脚病，后来晓得是日本鬼子干的，心头就恨煞啦。这种人怎么这么坏啊？杀人、放火、抢东西、强奸妇女、无恶不作，这种人应该灭绝死光，不能留在这个地球上。我是恨不得把他们消灭光！

赵：是是是。

孙：你采访过多少人啦？

赵：我已经采访了十多个细菌战受害者了，义乌像您这样烂脚的老人不多，您是在金华感染的炭疽，因为炭疽这种细菌在衢州、金华一带比较多，义乌是鼠疫，如果是感染上鼠疫的话，那是命也没有了，短时间内就发烧、淋巴肿大、口渴而死。炭疽这种细菌呢，伤性命的人也有不少，但有些人还能活命，只是烂脚或烂别的部位，一辈子伤口无法治愈，一辈子处在痛苦当中，就像您这样。

孙：是呀，这种苦只有我们亲身尝过的人才会晓得啦，日本鬼子哪里晓得我们的苦啦！我们这样子活着，真是生不如死啦！

赵：是是是，这种日子真是太悲惨了。

孙：谢谢你，你是好人。

赵：哈哈哈，孙伯伯，谢谢您接受我的采访，浪费您一个上午的时间了。

孙：应该谢谢你，这么远来关心我。

赵：应该的，下次来义乌，我会来看望您的，请您多保重身体！

孙：好好好，谢谢谢谢！你在我大儿媳家吃饭吧。

赵：不了，我们的中饭已经安排好了，谢谢您，孙伯伯，请留步，再见！

孙：再见，再见！

我差点死于那一场细菌战

采访时间：2015 年 4 月 16 日 17：00—17：50
采访地点：义乌王培根家
受 访 者：王培根（王）代为口述
采 访 者：赵福莲（赵）

赵：王老好！很高兴又见到您了，看到您身体这么好，我很高兴。

王：谢谢谢谢，你来了，我也很开心。

赵：昨天您在接受中央台的采访啊？

王：是，昨天上午，中央十台来人到义乌细菌战纪念馆采访我，一提到日本鬼子 731 部队给我们带来的苦难，我又发起火来了。崇山村深受苦难，是日本鬼子带来的，现在日本安倍晋三的态度很不好，对历史不认账、不道歉。过去有很多愤怒的心情是不讲出来的，因为要考虑到中日友好，我是想到日本那些友好人士啊，以土屋公献为首的这些律师确实是很好的，他们都是义务劳动，这 10 来年，都是在义务劳动，他们到中国来调查、取证、慰问受害者，都是自费的啦，这些人这么好，我们不能忘记他们。可是现在日本的右翼思想还是很严重，多数人还是拥护安倍晋三的做法的，那些爱好和平的人士对他是痛恨得要命，他们也拼命在那里反抗的，组织宣传的材料啊，访问受害者啊，调查历史啊，办展览给社会上的人看啊，他们也写书、写文章来进行揭露。

王炳宏夫妇

赵：昨天中央台一共采访了几个人啊？

王：两个人，主要是采访我，然后采访了王基旭。

赵：您讲了几分钟啊？

王：他们叫我讲 10 分钟，我讲了 12 分钟。

赵：中央十台什么时候播放呀？

王：可能是纪念抗战胜利 70 周年的吧。

赵：哦，是为 70 周年作准备的，那到时候肯定要播放的。

王：金华电视台也在拍摄这方面的东西，他们来了十多个人，开了两辆车过来，8 点钟就到我家，拍到 12 点钟。

赵：那您真是太辛苦了，今天累吗？

王：不累不累，听说你要来，我很高兴。

赵：是吗？哈哈！

王：是的，哈哈哈。

赵：王老，我本来想去采访王炳宏先生的，但他最近身体不是很好，躺在医院里，无法接受我的采访，所以，我想能否请您说一说他感染鼠疫的情况，我知道你们是同村人，对他的情况是很了解的，对吧？

王：是的，我对他的情况还是比较了解的，我可以替他跟你说一说。王炳宏感染上鼠疫后，口渴，他母亲不准他喝水，放一罐子白酒在他面前，说你口渴就喝白酒，不能喝水。

赵：他母亲知道白酒是杀毒的，对吧？

王：是呀，王炳宏的母亲是听人家说的，说白酒可以杀毒，她是听人说北门街的金祖惠喝了白酒，把瘟病给治好了，那么，金祖惠是怎么用白酒治好鼠疫的呢？当时，他是看到母亲、奶奶、妹妹三个人感染鼠疫死掉了，尤其是他母亲死掉的时候，他感到万分痛苦，连蚊帐都撕得粉碎，把扁担也踩得粉碎，很难熬很难过。金祖惠看到他母亲痛苦的情形，很焦虑。结果呢，轮到他了，一摸，淋巴也肿起来了，又发高烧。他就想：我要死了，轮到我了，他感到非常痛苦与恐惧，就跑到街上的小店去喝白酒。他是什么指导思想呢？他想，白酒度数高，很厉害，喝掉啊，自己就会醉，醉得昏睡过去，昏睡过去以后呢，就死掉了，这样死起来，不会太痛苦，他是这么想的。果然，他喝醉酒，被人抬到卫生院里，躺了好几个钟头，醒来一摸呢，淋巴结没有了，人也感到舒服了，病也就好了。那么，王炳宏的母亲呢，就是从人家那里听到他喝白酒治好瘟病的事，所以就记住了。金祖惠发病时间是 1941 年 11 月，比我们崇山村要早，这个传说是传了很久的，有些人是知道的，可是崇山村其他人就没有听到过，如果听到过，那当时说不定就不会死那么多人了。王炳宏的母亲是听到过的，说得了瘟病喝白酒是很好的，她也没有告诉其他人，她不敢宣传，这人命关天的事情，万一人家喝了白酒反而死掉那怎么办，对吧？所以她当时就没有说，只是给自己儿子喝白酒。

赵：当时这位王炳宏先生的情形是怎么样的？

王：王炳宏呢，当时就躺在稻草堆里，已经躺了三天了，到第三天呢，他这个人就昏迷了，神志不清了。

赵：他当年几岁？

王：他当年只有 18 岁，他母亲把柴楼里的稻草翻出来，再用一张草席铺进去，叫王炳宏睡到那里，让他躺在柴楼的一只角落里，不给人知道，柴楼有个小的窗门，外面都用稻草堆满的，他母亲去看他的时候，把一捆稻草挪开，人进去；走出来呢，又把稻草堵回去，使人家不知道。他母亲是一天不论次数去看他的，她看到王炳宏快要死的样子，就开始拼了，她拼的办法是什么呢？一个，把他裤子拉下来，用白酒擦他的淋巴，然后用做鞋的鞋底针，比较粗、比较长的，拿来刺大腿根部的淋巴，刺了很多针啦，把血刺出来，挤掉，再刺，再挤掉，把血全部挤出来，一刀草纸放在那里，她就去拿来擦，擦了又挤，挤挤呢又用白酒擦，再用针刺，这样子弄了三遍，尽量把毒素排出来，挤出来，据说刺了上百针啦。他母亲想：反正他要死的，死马当活马来医，是吧？所以，这样看起来，喝白酒是能控制或者治疗鼠疫的，但是，不是唯一的办法，王炳宏母亲很厉害的，把他的毒都挤出来了。当时，林山寺尸体解剖已经没有人了，村里又没有人送来看病，因为张菊莲逃出来都宣传过了，你们不要去林山寺，日本鬼子要剖肚皮的，这个消息一传出去么，大家都不去了，吓死了；第二呢，日本人在村子里转悠的，听到哪里有哭声，一定有人死的，人一死么，日本鬼子就来抬去解剖作试验的，所以，人死了，都不声不响的，更不用说哭了。

赵：王炳宏先生针刺之后，病就好了吗？

王：针刺之后，用白酒擦，所以讲，针刺也起作用，白酒也起作用，到第二天，他母亲去看他，王炳宏清醒了，他说：妈，我肚饥啦，很饿很饿，能不能给我碗饭吃吃啦。他母亲知道的，几天都没有吃东西了，不能吃饭，她就去烧稀饭，稀饭烧好，等它凉了，再送去给他吃，这样的话，胃不会伤掉的，如果你拿一碗热饭给他吃，那个胃肯定是要受伤的，像王炳宏这种情况，只能吃稀饭、喝流汁。

赵：可怜天下父母心啊，好感动。

王：可以说，王炳宏是得到第二次生命了。

赵：万幸啊！王炳宏先生命太大了，替他高兴！

王：他好了以后，他的母亲就再也不让他逃到外面去了，就让他在家里待着，正好那时，他的小弟王炳忠出生了，他的母亲是个小脚女人，逃不快的，所以，日本鬼子一来，她就叫王炳宏抱着这个刚出生的小弟弟逃出去躲起来，她用床单把小弟弟一包，交给他，让他快点逃，逃出去到塔塘下躲起来，等日本鬼子走了再抱回来。

赵：王炳宏先生现在多少岁啦？

王：他已经 90 岁了。

赵：他能讲吗？对过去的事情还回忆得起来吗？

王：能讲能讲，他老婆也还在。

赵：那当年鼠疫爆发的时候，他家里有其他人感染鼠疫去世吗？

王：没有，他自己家里没有人因感染鼠疫而死掉的，只有他自己生过病，可是他父亲兄弟的子女有 6 个死掉，都是感染鼠疫而死的。他的三爷爷有两个女儿、一个媳妇因感染鼠疫死掉的；他小爷爷的儿子王甲昌是他的堂叔、蕙香是他的堂姑妈，他们也都感染鼠疫死掉了。还有朱贵唯一的儿子叫傻瓜的，也感染鼠疫死掉了，这个王甲昌就是王甲升的三哥，王蕙香就是王甲升的大姐。王炳宏的父亲带着他和弟弟逃到外面去了，不在村里，所以都没有感染鼠疫。如果不逃出来，这就很难讲了。

赵：躲过一劫！

王：王炳宏本来在义乌中学读初中的，后来么，到丽水去读书的，因抗战的时候一片混乱，学校关门了，学校也在逃难呀，他不愿意跟着学校去逃难，就回到家里来了。当时，他家附近还没有人感染鼠疫，感染鼠疫的地方离他们家还有点远的，他的几个堂兄妹都还在，结果，离开他家相隔 100 米左右的地方，有个妇女，王炳宏叫她宝炉太婆的，跟王炳宏的母亲是很要好的，当时都是三四十岁的人，她们经常在一起干活啊玩啊，很要好的，她知道王炳宏母亲有三个儿子的，就特意把前一天晚上周围死掉的人告诉王炳宏的父亲，王炳宏的父亲叫王甲美，那位妇女就来说：甲美叔，你赶快带几个儿子逃出去，我们那边的瘟病发得很凶啦，死掉很多人啦，死起来很快的啦。她就说你赶快把几个儿子送走，送到外地去躲避，好留下来做种，我们是没有办法，要在家里看家、管家的，走不掉。为什么要管牢家里呢？因为当时瘟病一发，村子里就比较混乱，那些坏人趁机要来抢东西的，农民嘛，心疼自己家的财物，不舍得给坏人抢去，所以就留在家里看家。她这样子讲了以后就走了，王炳宏母亲对他父亲说，这话可听可不听，因为他们家一带还没有人死掉的，所以逃走的态度不坚决，结果到了第二天，王炳宏母亲听人说，昨天来讲的那位宝炉太婆，也就是说她的好姐妹，第二天天不亮就死掉了。

赵： 她来向王炳宏先生的父母通报一下，回去就死掉了？

王： 是呀，所以，王炳宏母亲一听到这个消息呢，就急起来了，赶快把儿子送出去，这一下子态度就很坚决了，再也不犹豫了，就先把王炳宏和他的弟弟王炳高送出去了，送到外婆家。他们外婆家是在义亭镇的鲍宅村，离开崇山比较近的，因为那个时候，他们村的人已经知道崇山村在发瘟病了，所以他们村里人是不准崇山村人进去的，他们说万一毛病传染过来，要死人的，坚决不让他们进村，如果真要是传染了人，是要承担责任的，所以拒绝他们住在外婆家。嚯嚯！外婆家的舅舅他们也都这么讲的，让他们逃得远一点，远到人家认不出你们是崇山村人为止。你想啊，当时如果住在外婆家，邻居都知道的呀，都知道他们是外婆的外孙呀，对吧？没有办法，他们只好逃到上湖村，靠近金华那边了，那个村里有他们的姨妈，就是他们母亲的姐妹。当时，上湖村人不知道崇山发生鼠疫死人的情况，他们在姨妈家住了五六天，日本鬼子在崇山放火烧房子了。上湖村也是很大的，有些人在外面跑的，回来就说崇山在发瘟病，死了很多人，再加日本鬼子烧崇山村，崇山村是个大村子，一旦烧起来，浓烟滚滚，乌天黑地的，连上湖那边的人都看得到，当时看的人很多很多，嚯嚯！肯定是日本鬼子在崇山烧房子了！崇山是在上湖村的上头，北风吹过去，烟雾都到他们那边去了。

赵： 当时王炳宏先生也在看吗？

王： 是啊，当时村里人都说崇山村在烧房子啦，崇山村在烧房子啦。都在叫：火灾啦！火灾啦！王炳宏问是哪里火灾啦？村人都说是崇山村啦、崇山村被火烧啦。王炳宏一听是崇山村，但他又不敢讲，因为他比较大了么，懂事了，就同两个弟弟讲，我跑回家去看看，那边在烧房子了，他姨妈还不让他回家，说

侵华日军崇山村细菌战人体解剖遗址现场

你小孩子跑回去干什么！他说我们村在烧房子，我怎么能不回去呢？我一定要回去看一看，看看我家是不是烧掉了，如果没有烧掉，看看能否从家里抢救出一些东西来，他姨妈说等火烧灭掉以后再去，他只好等了几天，几天以后呢，他觉得这样老在姨妈家住着也不行，就同弟弟跑到外婆家去住了，大人们都说崇山村的房子都烧光了，火已经熄灭了。王炳宏心里急呀，不知道自己家是不是被烧掉了，就一个人跑回崇山村来了，大约跑了20里路，就到家了，还好，家里没有烧掉。他就到其他烧掉的地方去看看，嚯嚯！一大片一大片房子都烧光了，剩下一片片废墟在那里，有些地方还在冒烟。

赵：他们家是不是跟村里的房子不相连的，所以没有烧到？

王：他们家是在崇山村最高的地方，在村子旁边，他当时一看自己家没有烧掉，心里有点安定了，但是村子里究竟哪些人家被烧掉了，他也很关心，就去看一看，一看么，大范围都被烧掉了，转了几圈回来，这个人就不行了，感到头痛，发高烧，因为崇山人听得多了，凡是发高烧啦，淋巴肿块来的话，就危险了。王炳宏母亲一看非常着急，说：叫你不要回来，你一定要回来，这下好了，这个病等到了！结果，她就一步一步采取措施，把儿子的病给治好了。王炳宏逃出去的时候，他的堂兄、堂妹们都还活着的，等他回来后，都已经感染鼠疫死掉了，死掉的有 6 个人，很悲惨的，其中有四个已经十四五岁了，都在读书的，就这样子被日本鬼子害死了，你说可恨不可恨！

赵： 太可恨了！王炳宏先生现在能够回忆吗？脑子还清楚吗？

王： 他能讲的，脑子还清楚的。

赵： 我等他病好了去看看他，看能不能采访他一下。

王： 我曾经叫他把自己的经历写出来过，但是非常简单，他的钢笔字写得很漂亮的。

赵： 是吗？等他病好了，我一定去看望并采访他。王老，您今天讲的东西很有价值，谢谢您，您多保重，下次来义乌，我再来拜望您，我先告辞了。

王： 谢谢，走好！

赵： 王老请留步，再会！

王： 再会！再会！

■ 翁本忠

我一定要搞清楚细菌战的真相

采访时间：2004 年 10 月 16 日 15：00—17：20

采访地点：翁本忠家

受 访 者：翁本忠（翁）

采 访 者：赵福莲（赵）

赵：翁老好！午睡了吗？

翁：呵呵，睡了会儿。

赵：您身体真好！今年有 80 岁了吧？

翁：我是 1925 年出生的。

赵：啊？您虚龄 91 岁啦？

翁：呵呵，是的。

赵：真看不出来，翁老，我们讲响一点哦，我的录音笔离您比较远。

翁：好的好的，我讲话声音很响的啦。

赵：翁老，您是哪里人啊？

翁：我是苏溪人。

赵：苏溪我去过，翁老，我们呢，想出版一部《义乌细菌战受害者口述史》，因为您写过一本《细菌战受害与赔偿诉讼》的书，我也拜读了，您写得很好，知道您对细菌战非常有研究，所以今天就来采访您、请教您。

翁本忠先生

翁：好好好，这是好事。

赵：义乌鼠疫爆发的时候，您已经 17 虚岁了，应该说对当年日军细菌战的情况是了解的，可以说是亲历者，请您谈一谈当时的情况好吗？

翁：日本鬼子来的时候，我们义乌发生鼠疫了，当时大家都叫发瘟病，这个事情一发生，大家都非常害怕了，跳蚤身上有细菌的，而这些跳蚤呢，是从老鼠身上出来的，当时大家怕的倒不是老鼠，而是老鼠身上的跳蚤，因为，人跟老鼠直接接触的机会比较少，主要是通过跳蚤传染的，这种跳蚤身上是带有鼠疫菌的，跳蚤跳到人的身上以后呢，马上就发病了。

赵：是跳蚤带的细菌，不是老鼠。

翁：因为当年大家看到的都是死老鼠么，所以都以为是老鼠带的细菌，实际上是不对的，是跳蚤身上的细菌传染给人而致死的，你不知道，当时整个义乌陷入一片恐慌当中，没有谁不怕的，如果人的身上发现一只跳蚤的话，等于说身上安放了定时炸弹，不管这只跳蚤有细菌没细菌，没有人不怕的，怕得要死啦。过去，在义乌尤其在农村，跳蚤这种东西是很多很多的，老百姓的生活条件不是很好，卫生环境也不是很好，跳蚤就会滋生出来，我印象很深，走到哪里，大家都在谈跳蚤，都在谈瘟病这件事情。那个时候，大家把水井都拦起来的，因为，老鼠感染上鼠疫之后，它们也口渴得很啊，就会跑到有水的地方去喝水，你如果水井不拦起来的话，它们都跳到水井里去喝水了。

赵：1941 年，您在做什么？

翁：我还在读书，当时，因为义乌发生了鼠疫，所以，义乌中学就搬到外面去了，就是避鼠疫么。

赵：您看到过有人因传染鼠疫而死掉的吗？

翁：看到过的，知道这些情况的，因为当时我在城里读书，义乌最早发生鼠疫是在城区，而不是乡下，后来，就发展到乡下了，我们村子里也有人感染鼠疫死掉了，鼠疫没有发生以前呢，有传言说：日本鬼子投毒，说他们在水井里面投毒，所以，当时有水井的地方，大家都做了盖子的，因为日本鬼子投毒是从飞机上投下来的，到了后来，直接发生瘟病了，人数越来越多，但实际上那个时候大家是不晓得这是日本鬼子干的坏事，只晓得这是瘟病，要传染的，一传染上，就要死掉的。

赵：当时义乌有没有卫生院啊？他们没有怀疑过吗？

翁：当时义乌的卫生院才刚刚建立，根本没有病床的，也没有很好的医生，可是呢，这种鼠疫在衢州已经发生过了，所以，卫生院相关人员通过衢州那边的人通知重庆当局，当时就马上派救护队到义乌来调查，有好几支部队过来的，有一个人就感染鼠疫死掉了。

赵：谁呀？

翁：红十字会防疫队的队长，因为他当时察看病人的时候，没有注意保护自己，在他们身上检查来检查去的，就感染上了，应该说，当初派到义乌来防疫的力量还是不少的，只可惜，义乌档案里没有记载，档案里有是有的，但是很少。

赵：翁老，您有没有亲眼看到过鼠疫病人发病的症状啊？

翁：发病的时候，大家逃都来不及，谁敢去看他啦？除非你是不知情，不知道他发病了，感染上鼠疫了，如果知道的话，就连他们自己家人都回避的，不要说别人了，如果发现有人传染鼠疫了，就要马上隔离开来，不允许有人去看他了，是严禁人去看的，在农村的话，有人感染鼠疫了，就会把他放在破庙里面去。

赵：翁老，您的家族里面有没有人感染鼠疫的？

翁：我们家族里面没有人感染死亡的，我们村子里面有人感染而死的，村里有一个媳妇感染鼠疫了，是从她娘家那边带过来的。

赵：她的娘家在崇山村吗？

翁：不是的，崇山村感染鼠疫已经是 1942 年了，北门街发生鼠疫是在 1941 年，她的娘家有可能是在城里的，但具体情况我也搞不清楚，反正她是感染鼠疫死掉的。1941 年，浙东会战，诸暨、绍兴沦陷了，金华的专员公署有文件来的，他们讲占领朝鲜的日本鬼子从飞机上投下黑烟，携带宜生传染病的病毒，现在到南方来投毒了，这种病毒是有很多种类的，有鼠疫的、炭疽的、霍乱的等等，有 10 多种。所以，大家听到这个消息以后，就怕日本鬼子来投毒，纷纷把水井盖起来。后来，真的发生鼠疫以后，那大家是真的恐慌了，原来只是听听的，人家在传说，先是从衢州发病的，衢州一发病么，防疫队便派过来了，其实，他们当初对鼠疫并没有多大的恐惧，否则，那位防疫队队长也不会死掉了，他肯定是不知道这个鼠疫的厉害，才会去接触患者，对吧？

赵：您当年还在读初中吧？

翁：对。

赵：您是高中毕业还是初中毕业的？

翁：我是大学毕业的。

赵：是吗？您是哪个大学毕业的？

翁：南京中央大学毕业的。

赵：噢，那您是很厉害的了，您当时学的是什么专业呀？

翁：我在中文系读书，读的是中文专业。

赵：那您这本《细菌战受害与赔偿诉讼》是在什么情况下写的呢？

翁：写这本书有两个原因：一个呢，是 1991 年的时候，《浙江日报》上发表一篇文章，说日本的一个中学教师，叫森正孝的，千辛万苦才找到义乌的崇山，来调查义乌细菌战的受害情况，我看到这篇文章以后呢，就开始研究起鼠疫来了，鼠疫到底是怎么一回事情，是吧？我要搞清楚；另一个呢，是后来王选他们跟日本政府打官司了，义乌就有人骂王培根，说他一个领导干部，去向日本人讨钱，还说鼠疫中没有死掉这么多人，说他们虚报人数，那我听了就非常生气，我也没跟他们原告诉讼团的人去调查，我是自己去调查的，首先去调查档案馆里的资料，档案馆的资料是真实的，有很明确的记载，所以，我调查来的资料比王培根那边还要多啦。他们有的人说的东西不符合档案馆里的资料。我一边去档案馆查资料，一边又去实地作采访、作调查，我要搞清楚这些东西，如果按那些人所说的，说是去日本向日本人讨钱，那我们这个官司就不要打了，对吧？说这种话的人，都是没有亲身感受过失去亲人的痛苦，他们是不会知道亲人因感染鼠疫而死是多么悲惨的一件事情！所以才会出来说风凉话，拖后腿，我是最讨厌这种人了，没有骨气，没有尊严。

赵：对。

翁：所以，我就找了很多资料，把人家错误的东西改过来，为了以上两个原因，所以，我就写了这本《细菌战受害与赔偿诉讼》一书。

赵：那您是很辛苦了，花了很多时间。

翁：我写这本书倒不是为了他们去日本打官司，我就是想搞清楚细菌战这件事，想把错误的东西改过来，不要一错再错，因为当时有些数据是有人故意弄错的，就是那个防疫站站长，把那些数据啊资料啊故意弄丢掉，这是很可恶的，现在你要找这些资料都找不到。你找不到资料，就没有证据，没有证据，你到日本打官司说什么呢？法庭说话，就是要证据的，没有证据，你法庭的门都不要跨进去。

赵：翁老，您写本书一共花了多少时间啊？

翁：这本书是陆陆续续写的，原告团一边打官司，我一边收集打官司的资料，并不是一下子写好的。

赵：噢，这样子的。

翁：对，到现在为止，还有人否定日军细菌战这件事情，过去有个县长，我在编辑部里做事情的时候，他来找我，他怎么说啊？他说这个鼠疫有两种投法，一种是空投，一个是地下投放。他说崇山那个地方日军的据点很近，如果是飞机空投的话，几分钟就飘过去了。他跟我讲这个话的意思是什么呢？就是否定鼠疫是日本鬼子空投下来的。

赵：怎么会这样说呢？

翁：这是那个防疫站站长的问题，是他虚构的，故意把事情说成这样。

赵：是吗？

翁：是呀，我当时就跟他讲，日机投下来的不是细菌，而是带菌物。我是对他不客气的，你怎么可以站在日本人一边讲话的，对不对啊？我们是中国人呐，受日本人欺侮到这种地步，你还讲这种没有骨气的话，我能不生气么！我就这样讲的，我是不客气的，管你什么官！他根本不了解日机投下来的是什么东西！如果是细菌的话，不可能会成活的，空投的带菌物都是破布啊棉絮啊这种东西，他们把跳蚤放在这些东西里面，然后再空投下来的，投下来以后，义乌土地上老鼠很多的，它们的生活区域一般在农村的，老鼠是乱跑的，那么，在日机空投下来的那些破布、棉絮上的跳蚤就会跳到老鼠身上，再由老鼠传染到人的身上。你比方说，老鼠跑到某户人家的床上，在被子上跳来跳去，那么，你人躺在床上马上就会感染，只要有一只跳蚤跳到你身上，你就会完蛋。老鼠身上会繁衍跳蚤的，动物跟动物之间是有繁衍性的，跳蚤离开老鼠了，跳到人身上，就会传染鼠疫，这种细菌是很厉害的，一旦被跳蚤咬上一口，立马就会发病，发病后，马上就会死掉，速度是相当快的。这种鼠疫的传播速度是很快的，当年崇山村从第一个人感染到鼠疫结束，前后死掉 405 个人，这些人死亡时间都是相隔不长的，就是在短时间内，接二连三地死掉，最多一天死掉二十多个人，你说可怕不可怕？昨天还在跟你讲话的那个人，说不定今天你就见不着了。整个村庄这么多人死掉，连个哭声都听不到，为什么？就怕日本鬼子拿去做尸体解剖，做试验。日本鬼子就是恶魔，他们是没有人性的，他们把我们中国同胞看作是"原木"，就是木头啦，你想想这种人活在这个地球上，简直是祸害人间！

赵：对，翁老，您有没有参加过原告团的诉讼啊？

翁：没有，我没有跟他们一起打官司，因为我年龄大了，也没有精力去日本，我就是把他们打官司的资料拿来，凡是有关鼠疫的资料拿来，为写书作准备。

赵：后来，您的这本书是谁出资给您印刷的？

翁：一时讲不清楚了，这本书说白了就是一篇长文章，义乌市志编辑部有一本杂志的，叫《义乌方志》，当时，我这篇文章就是给《义乌方志》写的。那么，这个编辑部呢遇到难事了，他们登也不好，不登也不好。不过，他们跟我说，能否分成两篇，然后跟日本人有关系的篇幅都把它删除掉。我说把跟日本人有关的东西删掉，那他们到日本高等法院打官司怎么进得去啊？没有日本律师的帮助，东京地方法院能让你中国人进去吗，对吧？法院的门都不会向你打开的呀！

赵：日本人当中好的人也很多的。

翁：对呀，那些帮助我们打官司的律师都是很好的，像土屋公献、尾山宏、一濑敬一郎、奈须重雄、近藤昭二等，他们帮我们打了多年的官司啊，都是义务的，还要自费，一次次来我们义乌调查采访，都是自己掏钱的。律师除外，还有许多和平友好人士也很好的，你像森正孝回到日本以后，就把义乌以及崇山鼠疫的事实揭露出来，在日本国内放录像给民众看，这就引起爱好和平人士的关注，他们就一次一次到义乌来调查细菌战这个事情了。那么，这件事情呢，后来让王选知道了，王选当时在日本留学，她就在他们的影响之下，参加到这个调查细菌战的行列中来，然后搞了一个义乌细菌战受害者诉讼原告团，王选当团长，她也是受害者的总代表。日本好多律师都是无条件地帮助我们的，真正难得的，他们希望把历史真相告诉人们，希望日本政府以后不要再发生这种事情，他们希望和平，不要战争的，可是日本政府是右翼分子当政的，他们承认日军细菌战这个事实的，事实是不否定的，可是不来赔偿。

赵：他们赔不起吧。

翁：你赔不起也要赔的，这个不是理由。

赵：不要赔偿是指国家与国家之间不要赔偿，不是指民间吧。

翁：我这篇文章是给《义乌方志》写的，可他们要我分成两篇，我不同意，如果不发表，这些资料怎么办呢？总要保存下来了，对吧？我就准备打印100份，分给档案馆、图书馆以及相关人员，能够保存下去，后来这个事情被王培根知道了，他说我出钱来印，是这样子印出来的。实际上，义乌编辑部的那些人都是很好的，他们做事情都非常踏实，平时对我也相当敬重的。

赵：2007年，这个对日诉讼的官司结束了，就不再去日本打官司了，对吧？

翁：结束了就不去了么，反正他们承认事实，就是不赔，你再去打官司，也是这个结果。你跟日本右翼分子是没有什么道理可讲的，他们这种人认定的事情，是不会更改的。他们从地方法院、中级法院一直打到最高法院，最高法院也是承认细菌战事实的，可是你一点办法都没有，他们就是不赔偿。我那本书里面，没有把后面的资料补充进去，很可惜的。我这本书是谁送给你的。

赵：前天，我去采访王培根先生，是他送给我的，另外还有一本是张世欣先生写的《浙江省崇山村侵华日军细菌战罪行史实》，王培根先生对你评价很高的，要我来采访您。

翁：我这个人呢就是比较实在，没有虚假的东西，这本书呢，事实清楚的，表达准确的，没有花花泡泡的东西。北京国家图书馆要去一本，南京大学图书馆我也送了一本。这个大学本来叫南京中央大学的，我就是这个大学毕业的，算是母校了，所以送给他们一本。南京大学图书馆的采购员给北京国家图书馆的采购员看了这本书，说很好，想要一本。南京大学图书馆的采购员就打电话给我，问我还有没有这本书，我就给他寄了一本去，他是送给北京国家图书馆采购员的。

赵：那您写这本书有没有稿费啊？

翁：哪里有稿费，没有的，出版经费还是王培根帮我想办法的。我写这本书也不是为了钱，而是帮他们打官司的人查找确切的资料，他们都在那里无私奉献，我怎么能要稿费呢，说不出口的呀，你让谁付我稿费啊？再说，这本书是我自己要写的，对吧？我就是要把真真实实的事情搞清楚，然后保存下来，留传下去，让后代人看得到，我就是这么想的。

赵：您做了大好事了，功德无量。

翁：这倒谈不上，我认定想做的事情做好了，我就心安了。否则，总觉得这件事情没有做好，老在那里想啊想。我就是看不惯那些否定义乌鼠疫的人，我就是要找出证据来让他们看，到底是谁在说谎！那些否定的人把病源说成是一个从衢州回到义乌火车站的人带来的，档案里呢，很清楚的，说是北门街的一个农民先发病的，火车站那个人是后发病的，他确实是有这种病，但跟义乌人感染的病源是不一样的。你看，他们把病源都改掉了，坏不坏啊？他们这样一说，就等于把日机放鼠疫的罪状抹杀了，对吧？这就是否定了日军在义乌空投鼠疫菌物。

赵：对，再不能以讹传讹了。翁老，您认识王选吗？

翁：认识的，我们很熟。

赵：美国的历史学家谢尔顿·哈里斯曾经说过："王选是一名真正的爱国的中国人，她将她自己的全部生命为日本占领中国期间的暴行受害者的正义事业而奋斗，她是正义的嘹亮的号角。"翁老，您如何评价王选？

翁：我在《细菌战受害与赔偿诉讼》一书中，专门有一章是写王选的，题目叫"王选为维护人类生命尊严而战斗"。王选这个人了不起，她的父亲也是个了不起的人，他是中共地下党员，长期供职于上海司法机关，曾间接参加过审判日本战犯，新中国成立初在上海高级法院工作。他的弟弟当年才13岁，也是死于日本人的细菌战，他们全家一共有8个亲人因感染鼠疫而死，所以说，王选也是有家仇国恨的，再说，她曾经在崇山村插队落户，对崇山村和乡亲们是有感情的。她从杭州大学外语系毕业后，分配到义乌中学当老师，后来嫁到杭州去，在杭州外国语学校当老师。1987年，她与丈夫一起留学日本，获得日本筑波大学教育学硕士学位，她精通中文、英文、日文三国语言，是个非常了不起的人。她继承了她父亲那种刚正勇为，敢说敢做、疾恶如仇的鲜明个性，这种性格实际上对她以后从事对日诉讼是大有好处的。本来呢，王选读完硕士以后，就要去美国读博士的，但她跟松井英介、森正孝他们联系上以后，就决心把细菌战诉讼这件事情做到底了。为此，她付出了一切。

赵：对王选的评价有很多，有人说她爱发脾气，爱骂人；有人说她是巾帼英雄、人权卫士。您怎么看？

公：这是因为立场不同，站的角度不一样，王选呢，为这件事情确实是付出了太多太多的东西，但是，她的确是有一些个性的。

赵：您觉得她脾气好吗？

翁：还好的，我因为跟她没有利害冲突，只是跟她在一起开过会，一起去调查过，吃过饭。我觉得她挺好的，没什么特别大的脾气，她如果发脾气了，肯定是有哪些事情做得不好，她不满意，否则是不会乱发脾气的。

赵：是的是的。

翁：在对细菌战调查与诉讼这件事情中，有三个女人是很了不起的，一个是王选，一个是湖南常德市外办的副主任陈玉芳，她现在已经退休了；还有一个列国远，她在加拿大，她也是很厉害的，媒体上有文章发表的，题目是《加拿大华裔列国远辞职做义工，冲冠一怒讨"历史正义"》，列国远到义乌也来调查过的。

赵：王选和陈玉芳我知道，但这位列国远我还没有关注过，她到底做了什么事让您觉得了不起啊？

翁：列国远是位华裔女士，她在加拿大一所学校里当老师的，但为了给饱受日本鬼子迫害的人们讨回公道，她辞掉了工作，一心投入进来。她是加拿大"抗日战争史实维护会"的主席，她说："在对二战浩劫的人道教育中，永远不能磨灭侵华日军在南京犯下的累累罪行！"列国远一直生活在香港的，后来移民到了加拿大，她说她原来所读的历史书是到鸦片战争为止的，根本就不知道日军在中国的种种暴行。她知道日军的暴行以后，就坐不住了，要站出来讨还公道。她领导的史实维护会出了很多成果，其中最著名的有两大成果：一是加拿大国会采纳他们的提案，要求日本向战时20万慰安妇道歉并承担责任；二是筹资拍摄电影《张纯如——南京大屠杀》，真实记录了这位勇敢的美籍华裔女作家，深入探索南京大屠杀的悲惨历史，用生命著成一本震撼人心的醒世书。

他们做的事情非常不容易，但很有意义，所以，我说列国远了不起，就在这里。他们还通过"加拿大抗日战争史实维护会"与加拿大有关部门合作，出版推广了一套有关日军侵华史的历史教材，当地很多学生通过这套教材了解到南京大屠杀的历史事实。你想，他们这个事情做得有多好！编一套教材出来，让孩子们了解历史的真相，这是非常重要的事情。

赵：对，您说得很对。

翁：陈玉芳因为当时是领导，所以她出来带领大家去日本打官司，那些原告都听她的，她本人也有能力，也有这份爱国心。她带领那些原告到日本去作证、抗议、游行，非常主动积极的，他们的领导都是非常支持对日诉讼这件事情的，如果没有领导支持，他们也不可能去日本的。

赵：对。

翁：我们义乌细菌战纪念馆批下来好几年了，今年才开始建，这里面呢，王培根了不起的，他退休以后，把全部的精力都投进去了，全心全意在做这件事情，在义乌，像他这样无私奉献的人是不多的，我是相当佩服他的。我这本书如果没有他，是根本不可能印出来的。还有一个何必会，也是很了不起的，他还年轻呀，还要养家糊口，对吧？可是他花了大量的时间在细菌战这件事情上，他也是非常尽心尽力的，像他这样的人在义乌也是很少见的。我们义乌这个地方，你如果脑子活络一点，做做生意，赚点钞票是很容易的，可是何必会不是这么想的，他有他自己的人生理想，宁愿生活苦一点，也要把细菌战这件事情接力赛一样接下去，我也是很佩服何必会的。

赵：是，他们真的很了不起的，不愧是民族的脊梁！

翁：是的，了不起的，有些人说说会的，你要让他真正去做，就为难了，他们两个是说到就做到，而且一直坚持在做，没有停止过。

赵：是，翁老，现在，义乌细菌战资料掌握最多的是谁啊？

翁：我算是比较多的，我把历史上误解的那些史料都放到书里去了，因为，这不仅仅只是写一篇文章那么简单，对吧？还有王培根、何必会他们也掌握了很多细菌战的资料，不过，王选是保存细菌战资料最多的。

赵： 那您这些资料是从哪里去找来的？

翁： 采访到的部分资料是原告诉讼团他们那里提供的，我是从王培根那里去拿来的。另外的资料都是从档案里面查到的，在档案里面，当时鼠疫发病的情况、生病的情况都有记载的。我现在没有空，如果有空的话，我想把这些资料整理起来，交给王培根他们去保管，否则，这些辛辛苦苦查到的资料就会散失掉，很可惜的。

赵： 对对对，这些资料很珍贵的，一定要保管好！

翁： 是啊，所以说，我们中国人一直主张"中日友好"。实际上，打这场官司，就是为了实现真正的中日两国人民的友好，可以世世代代友好下去，否则，那些日本律师会帮我们打官司啊？他们也是出于这种正义、道义，希望日本政府能够承认、承担自己所犯下的罪恶，这样一来，非但不影响日本的声誉，反而是加分的，你说对吧？如果日本政府真有这份担当，那世界各国会对他们刮目相看的啦，是不是啊？可是，他们敢吗？他们非但不敢承当，反而老是去拜鬼，那你还谈什么"中日友好"啦，无非是嘴巴上说说的，暗地里却搞鬼，说不定哪一天，他们又把枪头朝我们打过来了，很难说的，对吧？抗战一开始"恐日"，后来说"中日友好"，那是我们中国人要友好，他们日本政府哪里会跟你真正友好啦，对吧？他们若想跟我们真的友好，就不会去参拜靖国神社了，他们根本就没有把我们放在眼里，根本就没有诚心。

赵： 对，翁老，您那个时候读大学要考试吗？

翁： 当然要考的啦，否则你怎么到大学去读书啊，对吧？

赵： 您在大学里面除了读书，还做其他事情吗？

翁： 我家里很贫困的，我除了读书，还在校报里面编报纸，另外还要到外面去教书，赚点外快。

赵： 教书啊？您在哪里教书啊？

翁： 南京师范大学。

赵： 那您大学毕业以后分配到哪里工作了？

翁： 毕业以后就回到义乌老家了，回家之后就倒霉了，村子里的人看不起我，没有正式工作，只好种田。"文革"期间么，参加义务劳动，没有工资的，我就一直在农村种田。我老婆生病早死，她是一个很好的女人，把我所有的苦难都由她一个人背掉，可惜在改革开放之后，日子有点好过了，她却生病了，1991年就去世了，没有享过福，可怜人啦。我有3个儿子一个女儿，其中有两个儿子是残疾的，他们都长得相当高大，但在学校里经常受同学欺侮的。我这种日子真是苦啦，不是一般的苦。只有一个儿子是好的，女儿也还可以。

赵：翁老，您就一直在农村种田吗？后来有没有工作呀？现在有退休工资吗？

翁：改革开放以后，我到金华浙江粮食学校去教语文，教了七八年，后来回来编过《义乌文化志》。我现在有退休工资的，不多，一个月3000来块钱，过得是有些紧，但我的心态很好的，我总觉得做人要有责任心，我有两个残疾儿子要管，如果我没有责任心，那他们就苦了。

赵：是的是的，乐者寿！翁老，您是个很乐观的人，所以这么长寿。

翁：活着健康一点就好，苦一点没啥关系的。

赵：是是是，翁老，很感谢您接受我的采访，浪费您半天时间了，谢谢您！您也多保重，下次有机会来义乌，我会来看望您的。

翁：谢谢，谢谢，你走好！

赵：翁老请留步，再见！

控告篇：还我正义，还我尊严

看见了，我就不能背过身去

地　　点：义乌桔子酒店 1002 房间、义乌到杭州的车上
时　　间：2015 年 4 月 17 日 6:45—8:15、14:45—17:15
受访者：王选（王）
采访者：赵福莲（赵）

　　2015 年 4 月 16 日下午，王选到义乌调研。那天晚上，我们同住义乌桔子酒店。我住 1001 房间，她就住在我隔壁的 1002 房间。那天办好入住手续之后，她说她很累，想洗个澡，眯一刻钟再来接受我的采访。我说好。她说你有什么茶吗？我说有铁观音与乌龙茶，还有咖啡。她说你就帮我泡杯铁观音吧，等会儿我过来喝。我就在房间里烧好水，泡好铁观音等着她。时间一刻钟一刻钟地过去了，直到凌晨一点一刻，她还没有过来。我知道她太累了，睡着了，那就让她好好地睡吧，明天再去采访她。翌日一早，她在我的房门外敲门，一边敲一边说："赵作家，我太不好意思了，昨晚睡过头了，只好现在来敲你的门了。"我赶紧起床，匆匆洗了个脸，到她的房间去，看她在洗漱，水已烧好，便帮她泡了杯茶。她的腰不好，坐在沙发上，要用好几个枕头垫着，于是，我就把录音笔打开了。

王：赵作家，我们现在就像闺蜜一样，随便聊聊。不好意思，我的腰不好，只

王选接受英国BBC记者采访

好这样靠着。你要不要拿枕头靠一靠？

赵：不用不用，我就这样坐着好了。谢谢！

王：哎呀，昨天晚上太不好意思了，倒下就睡着了，睡得可好了，一点都不知道。醒过来已是半夜了，想起来与赵作家约好了要采访的，可是已经晚了，你肯定已经睡了。

赵：没关系的，我知道您很累的，所以没有过来敲您的门。

王：那我只好这样靠着跟你说话了，我有个好朋友叫南香红，你跟南香红挺像的。

赵：她写的《王选与她的八年抗战》我都看了好几遍了，写得不错。

王：还行。

赵：王老师，前段时间，听潘爱娟讲，您要来义乌调研，我说那太好了，本来我要到上海您的家里来采访您的，这次机会真好。

王：我今天下午要坐火车去杭州的。

赵：是吗？那您住我家里好了。

王：不用，我有地方住，人家招待我的，如果你今天在义乌不走……

赵：要不下午我们一起回去，我来义乌很方便的，随时都可以来，我到上海来找您可就不太方便了，为什么？您太忙了。

王：对对对，我真的很忙的，那我们现在就开始聊一聊吧，你也很忙的，不容易。

赵：其实，采访您我很紧张的，准备了不少问题，想请教您。

王：我以前对那些记者说，你们不要重复地问我同样的问题，网上有很多的，你就问人家还没有问过的问题吧，广西电视台《艾问·后来》栏目最近有个拍我的片子《王选的对日诉讼之后》，你可以去看一下，挺好的，我会把链接发给你。

赵：好的，您把链接发给我，我到时好好去看一看，什么时候采访您的呀？

王：今年1月份，他们是到上海来拍的，1月份接受他们的采访后，我又去北京接受了一个采访。广西电视台那个采访还请来两个人，一个是南香红，还有一个是张启祥，南师大历史专业的硕士研究生，他是最早跟着我一起做调查的，做我的助手。当时我有两个助手，还有一个女孩子叫肖俊，江西师大的历史专业硕士研究生，我很喜欢的。后来张启祥到上海复旦去念博士了，历史专业的博士，很优秀的，他们两个人都有相关论文。2002年3月，美国的哈里斯来浙江调查的时候，张启祥也一起去调查的，他管账的，那次好多人一起去调查，上海师范大学的苏智良教授也派两个研究生参加了。2005年，他考上复旦博士以后，就不大有空来了，他跟了我几年，后来就跟不下去了，因为什么？他要找工作。还有肖俊也一样，她想在我这里待下去，但是她需要工作，他们都很喜欢做这个事情，但现实问题解决不了。她现在深圳的一个日本企业里面工作。

赵：是的，理想很丰满，现实很骨感。

王：我如果弄了个机构，办公室主任一定要肖俊来担任，为什么？很多人被我骂过的，事情做不好，我就要发火了，我耐心很差，啊啊啊地，但肖俊居然从来没有被我骂过，我也不是故意不骂她，她就是什么事情都给你做得恰如其分的，你没有理由好骂她。我是比较喜欢这种类型的人，穿衣服嘛也很得体，她整个人的样子让人看上去就顺眼，说话、做事挺有脑子的。她爸爸好像比我大一两岁吧，就是说同年代的人生出来的小孩子，就跟我的小孩子一样。她父亲也是个很了不得的人，原来是工农兵大学生，江西师大学历史的，后来再到上海华东师大补读本科。所以，他们家里都是学历史的。

赵：她在大学里学的是历史专业？

王：她本来考了中国科技大学的自动化管理专业，但是那个专业是大专，只读两年的。毕业后，她回到九江，在档案馆工作，后来就考上江西师大历史专业的硕士研究生，她还自考了一个大学本科英语。我在美国档案馆查回来的档案，有关江西这个地方的细菌战资料不多，我把在那里查到的1644部队九江支队的资料都给江西师大了，给了他们以后，第二天见到肖俊，谈起来，发现她就明白这些英语资料里的内容，这个小姑娘就是懂事。我觉得女孩子哦，就要像她这样，她也不是聪明过人的人，就是很懂事，很好学，我喜欢这样子的人。

赵：王老师，您先生也是姓赵的？昨天何必会老师还问我，王选丈夫赵善灵跟你有没有什么渊源？您老公是哪里人啦？

王：临海的。

赵：我是宁海的，临海的赵姓跟我们真的是一家。

王：是吗？

赵：真的，南京大学有一位教授作过调查，他说长江以南的赵姓全都是赵匡胤的后代。

王：有可能，有可能，我丈夫也是个子高高的。他们家在临海城里戚继光练兵的东湖边上，他们家祖上好像还是大户人家嘞，到了他父亲这一代，就变成普通人家了，他们是从北方南迁过来的吧。

赵：我们也是在南宋时从中原南迁过来的。

王：噢，那我回去跟我老公问一下。

赵：王老师，你们是哪一年去日本的？

王：我们是1987年出国的。

赵：您的日语这么好，是学好了出国的还是出国以后再学的？

王：我在国内基本没有学过，我老公学过的，他在杭大日语专业听课的，有的课考出来的成绩比日语专业的学生还要好。

赵：我真佩服您，您的语言能力特别好，英语很流利，日语也很流利，真羡慕！

王：日语本来就很容易的呀，你在一个国家时间长了，都会的呀，语言是要有环境的，你在一个环境里待久了，自然而然就会说他们的话了，傻子也会的啦，就像中国人都会讲中国话一样的呀。人是有语言的本能的，好了，我现在跟你讲我们采访的内容了。

赵： 好！王老师，我准备了一些问题，我对细菌战是没有研究的，所以提的一些问题可能比较幼稚，您别笑话我。王老师，请您说一说您跟崇山村的渊源，我看过您的资料，说您曾经在这个村里插过队，您是几岁去插队的？

王： 崇山村是我父亲的老家，我是崇山村人。小时候呢，我爸爸跟我讲过一次鼠疫的事情，我姑姑也讲过一次，他们都说日本人"放鼠疫"，那时候还没有"细菌战"这个词。我爸爸开始时没讲是日本人放的鼠疫，就说发生鼠疫，村里死的人多得不得了，说我的叔叔也是因为鼠疫而死的，他讲的时候一脸恐怖，说到我的叔叔，也是很痛心的样子，那时候，我们小孩子也不知道"鼠疫"是什么意思。我长大后，有一次，我父亲跟我讲，他说他总觉得日本人跟这件事情有什么关系，为什么？因为日本人抓住我父亲问过这件事情。那个时候，我父亲接到家里的来信，说我奶奶病重，我父亲是个孝子，因那时道路已经封锁了，就走路回去探望。我父亲从上海走路回崇山村的，一定要兜圈子的嘛。我父亲早就去世了，当时我也我没有机会去问他，他当年走的是哪条路线，反正这前前后后，从上海到崇山村，他走了一个多月。我也喜欢走路的，可能是遗传的。小时候，我最喜欢走路，喜欢东张西望，我曾经走路走到井冈山。我喜欢乡间的青山绿水，喜欢地方文化、地方史、民俗、风俗习惯这些东西，也是受我父亲的影响。我妈就不感兴趣的，她是回族，北京人，对汉族文化不怎么感兴趣。

赵： 王老师，您父亲是在哪里工作的？

王： 我父亲叫王容海，曾任民国政府上海法院检察长主任秘书官，东京审判的中国检察官向哲浚是我父亲的上级，向是首席大法官，我父亲是地下党。当时上海法院的院长叫郭云观，是浙江玉环人，还是个回族，他照应过我父亲。我父亲是新中国成立以后第一个刑事法庭庭长，当时叫"特别刑事法庭"。

赵： 听说义乌的吴源是您爷爷的表兄，是吗？

王：是的，吴源是我爷爷的表兄，他是民国著名的法学家、教育家、藏书家，他的书斋号就叫：耻不逮斋。吴源毕业于国立京师法政学堂，辛亥革命后任南京临时政府司法部主事，后任司法佥事、刑事司司长等职。他是现代中国第一部宪法的编订者之一，并创办了全国最早的学堂"民义学堂"。我父亲就是在他的影响下干上法律行当的。我们崇山村的亲戚都很钦佩他的，一个了不起的大人物。

赵：我听说吴源的后代把他的藏书都捐给了义乌市图书馆？

王：是的是的，听义乌市志办的人说，现在义乌图书馆的古籍可以说是县级馆里面最丰富的，就是吴源捐的。我再补充一点：改革开放后，新中国成立的第一个律师协会的会长也是我父亲，这事可能义乌人都不知道，现在在义乌，吴源也无人知道。20 世纪 70 年代末，当我跟父亲说想学国际法，我总觉得外语是一门工具，父亲就介绍了好友向哲濬，说他是远东国际军事法庭的检察官。我激动得不行，就骑着自行车跑到向哲濬家，那时候他已经 80 多岁了。这件事，说起来也是蹊跷，似乎是后来我从事细菌战受害索赔、跨国诉讼的伏笔。不过那个时候我既不知道什么是"细菌战"，也不知道远东国际军事法庭没有审判细菌战，更不知道向检察官代表的中国方面为在东京审判起诉日本细菌战作出的努力，可惜就见过这一次。

赵：对，万事皆有缘起，王老师，您的义乌话是从小就会说的吗？

王：不会说的，后来插队的时候学的。

赵：请您讲一讲您跟细菌战的渊源好吗？

王：后来，我父亲就跟我讲了，说日本人问他崇山村鼠疫的事情，问得非常仔细，我父亲感到很惊讶，日军怎么知道那么多关于崇山村鼠疫的细节？为什么想要了解那么多？所以，他总觉得这个鼠疫跟日本人有关系，我父亲是不会轻易讲的，村子里的人就很直接，大家说起来就是："日本佬放鼠疫。"我亲姑姑当时也在村子里。农民是根据直觉，当然后来的证据说明，崇山的鼠疫确实跟日军细菌战有关。我早点做这个事情就好了，如果我父亲那一辈还活着，那该多好啊！很多事情我可以问他们了，时代的错位，令人追悔莫及。我在崇山村插队落户一段时间，农民们有时还要讲起这件事情。我堂姑姑说日本人很凶的，要剖肚皮的啦。我以为是说说的。她对我说：妹妹，日本人要剖肚皮的。你知道，在农村，农民们干完农活，歇下来聊天的时候，会讲一些传说、故事什么的，我原以为这是传说的一种，听听就过去了。我堂姑姑一而再再而三地讲日本人的事情，因为他们家的房子造好没多久，就被日本人烧掉了。你知道，我三爷爷造幢房子不容易的，省吃俭用攒下来的钱，房子造好不久，三爷爷就积劳成疾去世了，结果被日军一把火烧掉。他们家的房子烧掉以后，一家人都住在我们家的房子里的。那年我堂姑姑15岁，对那件事记忆犹新，她还有弟妹要照顾，就没嫁出去过，招了个木匠做女婿。鼠疫是崇山村建村六百年来最大的一个灾难，对这个几乎一成不变的村庄的冲击很大的，这个村庄的祖先本来是富有的吧，从当年留下的建筑可以看出来，现在还造不出这样的房子，一个普通的农村拥有这样的建筑，现在很难想象，经日本人的战火一烧，就一蹶不振了。崇山村人从来没有看到过外国人，突然日本人打进来，他们很恐惧的，更何况把村庄烧掉了，还强奸妇女，他们能不恨么！这是我插队落户时听到的情况。

赵：您插队落户时是多少岁？

王：我是1952年出生的，1969年1月19日到崇山村插队，过春节前去的。义乌话一开始我听都听不懂，更不会讲，我当时就讲普通话。后来，每天和村民们在一起生活、劳动，慢慢，慢慢就会讲了。

赵：您的语言能力很强。

王：没有没有，这种东西都学得会的，只要有环境。

赵：您当时住在崇山村，是自己做饭吗？

王：开始是我叔叔做饭，后来就自己做了。我是回乡插队，不需要住在别人家里。每天跟农民们从田里劳动回来，就自己做饭、做家务。最后一年在村里大队的小学当民办教师，每个月有工资。

赵：那您是挺能干的，现在的小孩十七八岁出去，父母还不放心嘞。

王：我也曾经想和同学们一起去到黑龙江，那里是农场，每个月是拿工资的，一个月三十几块钱。我算是回乡插队，到农村，是农村户口。

赵：王老师，你们那时候读大学读几年啊？

王：三年，老是学工、学农、学军、政治运动、冲击学习。

赵：您是从上海还是义乌考上大学的？

王：义乌，1973 年插队落户时去读大学的，我是工农兵大学生。在公社里考了一次，到县里又考了一次。当年出了个张铁生，又搞得天翻地覆。所以说，后来我到日本自费留学，用当时的话来说，是为了把"失去的时间补回来"，在日本的大学的研究生院拿了规定标准近两倍的学分，选修了两门半的课程，如果不是要打工教英语赚生活费，还能选学更多的课程。那时候好羡慕邻居韩国留学生，他们生活条件好，不需要打工赚生活费。中国留学生都挺辛苦的，有人问我，你要那么多学分干嘛，能卖钱吗！我为了上学，还辞了两天的活，一个星期四次去教英语，有时班里的日本学生会开车送我回家，我挺想念那时候的日本朋友的。

赵：请您说一说您与细菌战诉讼的缘起好吗？

王：好，1995 年 8 月 3 日，我在日本看到日本的《英文时报》一则报道：中国哈尔滨召开首届"日军 731 部队国际研讨会"。在这个会上，日本市民团体代表发表了 1994 年义乌崇山村民提出的"联合诉状"，要求日本政府就 731 部队细菌战鼠疫造成的生命和财产的损失进行赔偿。1994 年，我留学告一段落后，曾回到上海，去了崇山村，当时村里的一个堂叔叔王焕斌告诉我，他们要对日本政府提起民间战争索赔，记得当时我还对他说了，中国政府不是已经放弃赔偿了吗？我指的是 1972 年的《中日联合声明》。他说国家与民间的赔偿是两回事，就让我去日本找到崇山调查的日本人森正孝和松井英介，也没有地址。当时我很惊讶，想弄明白远在哈尔滨的日军 731 部队和我们村子里的鼠疫到底是怎么连到一起去的。我通过报社联系上了森正孝和松井，我在电话里对松井说：我是留学生，是崇山村人，我要参加你们的调查，我会尽我最大的努力支持你们的调查，这是我的义务。松井很惊讶，他根本就没有想到会有一个崇山村人在日本找上门去，好像这样的例子确实很少。后来，他们专程坐新干

义乌崇山村村口细菌战历史碑文前原告王锦悌向参观市民讲解

线到我在日本关西的家里，表示支持崇山村民向日本政府索赔，我把我们达成的共识总结了一下，一共三点，用传真传到森正孝家里，作为一个共同努力的起点：一是要把崇山村日军细菌战鼠疫的历史事实搞清楚；二是在此基础上，要求日本政府承认细菌战这一历史事实；三是在承认事实的基础上，要求日本政府就此承担责任。

　　在与他们的交谈中，我是第一次听说日本政府还没有承认过日军细菌战的事实，这让我很吃惊，也是我参与此事的一个主要原因。另外一个主要的动机来自于我非常强烈的想弄明白崇山村的鼠疫与 731 部队战队细菌战的关系。

赵：接下来，您就开始了细菌战的调查工作，对吗？

王：1995 年 12 月初，我先从日本回到上海看望母亲后，马上就去义乌崇山村，和村民们一起商量诉讼的事情。我说日本和平团体就要带律师来我们这里调查了，支持我们到日本打官司了。经过商量，我们成立了"崇山村细菌战调查委员会"。后来，参与诉讼的其他细菌战受害地的受害者，除宁波之外，也都仿效我们的做法，相继成立了调查委员会。从那时开始，我们就和日本的律师、学者、记者、学生、和平人士等一起来村子里调查 50 多年前的那场鼠疫，村里 70 岁以上的老人，平均至少访谈了 3 次。与此同时，我们还要查找文档资料，寻访相关当事人，如新中国成立初期搞"鼠防"的医务人员等，你想啊，50 多年前的一场"鼠疫"，要把事实经过整理出来，编写成文，这可是诉讼中难度最大、最艰苦的工作。我光是帮他们做翻译，就累趴下了，每次调查，大致一周以内，到最后，我的嗓子就出不了声了。回到日本家里后，把家务什么弄完，就躺下了，两天都动不了。

赵：那个时候，您可能只是想搞明白这件事情，并没有想要全身心地投入进去吧？

王：事情首先要搞明白嘛，搞不明白一切无从谈起了，官司也打不起来的，对吧？所以，村里人一开始一直想要找证据证明日军当年是直接对崇山村投放过鼠疫菌的，村子里那时也有人看到日本人的飞机上撒下来白色雾状的东西，村民里受教育程度低的，逻辑思维相对来说会差一些。我们在做口述史调查的时候，受教育程度不同的人讲出来的话就会不一样的。没有读过书的人，有时候讲出来的话，一般不熟悉的人，可能听都听不明白意思。当然，有些人没有读过书也很能讲，也看人的啦，但受教育程度高的人，讲出来的事情就条理清楚，你像崇山村的王炳宏老先生，他讲话就很清楚，表达能力也很强，这是我在做口述历史时体会到的，所以在采访受教育程度偏低的人的时候，要经过多次核实才行。

赵：在这之前，您在日本就没有听说过有关细菌战的历史吗？

王：没有，我在日本生活，整个日本是那么的干净、安宁，怎么的都连不到战争上去。如果在这个环境里，突然提什么侵略战争，好像就不是场合。在日本，几乎从没有人向我提过中日之间的战争，更不用说细菌战了。不过，我开始与日本和平运动的人一起调查细菌战后，和他们一起去过日本、中国，甚至美国、加拿大等很多地方。

赵：我在一个您的专题片中看到，您曾经到石井四郎的坟墓前，用日语说了一段话，那是一段什么话？能说说吗？

王：对，是在石井四郎的坟墓前。一开始去的时候，没特别的想说什么。但是一想，中国的细菌战受害者相关的人，到了石井四郎坟前去的，可能我是第一个，所以一定要说几句。于是我就说："石井四郎，你所犯下的细菌的战争犯罪，由于日本人民和中国人民的共同努力，将要受到审判。我们为了人类的和平，文明的进步，一定要对细菌战进行审判。"

赵：我觉得呢，一个人做一点善事挺好，但要坚持做 20 年，实在是太不容易了，您觉得呢？

王：想那么多的人就不会去做。一般来说，像我们这样做这件事情，事情在继续，用我们义乌人的话来说：就这么做去。

赵：那您觉得，这过去的 20 多年付出，值不值得呢？

王：那有什么不值得的，这件事情，首先就是我自己很感兴趣去做的一件事情，绝不是有人命令我去做了，或者说有人让我去做的，那都是没有的，是我自己选择去做的一件事情。所以我能够做到现在。

赵：这 20 年，您有其他的工作吗？如果没有，是怎么坚持下来的呢？

王：我开始做的时候，就是用我自己的工资来做的，1994 年的时候，有一个日本企业，他们雇我给他们做一些中国商务研究，与中国的农业科技交流，也翻译一些英文的资料，做到 2011 年日本福岛大地震吧，每个月都有工资的。

赵：这么些年，您觉得充实吗？

王：我这个人每天都在做事情的，闲不下来的，学习、打工、家务。我从 1995 年开始，找到了自己感兴趣做的事情，开始就是不知道这件事情有多难，也根本没有想到要做 20 年，不知不觉地就做了 20 年。其实大家都是差不多的，一个职业一辈子，只是做的事情不同。

赵：您在日本调查的时候有没有碰到过比较冲击您的事情？

王：总会有一些的，有一次，我和日本研究者去找一个人，他曾经是 1942 年南京 1644 部队派到崇山村的调查班班长，应该说，我姑姑她们说的"剖肚皮"的事情，就与这个人有关。我到他们家门前，浑身颤抖，我真的不愿意见这么个恶魔，真不愿意，但我回避不了，就敲门了，门开了，他的女儿开门的，看上去和我年龄差不多，面目清秀，和我以前那样，梳辫子。她问干嘛的。我说你父亲战争期间到我们村子里去过。她说没有去过，你以这样的原因，我不能许可你见我的父亲。一来一去的，我也有些急了，我说你自己不知道的事情，你别这么简单地下结论。

赵：您刚才说真的不愿意去见他，那您怎么还去呢？

王：那还是得见啊，该做的事情总还是要去做吧。日本研究者水谷尚子在《文汇报》上发表的文章里就有这个任务，就像是去见恶魔，你说谁愿意去见恶魔呀！对吧？可是，你要打官司，总要证据吧，没有证据，啥也别谈。

赵：唉，好难好难！崇山村发鼠疫的时候，您叔叔是怎么死的？

王：我姑姑和叔叔在江对岸我舅公家避难，那时候我奶奶已经死了，村里一位单身的中年妇女平时照顾我叔叔，她感染上鼠疫后，被放在祠堂里，我叔叔把她当妈一样，每天回到村子里去看她。结果有一天，我叔叔一路从崇山村哭着回到舅公家，什么话也说不出来。据村人后来的回忆，那妇女的胳膊被日本鬼子肢解了，我叔叔可能是看到了，才13岁的小孩子，吓坏了。当天夜里，我叔叔就发高烧了，舅公在村里待不下去了，就把叔叔抬回崇山村。那时候村子已经烧掉了，姑姑找来一块门板、一张地垫，就在野外地里搭了一张铺。那时已经是寒冬，我姑姑说，还下着雨。你想想，又冷又饿，我叔叔发烧昏迷不醒，身上烫得连手都不能碰。我姑姑说，我叔叔做噩梦，叫了一夜，突然听到"咯噔"一声响，发现他脑袋耷拉在门板上，就这么死了。

赵：王老师，你们家族里面因感染鼠疫而死的就只有你叔叔一个人吗？

王：我爷爷的兄弟几家里面，一共有8口人感染鼠疫死掉的。

赵：您后来是怎么成为原告并担任原告团团长的？

王：1996年夏天，崇山村民调查委员会向日本民间调查团提出过，让我担任他们的诉讼总代表。一直到1997年起诉前，我还是在和日本的民间调查团一起做调查。后来大家说，我也符合做原告的条件，我姑姑是原告。细菌战诉讼的原告来自于浙江、湖南两省，浙江省内有宁波、衢州、江山、义乌，后来又加了一个东阳，需要形成一个组织状态。日本的律师和支持我们诉讼的日本民间人士都组成团体。1997年8月起诉以后，我在各地调查的时候，我们各地的原告代表或者说受害者代表形成意向，于 1998 年 1 月在义乌召开了细菌战诉讼全国原告代表会议，形成共识。诉讼是为了民族尊严，不是为了钱，组成原告团，大家选举我为原告团团长，并代表原告团在 1998 年 2 月第一次开庭阐述原告团诉讼的目的和方针。大家也通过了我草拟的开庭陈述的基本内容，就这样，我成了原告团团长、总代表。后来大家推选我堂叔王培根为秘书长，湖南常德陈玉芳为副秘书长。他们两个人都是地方行政干部出身，比我能力强多了，只是不会外语，对日本、国际社会不了解。

赵：这个组织是官方认可的吗？

王：还不是一个民间社团，是原告们的一个组织状态，无所谓官方认可。

赵：王老师，请问原告团当中的原告有没有什么条件或要求的？

王：当然有了，当时辩护团确定的可为作为原告条件的有四条：一是由于细菌战而失去父母的人；二是由于细菌战而失去兄弟姐妹的人；三是由于细菌战而失去祖父、祖母、外祖父、外祖母的人；四是由于细菌战身染疫病而幸存的人。在这四个条件中，具备任何一个条件的人，都可以成为原告。

赵：明白，那么在打官司之前，都做哪些准备呢？

王：那太多太多了，光是我们崇山村，日本律师、民间调查团就来了十多次。日本人做事都是很拼命的，一工作起来就是没有时间的。他们白天采访，晚上就有人根据录音，把采访的内容打印出来。我当翻译的，计划、协调调查。

赵：您还记得细菌战诉讼第一次开庭前后的情形吗？

王：记得，那是 1998 年 2 月 16 日，我和堂姑王丽君、宁波的胡贤忠作为原告出庭。你知道，开一次庭要准备多少东西，大家忙得连饭都来不及吃，我差不多一个礼拜吃不下饭，开庭前一个晚上我整夜没睡，一是忙，二是紧张，我明白这是一个重要的时刻，我不能出任何差错，这个原告团团长的责任太重了，我那时候还很幼稚。我的法庭陈述其中有一段是这么说的：这场审判从起诉以来，受到日本、中国和世界人民的关注。原因是，这场诉讼审判的是本世纪最大规模的国家犯罪之一，在审判人类历史没有过的残虐行为。这场审判将在举世关注之中，越过法庭、越过海洋、超越国境、超越时代，产生影响。所有与这场审判有关的人，在什么样的位置上，起什么样的作用，都将在历史上产生意义，在历史上留下来，受到历史的检验。那一次，日本有 10 名律师作为原告代表参加开庭，领头的是土屋公献律师，他是原告律师团团长，他在陈辞中就要求日本政府承认细菌战这个事实，要日本政府承担责任，向受害者谢罪。他说这非但不违反日本的国家利益，反而是与亚洲邻国和世界建立依赖关系不可或缺的条件，是用金钱换取不到的巨大的国家利益。他强烈要求日本政府诚实遵守国际法的各项原则，恢复受害者的尊严。土屋公献是我最为敬重的日本人之一。

赵：日本政府承认细菌战的事实是在哪一审？

王：2002 年 8 月 27 日，一审的判决中，东京地方法院认定了细菌战的事实，这是历史上首次认定日军在中国战争中使用了大量的细菌武器，给中国人民带来了巨大的灾难，但他们驳回了原告团的赔偿和公开谢罪的诉求，原告方诉讼费自己承担。那天，崇山村的老年活动室里，王锦悌、王晋华等人准备了扩音喇叭，把村民和原告们聚集起来，等待着东京电话告诉他们宣判的结果，我和王培根等在东京。那次常德去了 50 来个人，我们中国原告团一共去了 80 多个人，包括媒体，浙江的媒体去的多，大家都是自费。义乌电视台的记者第一时间里把判决的结果电话告诉崇山村人，那个时辰，崇山村雷声大作，突然下起倾盆大雨。王晋华说，啊，从来没有下过那么大的雨，下了半个时辰，地上就积满水了。还有日本记者后来跟我说，那是崇山人的伤心泪啊！我说：败诉，但我们胜利了，细菌战的事实第一次被确认。我们要继续上诉，斗争到底。王锦悌当即在电话里跟我说：我们已经做好了打持久战的准备，我们的孙子也都准备好了。我们已经做好了上诉的准备，不获全胜，绝不收兵。

赵：大家的信心还是很高的，决心也很大。

王：是啊，必须有这样的决心和信心，否则凭什么和日本政府打官司啊，对吧？那次判决后，召开了新闻发布会，我在会上说：这是一个自相矛盾的判决。法庭确认了日军发动细菌战的事实，但又不令日本国家对细菌战造成的严重后果承担责任。但是日本法院认定细菌战事实非常重要，为今后我们继续申

2002 年 11 月 4 日，浙江义乌崇山村召开中国细菌战受害者对日索赔二审诉讼
声援大会，与会代表共计 600 多人

诉打下了一个坚实的基础。事实上，东京地方法院一审判决是最好的一个判决
结果，当时国际影响也非常大，刚好在 2011 年 9 月 11 日事件后发生的美国国
内生物恐怖事件不久，那时候国际国内的关注度都是最高峰。

赵：这么多年来，诉讼开庭一次又一次，据说有好多次开庭，原告只有您一个
人出庭，那个时候，您有什么样的感受？

王：我当然希望站在法庭上的中国人越多越好，可是大家都很忙，不可能像我
这样，当时我住在日本。那时候，一般老百姓从国内到日本还是很少的，大家
都带方便面到日本来吃，为了省钱。我们到现在还是在东京旅馆里一起吃方
便面。

赵：王老师，听说您曾经看到过一张照片，给您触动很大，哭了很长时间，这
是一张什么样的照片？

王：三个年轻男人的照片，我觉得照片上的人是那么年轻，那么结实，他们皱
着眉头对着镜头看的时候，也许是他们留下的最后的无声的话语。我为什么要
哭呢？这张照片是一个日本的老兵，当年是宪兵，押送这三个中国人到 731 部
队去做人体试验时拍的。这个老兵叫三尾丰，他出庭为中国的人体实验受害者

诉讼原告作证，向法庭提供的证据材料。押送 731 部队做实验的往往是些顽固的抗日分子，叫做"特别移送"，这张照片里的就是被特别移送的三个人。看到那张照片以后，我坐新干线回家，行程三个半小时，我一直在掉眼泪。我想我已经看到了，就不可能再背过身去，装作不知道。

赵：2003 年，您得到了 2002 年度感动中国人物之一的荣誉，您是如何看待这个荣誉的？

王：不！我个人倒真的没有觉得它是很大的荣誉，事实上很多人都不知道，这个荣誉也没有帮助我们解决我们活动所需要的社会基本条件，但我在实际的工作中，感觉到了一些方便，比如说我去调查了，我又不是来自于某某单位的，所以没有一个社会身份，有时候，朋友就会介绍说我是感动中国十大人物之一。

赵：有人说这是一场永远打不赢的官司，那你们为什么还要打下去呢？

王：什么叫赢？什么叫输？我在《南方周末》写过文章，分析过，得到史上首次的细菌战事实认定，就赢了一大半了。

赵：没错。

王：所以，打这场官司不仅仅是赔偿那么一件事情，它具有超越自身的历史和现实意义。

赵：对，王老师，那您觉得这场对日诉讼的最大意义是什么？

王：因为这场诉讼，细菌战受害地的那段历史被整理出来，记录下来，而且是挨家挨户的。战争的历史是通过一家一户具体发生的，历史整理工作的社会作用，近似一场与普通生命价值有关的人文启蒙。令我感动的是，这群来自底层的受到战争伤害的普通老百姓，他们对这件事情的极大的热忱，和为之付出的努力，他们为自己的亲属、邻居留下了历史，也使人们听到了他们的声音。根据目前的情况，急需要有一个专门机构，组成一支专业队伍，与目前正在推动日本政府部门公开日本细菌战资料的日本和平团体一起，继续这段历史整理与研究，保存下去。我们通过诉讼，和日本各界人士有了很好的交流，包括出席法庭的日本政府代理人，在交流的基础上，和许多日本人建立了互相信任，使诉讼成为两国人民克服过去的共同点。我们使许多日本人看到了中日两国之间，通过正视历史走向和平未来的希望。所以，我觉得诉讼本身，首先对于参与这个诉讼的中国人和日本人来说，就是一个走向"和解"的过程。在这个过程中，我们共同寻找这段历史，在共有历史的基础上，形成了共同的历史观。我们还在继续共同努力，将历史整理出来，保存下来，以教育后人。

赵：讲得太好了！王老师，我在看南香红的《王选与她的八年抗战》一书时，看到其中有一个细节，说您在原告和日本律师之间充当着沟通的角色，这个角色不好当吧？

王：太难当了，第一次开庭前，有日本律师劝我说：千万不要提钱，诉讼的目的不是为了钱。我心想怎么不能提？日本政府应该赔偿，这是我们中国原告提出的诉讼要求，后来我明白过来，他们是担心日本社会上有的人不理解，觉得中国人打官司就是为了钱。我们确实不是为了钱。

赵：对，王老师，在这么长时间的合作中，您觉得哪几位日本律师最值得您尊敬的？

王：每一个律师都值得我们尊敬，特别是土屋公献、一濑敬一郎，他们作为日本律师为我们的诉讼所付出的努力，令人感动；研究者奈须重雄、近藤昭二，学者吉田义明、松村高夫等也是令我尊敬的。这些日本律师和研究者，你可以在网上查到关于他们的介绍。义乌电视台做了一个专题片《王选和她的日本友人们》，这里面有我和他们交往的细节，你有空可以去看一下。土屋公献等于我父亲那一辈人，1997年他来了以后，我就好像有了依靠。土屋为人很正派，在他们的和平运动内部，他就好像顶天柱那样存在。他把很多钱用到诉讼上了，每次在土屋律师事务所开律师会议后，我们就到楼下那家汉堡店吃饭，那里的汉堡我们大家都挺喜欢的。每次土屋都会跟那些日本律师说，你们每个人自己买单，王选的那份我来买，所以我每次吃饭都是土屋买单的，他知道我没钱。

奈须重雄也是我的好朋友，但他得了重病了，是心肌坏死。他几十年来，搜集了很多资料，我们细菌战受害诉讼的许多关键性资料证据，就是他去找来的。1942年6月《大阪朝日新闻》刊载那张义乌鼠疫照片的报纸原件就是他找到的。他把他的一些资料整理出来，给了我。

王选于 1998 年 5 月参加第二次开庭

　　还有近藤昭二，他也一直在搜集 731 部队老兵留下来的资料。一次，他跟我们讲，最近有一个原 731 部队的老兵的家里房子坏了，就把原来的房子拆了，发现里面有资料，家人就把这些资料拿到旧书店去卖了。旧书店的人一看这些资料，就请他去看了，像他这样搞研究的人，跟一些旧书店也来往很多。他发现其中有一些 731 部队的照片，很高兴，就给我看。我每一次到日本来，都会有所发现，有所收获。

赵：王老师，我有个疑问，日本那些律师在帮中国受害者打官司，那日本人会不会说什么啊？

王：会啊，近藤昭二就跟我说过，在日本也有很多人说，你们为什么要把这些事情抖搂出来？都已经是过去的事情了。但是他们不是这么认为的，就是因为过去有这样的事情，而且这些事情真实地发生过，谁也不能把这些事情从历史上抹去。一时来说，这些事情揭露出来以后，对日本来说会很耻辱，但是，日本把历史事实搞清楚了，应该谢罪的就谢罪，该弥补的就弥补。这样的话，中国受害者的心里才能过得去，他们日本人才能真正地跟中国人民建立起友好关系。如果 731 部队细菌战这样的事情都搞不清楚，不能够解决问题的话，那么中日之间哪里谈得上什么真正的友好。

赵： 这批日本和平人士令人敬佩。

王： 对啊，这些人是有良知的，而且很付出。

赵： 王老师，这么多年，您带着中国的受害者原告去日本打官司，您有没有帮他们筹集资金？

王： 有的呀，1998 年 7 月第三次开庭后，我们就开始自费了。1999 年夏，衢州、常德的两个原告，从东京到大阪参加集会后，我就带他们住在我家里，他们的钱是从日本神户华侨总会会长林同春那里要来的。我让他们跟着我一起去林会长那里筹款，让他们实际体会一下，问人要钱，总是不爽快的，林会长说：不能老是到我这里要啊？他问我这次两个人的费用要多少？我说 24 万日元，递给他一张费用清单，他就给了我 24 万日元。他们两个老头一路上跟我说：王选，你是大要饭的，我们跟着你，是小要饭的。我真没想到他们说出这样的话来，鼻子酸酸的，能要到就很幸运了。我带两个老头去神户港码头走了走，在饭店吃了一顿自助餐。这些原告老头子都是我的好朋友。前些年，林会长去世了，真可惜，还就是他对我最好，他惦记着帮我，在神户华侨圈子里为我们募捐，没有得到回应。后来，我被评为"感动中国"十大人物之后，有一个姓邱的朋友，是山东莱阳县旅游局的，他把 30 万日元送到我上海的家里，因国内日元不能转账，是我弟弟写收据的。我说山东人捐的钱，就用做山东细菌战调查，他说不要，这个钱就是给你用的。我当时问日本律师借的钱，就是用这笔钱还的，还给一濑律师了。捐来的钱都是用于细菌战诉讼和调查的，而且都是给大家用的。说到筹钱的事情，就没完了，对我们支持最大的是世界抗日战争史实维护会的美国华侨们，没有他们的支持，不会有原告团。

赵： 王老师，对日民间索赔之举，是出于您对细菌战受害者的道义责任感，还是出于对民族尊严或者说人类更高价值的追求？

王： 我小时候读过"精卫填海"的故事，印象至深。参与细菌战受害诉讼，是我自己的选择，我在义乌教书时，当过兼职律师，后来也打算当律师，对这方面很感兴趣，这点至关重要。我们这群人也有些像愚公一样在移山，很多人不理解，但是我们大家凑在一起做事情很开心的，不知道有没有感动上帝？现在许多受害者都走了，大家都老了，那时候的气氛也没有了。1998 年 2 月第一次开庭前，我们在义乌举行的第一次原告团代表大会，确定了诉讼的目的和方针，大家一致认为：诉讼是为了祖国和民族的尊严，为了受害者的权利，不是为了钱。"这个诉讼不是在于最后的结果，而是在于这个过程，即使有千辛万苦，也要打下去。"我告诉美国的朋友们，这是我们中国受害者提起的诉讼，我们在经济上必须自力更生。说到打官司，证据很重要，和日本人在一起做事，你也不得不认真，上法庭的事一点都不能马虎。再说这个诉讼规模大，原告又那么多，有 180 名原告，来自中国两个省，六个市、县，压力真的很大，加上许多事务性的工作我都要去做，譬如给国内各地打电话，交代有关诉讼的各种事项，每开一次庭，我都要回国召集各地原告代表开会，报告开庭情况，还要承担他们一些人的费用。当然，这只是我们所做工作的万分之一。现在回想起来，自己都不知道怎么过来的，就这么过来了。

赵：王老师，听说您为了开一个全国细菌战方面的研讨会，还特地跑到义乌市长那里去讨钱，有这个事吗？

王：有，20 世纪 90 年代下半期，浙江省当时的对外友协副会长徐德仁对细菌战诉讼的事情挺支持的，浙江省社科院历史研究所的丁晓强从 1996 年就开始做调查研究，我们原告团的主要活动都参加，可惜他后来离开浙江，调到上海去了。1998 年，浙师大的副校长张世欣写了一本书《浙江省崇山村侵华日军细菌战罪行史实——受害索赔：崇山人的正当权利》，他是王培根的熟人，资料都是王培根提供的。当时就觉得，崇山村细菌战诉讼需要一本资料，常德 1994 年出过一本当时细菌战历史的书，宁波也出过一本，都是在《井本日记》发现之后。当时衢州邱明轩医生的书，纽约的华侨已经捐赠支持，马上要出。我拿着张世欣的那本崇山的小书，跑到北京，找到中国抗日战争史学会会长白介夫，是《抗日战争研究》的编辑荣维木带我去的。白老是延安抗大出来的，看到这本书，往小桌上一拍，对他的秘书说，这样的书，北京为什么没有！1999 年 11 月份，中国抗日战争史学会决定为我们要在抗日战争纪念馆开一个细菌战调查会议，推动全国范围的细菌战调查，但是会务费要我们自己出，然后我就跑去找我们义乌市市长要 3 万元钱，当时市府办公室的主任在一边说，这个钱怎么入账啊？市长说你别管，把钱给王选，让她拿走。我们这个市长，我到现在还特别感激他。我从来没有拿过那么多的现金，3 万块钱，就放在一个黑色的塑料袋里给我的，义乌人都用这种袋子装钱。我就抱着这 3 万块钱，放在胸前，怕丢了，一路抱到中国人民抗日战争纪念馆，开了这么一个会，大部分钱，是花在云南来的两位调查者的旅费上了。差不多那时候，美国旧金山史维会决定要捐助我在日本的活动经费，让我造了一个预算，一个月至少一两千美元。他们说那太高了，捐 500 美元。我们家离开东京很远，新干线来回一趟，加上住两天便宜的旅馆，就要 500 美元，但我一个月起码要去东京两到三次，以外的钱，只有自费，还要回国调查，要开庭，还要回国带老乡来。2001 年 8 月，我们那个时候在杭州开了一次会，最后的晚餐，吃饭的钱没有了，我把我以前在义乌乡下教书时的学生叫来，那顿晚饭是那个女学生买单的。那次，当时班里的英语课代表，高考时英语成绩金华第一名，他给了我 1 万元钱。这 1 万元真是救了我的命了。说起来，评上"感动中国"后，浙江也陆续有些捐款，数量不大，全部用于大学生细菌战田野调查，各地代表去日本的费用。2005 年的时候，中国人权发展基金会成立了一个历史·和平·人权基金，其中有我的专项基金，香港的一个基金捐了一笔钱，从 2006 年 1 月开始，我在日本的费用才可以报了。我的经验是，不问别人要钱，要也要不来，捐助我们的，都是自己找上门来的，比如山东莱阳县旅游局的邱先生，有机会，我一定上莱阳见他一面。

赵：除了筹钱之外，还有别的什么难处吗？

王：只要有资源，什么事情我们都能做到的，我们都不怕苦，你信吧？

赵：当然啦！王老师，我们一听到打官司这几个字，吓都吓死了，而您还要跟日本政府打官司，这一路上调查取证，是不是很难啊？

王：很难的，我觉得最难的就是在这一块，就是调查。你对考古有概念吧，要用小刷子在碎片上头刷，一点点刷出来，我们的调查取证就有点像是这个样子，不过这是很多人一起做的，中国人，日本人，绝非我个人的能力可以做到。当然这么多人凑在一起，如果没有有效的组织，会产生很多问题，诉讼是一个平台。

赵：那些细菌战受害者对你们的调查取证都配合吗？

王：受害者有能力的，都是自己积极参与的，我们有不少图，是受害者自己画的。

赵：王老师，我在拜读南香红《王选与她的八年抗战》时，注意到里面的一个细节，说是您曾经睡在一濑敬一郎先生楼下的桌子上，有这个事吗？

王：这对我来说是常事，睡在他家的桌子、凳子上至少有10年了。很多留学生家里都睡过，日本律师家里也睡过，一开始，一濑律师的事务所是租来的房子，和另一个律师拼的，北大历史系的徐勇教授来参加我们第一次开庭，也睡过一濑办公室的椅子。后来一濑造了一栋小楼，一层是会客用的，有一张大桌子，就睡在那上头，那就很不错了！很宽大的桌子。

赵：为什么不去睡宾馆呢？

王：没钱呀，我们大家现在去东京，还带方便面吃的。2006年起，我就不睡他们家的桌子了。一濑敬一郎的老婆很好的，她把被子用热气烘热给我盖。我不止睡他们家，很多人的家里都睡过了，留学生的家里、聂莉莉的家里、殷燕军的家里、西村律师的家里、刘惠明的家里等，筑波大学研究生同学家里也睡过，在东京打工教英语的同事家也睡过，就在石井四郎东京住宅的对面，都睡了百家，当时没有钱，只好睡在人家家里。在国内调查活动也一样，到哈尔滨睡步平教授、罗立娟律师家里，到北京睡孙靖律师家里，闻一多的孙子家里，郭小川夫人、女儿家里，到杭州睡楼献律师家里，到丽水睡细菌战调查会庄启俭家里，到金华住电视台的陈江苹家里，到义乌睡同学、亲戚、朋友、学生家里，都数不过来了。

赵：日本那边有没有人赞助您呀？

王：日本和平运动里，每个人都是自费的，这是原则。

赵：这么苦，您都没有退缩的念头吗？

王：官司在那里继续，我是原告团的总代表、团长，想退也无处可退呀！

赵：真是佩服您！王老师，有人说您是职业革命家，您自己觉得是不是啦？

王：肯定不是的啦，我就是一个普通的草根女性，在做一些普通的事情，因为大家都在外边看，就把我想象得很伟大。本来么，这样的事情应该由大家一起来做的，如果是我王选一个人在做，那这个事情就不对啦。一开始，我的条件比人家好一点，有日本企业的工资。现在，我老了，做不动了，国内条件也好了。我现在还在做调查研究，光是这件事情都做不过来。再老了，连调查研究都做不动了，所以还得赶紧。

赵：王老师，刚开始的时候，那些义乌的原告都是您去动员的吗？

王：那是不需要动员的，随着调查的展开，人人都要当原告，但是王培根在组织管理，他是伟大的农民领袖，做基层农民工作很有一套，如果没有他，原告们也搞不起来的。我现在也体会到，义乌农村一摊，就是靠他的。

赵：是的，他在义乌的民间是很有号召力的，他为人也公正，且无私。

王：对，他确实是一个很好的农村干部，不怕吃苦，和农民打成一片，我挺佩服他的。

赵：美国的学者哈里斯说过：如果中国有两个王选这样的女人，足以让日本沉没。您觉得这话公允吗？

王：他是开玩笑说的，被媒体拿来到处说。2002年，哈里斯带了两个美国医生到中国来调查，我带他们到金华、衢州去调查烂脚。这是抗战结束后，美国的学者第一次到中国来调查日本细菌战受害情况，他们都是自费的。

赵：王老师，您这一路走来，困难重重，是什么力量让您支撑下来的？

王：这个问题被记者问过无数次了。我和义乌人说过：我们这一路走来和你们"鸡毛换糖"创业差不多，只是领域不同。举一个例子，那时候，许多中国人都不知道日军细菌战的历史。2000年，我和两个日本留学生、一个学者一起把美国历史学家谢尔顿·哈里斯关于日本细菌战历史专著《死亡工厂：日本细菌战1932—1945及美国的掩盖》翻译成中文出版。上海人民出版社答应给我们出版，也不要我们出版费，编辑们很不错，做得很认真。有个译者干脆把书都捐给我了。我就整天背着这些书到各个大学去演讲，半送半卖。南京大学的历史学教授张生，当时还在读博士。他说对我的第一印象就是背着一只比我人还大的包，里面装满了书。那天卖出 20 本书，是南师大的张连红教授自己掏腰包买的。我就是到南京不用睡人家里，张连红教授会照应我，张启祥跟我做调查就是他派的。南京民间抗日战争史料博物馆吴先斌馆长，我到南京，只要找他，吃住行他都会管，还派驾驶员送我上高铁。有一次吴馆长请我们大家吃饭，张生看我吃得狼吞虎咽的，说你平时是不是没得吃，怎么吃那么多。多数媒体只报道我们的诉讼，社会关注也集中在诉讼上。实际上，我们做的工作有两个方面，一是诉讼，也就是维权；二是调查，包括教育，调查是最基本的，需要常年的日积月累。现在时兴一句话：十年磨一刀，对我们民间调查者来说，这是家常便饭。

赵：王老师，2007 年已经结束了对日诉讼这个程序，你们有没有想别的途径再作努力？

王：继续维权的途径，我们都想过的，一是在国内的法院进行诉讼，2002 年一审判决后不久，我们就已经向国内的地方法院递交过诉状，但没有立案；二是向联合国人权组织提出申诉，可是我们没有非政府组织（NGO）的法人资格，所谓"原告团"，只能在国内"混混"。

赵：王老师，您现在是在日本还是在国内做研究？

王：现在主要在中国，日本那边有事情去一下。

赵：那您先生是在日本还是在中国？

王：他也在中国，也是有事情去一下日本，办完就回来。老了，跑不动了。

赵：张启祥现在跟您还联系吗？

王：张启祥，有联系的。他还在南京师范大学做本科生的时候，就认识了我，那是 1999 年，刚好他的毕业论文是写的日军细菌战。从那开始，张连红教授就派他跟我做调查，他就成为我的"助手"，参与了侵华日军细菌战的诉讼、调研。广西电视台主持人采访他的时候，问他跟我在一起有什么感受？他说："从最早看到她，再想想她后来的性格，我脑子里总是觉得她像一个炸药包的那种感觉，充满了无限的正义的力量，又有很多的潜能，但是好像又是随时爆发，带来很大的杀伤力的那种。"我懂他的意思，我遇到什么事不对，我就"哗"地上火了，所以他会有炸药包的那么一个印象，平时被挤压在一个窄小得不相称的空间里。

赵：王老师，2005年的这次宣判，您觉得有挫败感吗？

王：2005年8月判决，我带着张启祥、肖俊、宁波大学细菌战调查会的首任会长去了，经费是那年浙江各地赞助的，上海、杭州有两位女的离休干部每人给了我1万元钱。记得好像我是第一次用捐赠去日本，让3个学生去，是想让他们了解日本方面的情况，以后做事情需要这方面的素养，没想到后来一个都留不住，他们从头到尾都是跟我吃方便面的。你想想看我们这些人做事情真的很不容易的，挫败感倒谈不上，只是那种心理上的疲劳，因为整个的过程都像是在逆水行舟，2007年5月，最高法院作出的最终决定，把中国受害者所有的诉讼案，全部都驳回了，国内媒体还不报道，几乎没有反应。所以到现在还有人问我，你们的官司打得如何了？我就立马火冒三丈！

赵：张启祥后来还在坚持做细菌战工作吗？

王：为了生活，他必须去找一份稳定的正当的职业了。听说，张启祥当了公务员以后，心里还想着细菌战这件事，当初应该跟着王老师做下去，那是心情使然，可以理解，我怎么让他跟我做呢？你说复旦大学博士跟着我，我怎么给他发工资呢？以后履历都没法写。

赵：张启祥的钱包里面有一张照片，这照片就是王老师您，您知道吗？

王：开始不知道，后来在广西电视台的节目上知道有这回事儿，是我去日本第一本护照上的照片，这本护照连皮夹子一起都让人偷了。这张照片他放了10年了，这孩子挺有心的，我挺感动的。他前几年还带他的女儿到我家里，他跟女儿说我带你去看一个奶奶，她平时是怎么生活的，怎么学习的。他告诉他女儿：这个奶奶生活简单，工作全身心投入的，做人是透明的。他的女儿很有意思，一脸大人的表情。

赵：王老师，您还有一个闺蜜叫南香红，她对您有过这样的评价："王选就是她的性格火暴么，见她随时都会发脾气，把别人骂哭啊或者什么，这是经常有的事情，她就是这种性格，就是这样一个火暴的性格。但是呢，跟她久了以后会发现，她是一个纯粹的人。就是这种纯粹的人，你在生活当中很难找得到了。她所有的事，都是为了细菌战这件事。她哪怕是骂你，把你骂哭，都是为了把事情搞好。所以你从这个角度来看，就会从心底里跟她没有隔阂。我觉得这是最重要的。"您认可她这样的评价吗？

王：是，我的性格是比较火暴的。我妈是北京的回民，我也觉得自己的性格和一般的汉族的女性是有一定差异的，我更为直截了当。现在我也有反省了，大家这么多年来，都是容忍了我，不是由于我王选怎么样，而是为了这件事情，所以我非常感谢大家，真的！

赵：2007 年 5 月，日本最高法院驳回了你们的上告之后，你们还继续吗？

王：我们所有的人都不会罢休的呀，我们每年都去一次日本，把我们最新的调查报告提交日本政府各相关部门，包括外务省，要求日本政府谢罪、赔偿，进行历史教育。我将时间精力更集中在细菌战历史调查研究中。最近，我们在做浙江省烂脚老人的医疗，上海有两家医院同我联系，对浙江省的烂脚老人提供治疗。到现在为止，已有 20 名老人在大家的帮助下，离开家乡，到上海参加手术治疗，缠绕了他们一辈子的烂脚，终于能够治好了。你看电视新闻了吗？你看那几个老人开心的，他们都是普通的农民，跟他说了，你回家吧。他说不回家，在医院里挺好，他感谢感谢，他说花 5000 块钱就可以都医好了。有医生出来医疗这些老人，对我来说真的是天大的喜事，我觉得我从来没有那么高兴过。对我来说，我觉得这是一件很完满的事情。

赵：王老师，您是怎么想到要帮助这些人的呢？

王：我从 1996 年开始就在诉讼调查中，接触到战争遗留烂脚病人，那时候很多，看他们烂脚烂得很臭的，没有能力帮助他们，这都是我们心里一个很大的负担，去调查的大学生都感到特别地压抑，现在上海的医生说了，向抗战胜利 70 周年献礼，要把浙江的战争遗留烂脚老人全给治好，那我和学生们当然感到很高兴。

赵：是是是，这确实是一件天大的喜事。王老师，我想问问您家里的爱人孩子支持您做这件事吗？理解吗？

王：我们全家都要帮我做事情啊。我觉得一个很大的原因，可能就因为我没有小孩，才能做这件事情，把对孩子的心血放到这件事情上了。我们家里包括我母亲也帮助我干活，还有弟弟、弟媳妇，我现在做的调查报告，出的书，里头那些地图都是我弟媳妇给我画的。我说我给你钱，她说不要。全家人都要帮我干活，因为我没有单位，生活费也是我们家里给我的，完全是自己家人挣的钱给我，养着我这么一个人。

赵：王老师，您最感恩的是谁？

王：最感恩的是我的父母、我的丈夫，还有那些帮助过我的人。

赵：您的偶像是谁？

王：鲁迅。

赵：您有恐惧感吗？

王：我不太怕的，没有什么特别恐惧的事情。

赵：您最大的缺点是什么？

王：就是要发脾气。

赵：您相信什么？

王：我相信人性。

赵：您人生中最快乐的瞬间是什么？

王：那些烂脚病的病人能够得到救助了，有医生给他们治疗了，我真的感到前所未有的快乐。我觉得我良心上的负担减轻了。我可以像正常人一样地活着了，以后可以出去快乐地周游了。

赵：您说要感恩您的老公，那您对他觉得愧疚吗？

王：有，就是我不太有时间去关心他，他必须自己努力做生意，然后来支持我的事情，给我发工资。我是真的感恩他，他这一辈子真的很不容易。

赵：您没有孩子，那您感到遗憾吗？

王：我们50年代的这一代人都是活得很苦的，但是我确实没有觉得有什么遗

237

憾，跟着我的那些学生都挺好的，我想要是我自己的小孩子，还不能保证有那么好。所以，我觉得把他们养育成人的母亲们很伟大。

赵：对，现在，除了对烂脚老人的医疗救助之外，您的工作主要是以调查研究细菌战历史为主喽？

王：调查研究一直在做，把历史搞清楚。本来我就不是做社会工作的人，本就是个读书人，研究巴不得早点做完，想在 2015 年告一个段落，都是国家级的项目，把历史留下来是最重要的，你要等到这件事怎么样了再来做是不行的。我们受害者到日本去请愿，每年还要去一次，同时呢，细菌战方面的调查仍在继续，丽水那边成立了"丽水细菌战受害者史料研究会"，这是民政局注册的社团。去年，义乌也成立了细菌战受害者遗属会。

赵：那您觉得下一代人会接着做这样一件事情吗？

王：一个时代有一个时代的主题。我现在的思想是：一个社会的发展，是大众的，要渐进，而不是说一帮子人在拖着使劲地往前走。社会内部各种条件成长和成熟，需要时间。我能够做的就是把历史留下来，把有关研究做好做实，历史都没有留下来，那你啥也没有了。最近，我把北大历史系主持的国家项目子课题交上去了，近 3000 页扫描资料，几乎都是美国国家档案馆的档案资料。这个专题的资料集是我和日本研究者近藤昭二编的，有一些年轻学者、研究者也参与了编辑工作，很多档案到现在都还没有公开出版过，加上近藤昭二和我共同撰写的解说，还有我做的中文目录。北大的课题首席专家徐勇说，这样的资料集，国内还没有，国际上也没有。

赵：真难得！王老师，那些日本和平人士也在做研究吗？他们拥有的资料，我们能否共享的？

王：是的，他们都在做研究。他们很多资料，我们都是共享的。日本人做事情很认真的，他们都做了几十年了，都是自费的。奈须重雄把他自己收集了 25 年的一部分资料交给我，这些资料我们都是可互享共用的。我们的调查新发现也向他们公开，请他们提意见。

赵：王老师，那您有没有想过会把您手头掌握的资料捐给国家呢？具体会捐给哪家？

王：我没有小孩子，迟早要捐给某个社会机构的，奈须的资料，我也是代管。我们对资料的使用用途，管理制度，资料的社会公开是有要求的，我们会选择能够理解我们，并尊重我们的这些要求的机构或个人，资料必须全部向全社会公开。

赵：我在接触细菌战之前，对你这个人的印象是：很伟大但很遥远，因为您是感动中国十大人物之一嘛，是有光环的嘛。

王：这都是媒体报道造成的影响，我是一个很普通的人，不过知识分子做事情是有理念的。

赵：王老师，您在这么多年的诉讼当中，有没有看到过日本的人性的善良？

王：有！日本很多的律师义务为中国细菌战受害者打官司，为此付出了很多很多。还有，日本细菌部队的有些老兵，顶着压力，出来作证，如当年的日本老兵松本博，他是看管"试验材料"（中国活体试验者）的，他偷偷地把香烟藏在口袋里，给那些中国人抽，他同情这些人，又帮不了他们，中国人叫他"小孩"。他回国后，曾告诉他母亲，他在细菌部队做的事情。他母亲说，你是个罪犯！还执意要告诉他的未婚妻这些事情，说："我就是这么个人，你看着办吧。"让她作出选择。还有一次，一个80多岁的日本老兵，面对大家，面对电视镜头，承认自己在中国强奸过少女，然后将她带到军营做慰安妇，这样风烛残年的老人，能够当着那么多人的面坦白自己过去犯下的罪，这得需要多大的勇气啊！这就是人性之善！我是相信的，这方面的例子太多太多了。

赵：对，感人。王老师，您的外国朋友到义乌调查细菌战受害者情况，他们都是自费的还是本地有人招待他们的？

王：有的时候，我就叫我的学生、朋友请他们吃顿饭，跟我打交道的人都倒霉的。因为他们要掏腰包啊，哈哈。

赵：您下次有朋友到杭州来，就住在我家里好了。

王：那倒不用的，你最近在义乌采访得怎么样啊？

赵：挺好的，很有收获，采访了十来个人。何必会老师把他自己复印的细菌战方面的资料都给我了，一大堆。前天，他又送我们去上田村采访王希琦先生的母亲和他自己，还采访了王景云大妈。何必会老师是全程录像、录音、摄影，很感谢他。

王： 王希琦的母亲怎么说？

赵： 她身体很不好，坐在那里，一句话也讲不了。前几天，她的弟弟迁坟，她也亲自参加了，回来以后就生病了。我们就听王希琦老师讲了一个多小时，讲得也很好，我现在发现，只要你问得出问题，他们都能讲。

王： 你把它整理出来，我现在在写义乌细菌战鼠疫的论文，只要是原告的口述历史，按理说这也是可以放进去的。王希琦的母亲怎么说？

赵： 她一句都没有说，因为106岁了，已经不能说话了，太晚了。早半个月，她还能讲。

王： 早个10年这么来做，口述历史就能做得很好了。

赵： 是，太晚了，当初没有重视。王老师，现在还有人赞助您吗？

王： 基金的赞助到今年结束了，去年的发票还有很多没法报销。做研究是这样的，不是说这一份资料值多少钱，而是整个研究具有价值。我和南师大张连红教授他们做1644部队的研究，没有拿过政府一分钱。

赵： 王老师，您把细菌战资料整理好了，课题完成后，还打算做什么事情？

王： 我啊，等到做好这一切，我都70岁了，还要写回忆录。当然，在写之前，我一定要把细菌战诉讼的资料整理出来，有精力的话，研究我会接下去做。反正，我会做自己喜欢做的事情。2015年这一摊事情做完后，可以去各地旅游。

赵： 对，做自己喜欢的事情。

王： 你怎么会来写义乌的东西的？

赵： "义乌丛书"是委托给浙江省社会科学院来招标的。我调进社科院那一年，正好他们在招标，我自然而然地就写了几本。我对义乌的印象是很好的，我说义乌有三支世界上很有名的队伍，一支是戚继光训练出来的"义乌兵"；一支是敲糖帮；一支是王选带领的那支细菌战诉讼原告团，哈哈！王老师，您觉得自己漂亮吗？

王： 没有觉得自己有什么好看的，但是我还是注意的，一个人的气质啊，穿衣服的整洁啦，但是我不会打扮的，从来不化妆的，化不来的，头发也是从小到大永远是这个样子。

赵： 您的头发好，发质好，随便一扎就很好看了。

王： 我说话语速很快，语气很直接，可能对有些人来说，不太像女的。

赵： 怎么会呢，王老师，我再问您一个问题，我在看《王选与她的日本友人》这部专题片时，里面您说就会唱一首日本歌曲，那就是《花》，但您说出这首歌曲的歌词时，哭了，为什么？

王： 想起那时候大家一起调查时的情景，许多人都走了，我们这帮人现在也老了，也不唱歌了。1995年，我们刚刚开始调查细菌战的时候，调查团一起唱的一首歌就是《花》，有中文版的，叫《花心》，这首歌的歌词是这样的：河流啊，流啊流，流向何方？人啊，在随波逐流中，漂泊向何方。要让生命去盛开，像花那样。土屋是一个多才多艺的人，有时候，在我们大家开完会之后，他就带我们一起去唱唱歌，喝个小酒，也是为了联络一下感情，当然又是他买单啦。他会带我们一起去东京站附近的一个小酒吧去喝酒，大家就一起唱歌。土屋歌唱得也很好。一天，我就唱了这首歌，这是我唯一一首能记住歌词的日本歌，因为我把歌词写在纸上了。那次，近藤也在，他说那是他听到过所有唱这首歌里，唱得最好的。日本人觉得人生是短暂的，要活得美好，所以要有健康的身心，他们讲究饮食，注意锻炼身体，人类不可能去违背自然的规律，因为它是短暂的，所以活着要像盛开的樱花一样的灿烂，日本人在即失的瞬间追求完美。土屋病重，我们大家去他家看望的时候，他还唱歌，一首思念家乡的歌。他看到我们从中国赶来看他，真的很高兴，他还对楼献律师说，看你的身体，还能做好多事啊。这是他生命中最后的一首歌。

赵： 王老师，非常感谢您从百忙当中抽出时间接受我的采访，也感谢您教会了我很多细菌战方面的知识，我希望以后也能成为细菌战志愿者，尽自己的微薄之力。

王： 好，我们一起努力吧。

■ 楼献

我是中国律师，我要在日本法庭上发出自己的声音

采访时间：2015 年 6 月 3 日 14：05—17：20

采访地点：杭州吴山名楼初阳律师事务所

受 访 者：楼献（楼）

采 访 者：赵福莲（赵）

赵：楼律师好！又见面了，来打扰您了。

楼：不客气！不客气！今天正好有空，我们喝喝茶聊聊天。

赵：谢谢，谢谢，楼律师，您是义乌人啊？

楼：是的，我是义乌夏演的。我父亲叫楼浦贤，他从金华农校毕业以后，分配在浙江省农科院工作。我母亲叫蒋唐英，是松阳人，她是处州农校毕业的，当时的丽水叫处州么。毕业以后，我母亲也分配在浙江省农科院工作。然后，他们两个人就恋爱、结婚、生子，一路过来还挺顺的。我母亲跟我说，反右的时候，她差一点就成右派了，他们单位的一个人打成右派后，有一个反右领导小组的人来跟我母亲说，那个被打成右派的人说过一句什么话，要我母亲作证人。我母亲说这我不知道。那个人说，你们是同姓的，都是姓蒋的，你怎么会不知道呢？我母亲说我不知道就是不知道，这跟同姓没有关系的。后来，就在她的档案上记下四个字：怂恿分子。我是 1956 年生的，我妹妹是 1957 生的。1958 年 4 月，他们就把我母亲弄到文成县珊溪镇中学去当老师，我母亲

242

赵福莲采访楼献

带着我和妹妹去的。后来，我父亲也到文成工作了一段时间，随后他们又到温州、丽水工作，我也一直跟在他们身边。我父母是退休以后再到杭州来居住的。

赵：那您什么时候来杭州工作的？

楼：我是杭州大学政治系毕业的，属于工农兵的最后一届。那时"四人帮"已经粉碎了，我在杭州大学的时候，是杭大话剧团第一届演员，我是演《于无声处》中的欧阳平的。著名作家王旭烽当时是做剧务的，所以，我和她蛮熟。杭大话剧团和浙江话剧团一起排练《于无声处》的，是史行先生来指导的，他当时是浙江省文化局局长。

赵：我和旭烽姐都是杭大历史系的，她毕业那一年，正好我考进去，她是我的师姐。

楼：是，我们都是校友。杭州大学刚毕业那会儿，我分配在丽水师专当老师。1982年下半年，让我仍旧回杭州大学，没成功，后来就让我去杭州商学院。要去的时候，接头的那个人是宣传部长，刚好去北京进修了，要进修一年，我这事情就被搁下来了。后来，我就到浙江省建设技术学校当老师，就是现在的浙江省职业技术学院，原来是在教工路上的。过后呢，学校领导送我到重庆建工学院去进修建筑企业管理。

赵：这个专业跟法律似乎不搭呀。

楼：1983 年，我在进修的时候，就在那边开始学法律。

赵：自学吗？

楼：自学，那时候，我觉得我们学的东西都太宏观了，那么，就学一些微观的东西。宏观救国救不了，那就微观救人吧，我当时是这么想的。进修回来以后，我就开始编《经济法概论》的教材，我在编教材的过程当中，1984 年、1985 年的样子，我又同时做《经济生活报》《杭州日报》两家报社的法律顾问，在报纸上解答一些法律问题。1985 年下半年，我就到律师事务所去做法律工作者，那时候不叫律师，叫法律工作者。我想应该理论联系实际，就在那一年，我印象很深的，就是我自己去安吉办一个刑事案子，一个贪污案。那时一个人是可以出庭的，一个人去会见被告。我第一次去安吉办案子，之前，我都不知道怎么开庭的，从来没有进过法庭，也没有去旁听过别人的案子，更没有人带我过。到了安吉以后，我就开始做法庭调查什么的，到了法庭辩论的时候，我想可以大讲了，我就一个劲地讲。那次是为一个单位的出纳作辩护，说她贪污。我在大学里学过经济的，也学过会计，我就跟工作人员说，这个出纳主观上没有贪污的动机，她天天要求派会计来，她作为出纳的话，天天要求派会计来，那肯定就是想健全财务制度。那个工作人员说：哎，有会计更好贪污！我说那你就外行了，我就跟他讲会计和出纳的关系，侃侃而谈，讲得他一点都插不上嘴，哈哈。我们当时的律师事务所是法学会办的，之后反馈回来的讯息说：你们派来的律师这么厉害啊！哈哈，实际上这样的话对当初的我是一种鼓励，对吧？后来，安吉检察院如遇这种贪污案子，就会要求财会人员一起出庭。

赵：你们律师要通过考试吗？

楼：要考的，1986 年，我参加全国第一届律师通考，我的平均分是八十几分吧，应该说是很不错了。我有一个有利的条件，就是一边办案，一边为报社做法律顾问，每星期要写豆腐干文章的，这样的话，要查很多资料，实际上是不断地充实自己，提高自己；再一个就是编教材，这么几管齐下的话，对考试肯定是有好处的。第一届律师通考我就考出来了。第二年，我们就办了一个有点轰动的案子，就是飞车皇后吴福妹的承包合同纠纷案。你知道吧，当年在杭州武林广场有个木桶，用来飞车的，蛮轰动的，后来有人就说吴福妹贪污。我们接手这个案子后，跟一批记者一起开新闻发布会，把这个案子推翻掉了，这是浙江省最早的一个涉及承包问题而且最早开新闻发布会的，以前新闻发布会个人是不能开的，我们在省政府统战部那个地方开的。1987 年，我就接手了农民告县长的案子，也就是全国首例"民告官"的案子，在温州苍南，这个案子一办么，影响就有点大了。这件事情，在日本东京的一家报纸上也刊登过消息，在我接手这个案子 20 年以后刊登的，是东京一家报纸驻沈阳记者站的记者来采访我的，采访以后居然刊登在日本东京的报纸上，我也不知道，记者又没有给我报纸。实际上，我那个时候还是兼职的，我是到 1992 年才开始做专职律师的。

赵：这件"民告官"的案子影响很大的，初中的政治思想课（第六册）里面有"法逢盛世——三个律师的故事"，其中有一个就是讲您这件"民告官"的案子，题目叫《一场虽输实"赢"的官司》。那个时候还没有行政诉讼法，在这种情况之下，你办这个案子显然是冒险的。

楼：对对对，是有这么一篇文章的，三个律师，一个秦国光、一个曹星，还有一个就是我。你说冒险，我并不这么认为，民主与法制向来都不是某个人的恩赐，它是需要大家都争取的。明知不可为而为之，这是律师应该有的责任。很凑巧的，这场官司结束后不到半年，全国人大就颁布了《中华人民共和国行政诉讼法》。

赵：您有先见之明呀，那段时间，您一直在建校教书，对吗？

楼：对，我那时候接手"民告官"的案子，有人跟我说，他们会不会报复你啊？我说你报复我，我最多不做律师了，回去当我的老师好了，对不对啦？哈哈。

赵：您是什么时候开始开自己的律师事务所的？

2007年3月22日，楼献律师在义乌林山寺劫波亭前与原告团成员一起悼念受害者，同时就上诉日本最高法院讲话

楼：1997年，那时是在杭州文三路昌地火炬大厦里面。当时王选他们来，都是在那边开会的。

赵：楼律师，您与王选他们这个细菌战受害者诉讼原告团的前前后后，能否请您详细谈一谈？

楼：这前前后后的事情是这样的：大概是2001年的时候，我当时是做省直律师协会副会长。这个协会是属于省司法厅直管的，我是分管宣传、研究这一块的。那时，不知道是谁跟我说起王选这个人、他们对日诉讼的这件事情。听了之后么，我们就邀请王选过来，到我们这里来演讲，扩大一点影响。我们一邀请么，王选就过来了，我们就安排在东海宾馆请她演讲，演讲完后，我就请她吃饭，在陈经纶体校边上的天伦大酒店吃的饭。席间，她讲自己是义乌人，也是杭州大学外语系毕业的，她比我高几届，我们既是老乡，又是校友，那么，我想，她的事情总是要支持她一下的。她当时迫切需要中国律师的声援，为什么呢？日本的律师说，打了那么多年的官司，怎么中国律师都没出现过呀？于是，我就帮她组织了一个中国律师声援团，去日本声援，给诉讼团鼓鼓气，也给我们中国人争口气。2002年，一审判决的时候，我们就去日本声援了。

赵：共有多少人去声援啊？

楼：我们当时有7个律师去声援的。

赵：那你们去日本以后，具体是怎么声援的呢？

楼：日本法庭的座位是有限的，所以进法庭之前，要抽签的，并不是每个人都能进去的。那么，大家都在那里抽签。因为我们律师声援团是我组织的，所以，我就最后去抽签。日本有个后援团的人，见我没有票，就把他的票给我了，说我从这么远的中国赶来，不进到法庭那太遗憾了，所以就把票给了我。我是我们声援团最后一个进去的，进去以后一看，法庭也像我们这样，旁听区域和里面的区域是拦起来的。进去后，判决还没开始，我一看门是开着的，王选坐在那里，我就跑过去坐在她边上。等到宣判的时候，我就变成原告了，哈哈，其他人都坐在旁听席上。

赵：哈哈，您变原告了。

楼：人家也不管你，没关系的。实际上我们去的时候，基本上知道我们是要败诉的，我也事先准备了声明书，也就是抗议书，用中文、英文、日文三国文字搞起来的。本来呢，当时我就可以递进去了，那个声明是请我们一起去的一个人带着的，可惜他将抗议书放在宾馆了。我当时急啊！你想么，当庭递交，那是多么痛快的一件事情！日本宣判跟我们这里是不一样的，我们这里宣判是一路读下来，判决结果是放在最后的。而他们呢，只宣读判决结果，那就是几行字么，对吧，也就三分钟的样子。一读完，详细内容你去看判决书，判决书已经交给律师了，他们就不读了。细菌战这个案子有一两百页，如果读起来的话，烦死了，是吧？那么，宣判结果读完之后就没事了，那我在里面是不是抓瞎了？本来说好要马上去游行的，后来我们决定不去了，回宾馆去拿这个抗议书，我们印了很多份的，拿回来以后呢，日本律师开记者招待会了，那是一个很大的记者招待会。我想，如果抗议书不读的话，我们这次到日本就白来了。于是，我就拿了一份抗议书，跑到前面去，看到一濑敬一郎，我不会讲日语，冲一濑敬一郎指指抗议书，他就知道我要发言。所以，一濑讲完后，马上请我上去讲，他说请中国律师来讲话。然后，我就把抗议书当着中外记者的面念了一遍，反正也没几句话，五六行字。边上有翻译，王选也用中文帮着翻译。

赵： 干得漂亮！

楼： 如果去日本，到头来却没有读这份辛辛苦苦准备好的抗议书，心里面总觉得别扭，对吧？后来，我们又到日本国会去开会了，这个会议呢，是日本律师事先找到反对党的议员，申请了这个会议室，同时，日本律师还通过反对党的议员申请日本外务省中国科的官员接待我们，我、王选还有土屋公献等。我们到外务省，是二审判决之后，这一次，我是直接把抗议信递交掉了，也是用中文、英文、日文三种文字写起来的。实际上，日本律师的权力还是很大的。

赵： 那次会上，您发言了吗？

楼： 那次会上，开始也没安排我发言，再说，都是我一个人发言也不好，对不对？王选说，要请一个中国律师发言，她就请了我们同去的一位律师发言，他讲完以后，王选就叫：楼献，你也来讲几句！当时是个什么情形呢？当时有湖南常德的代表三四十个人，也有我们浙江这边的不少代表在场。一审判决么，很重要的，你想啊，官司已经打了六七年了，大家都相当重视的。一听说我们彻底败诉了，结果还是没得赔偿，常德有位杨姓老者情绪非常激动，对这个判决相当不满，常德那边的有些人也开始埋怨日本律师了。

赵： 当时是群情激愤了。

楼： 对，群情激愤，你想，我们千里迢迢赶来，花了多少心血啊？结果败诉了，心里能不愤恨吗？其实，日本律师也很难过，但是他们又无法解释，他们只是把判决的情况大致地讲了一下。当时，王选叫我上去讲，我当时心里也没底，心想：讲什么好呢？这个官司让人心里过不去的一点，就是损害赔偿，无非要解决三个问题，第一个就是：有没有损害这个事实？其实你把事情简单化，就是两国之间有没有打过架？就是有没有伤害过？第二个问题，打过了，那么这个架和伤害有没有因果关系？第三个，如果有因果关系，要不要赔？我想无非就是这三个问题。于是，我就马上上去了，也没有讲客套话，我说我们这次到日本来诉讼，应该解决三个问题，第一个，我们中国这几个地方到底有没有被细菌战受害过？第二个，细菌战受害和日本人的细菌战有没有因果关系？第三个，日本政府要不要赔？我说根据刚才日本律师介绍的法庭判决情况，我认为这次判决的结果虽然没有赔偿，但我觉得已经解决了两个半问题，第一，判决书承认，是有细菌战受害地的，对中国这几个地方都进行过细菌战的攻击；第二，日本政府也承认这里面有因果关系；第三，判决书上也说要赔，但是由于《中日友好声明》已经放弃赔偿了，前提是要赔，不赔是因为我们国家已经放弃了。所以，我觉得已经取得了两个半问题的胜利，这两个半问题的胜利，来之不易，非常不容易，是我们在座各位包括日本律师共同努力的结果。我这么一讲，他们都高兴起来了。王选一翻译，日本律师土屋公献一下子就高兴起来，大家都鼓起掌来，把这个气氛一下子扭过来了，其他的日本律师也很高兴。那一次，是我第一次去日本声援，在会上说了这么一番话，因为这番话从中国律师口里说出来的话，中国的受害者就比较容易接受，如果让日本律师讲，当然也可以，但是，他们自己是不好这样讲的。

赵： 没错，你们从日本声援回国后，有没有举行过什么报告会？

楼： 从日本回来以后，我们组织传达了这次声援的经过与意义，2002 年 9 月 10 日，在杭州世界贸易中心大饭店展区 5 楼国际会议厅举行"省直律师赴日声援报告会"，参加人员有：省司法厅胡虎林副厅长、省政府法制办郑子耿主任、《浙江法制报》王树范、省律师协会会长、秘书长以及省直 44 家近 500 名律师。报告会由省直律师协会会长陈伟强主持，副会长贺宝健作赴日声援团情况报告，我作了《8·27 东京判决的意义和局限性》的报告。2002 年 9 月 12 日下午，我接受杭州电视台记者的采访，谈了对东京判决的看法，随后，在该台的"十分关注"栏目播放。2002 年 9 月 17 日下午，我应邀到杭州商学院学术报告厅作了《8·27 东京判决的意义和局限性》的演讲，法学院近 300 名学生前来参加讲座，该院校报上发了消息。同年 10 月，省直律师协会出会刊，将省直律师赴日声援团的声援照片、我在东京声援的发言稿，特别是省直律师陈伟强会长亲自撰写的《浙江律师东瀛声援纪行》一文刊发出来，会刊印数 1000 份，反响很大。

赵： 楼律师，您参与细菌战诉讼这件事情的时间也不短了，怎么样会坚持下来的呢？

楼：对，怎么会坚持下来的呢？实际上，在我们去日本之前，王选也找过杭州其他的一些律师来帮她，有些律师也真的帮过她，但后来没有做下去，毕竟大家现在都很忙，要坚持这件事并不容易。我当时也是想，我跟王选是同乡又是校友，反正这件事情帮过一次也就算了，也没有想坚持下去，搞它个十来年时间。那么，为什么会坚持下来呢？我们那时在日本，日本的律师呢，他们对日本政府的民间诉讼，不仅是细菌战，还有慰安妇、劳工、化学武器等，他们专门组织了一个律师索赔的委员会，最早的时候有300多人。有一次，日本律师跟我们一起吃饭，其中有一个女的律师是专门搞慰安妇诉讼的，她跟我讲，她说她到中国山西去找慰安妇，第一次去的时候，给那些人带香皂，他们都自费去的。结果到了那里，慰安妇都住在高山峻岭里面，山里面根本就没有水，那么，香皂就根本没有用，真的很可怜。她前后大概去了十来次了，有一次，她说很气愤，她请那些乡干部找一找慰安妇，那些乡干部就向他们收钱，说我给你找到一个，你给我50元钱。这是那个女律师跟我说的，我听了以后心里挺难受的。还有个男律师，叫小野寺利孝，坐在我对面，那是长条桌，我们在一起吃饭。他就说，你们中国律师啊，就是嘴上讲讲的，他说我们到中国的某个省去，该省的律师跟我们说，我们精神上是很支持你们的。他说就是精神支持，物质上不会有什么帮助，行动上也没有的。我们那次讲，我们这次来日本诉讼，是代表浙江省4500名律师来支持你们的，那位男律师就直截了当地告诉我：你不要说4500名还是5000名了，今天你们能不能说，你们其中有几个人今后我能够跟你们联系的？能够一直帮我们做下去的？他就提出这个问题，你不要说4500名律师，你们中国有几个律师能跟我联系啊？有没有啊？

赵：哈哈，他用激将法了。

楼：他这么一讲，我就对他说：你今后来找我好了，别人我不敢说，我自己可以保证，可以跟你联系；别的地方我也不敢说，浙江省范围内细菌战方面有什么事情，你来找我，我保证做下去！这是我给他的答复。喏，就是这样，我才坚持下来的。

赵：那您前后一共去了日本多少次啊？

楼：去了五次。

赵：这么多次啊？那您说一说这几次去日本都做些什么？

楼：这几次去日本，具体的事情很多，一下子说不清楚，我有行程记录的，到时给你看看。反正，我有带农民去的，就是那些受害者。还有一次，那是二审，我们上诉到东京高等法院，我是作为专家证人出庭的。

赵：作为专家证人是哪一年？

楼：2004 年的 10 月 28 日，就是这次，我写过一篇文章的，叫《亲历东京高等法院作证》。本来我是不会写这篇文字的，那次一起去作证的时候，还有一个衢州的受害者，一个老头子，他是个高工，后来在南京医好了，不知怎么的，跟王选联系上了，王选就让他到日本去作证。他就跟我们一起去了，当时我心里感到很奇怪，《金陵晚报》天天跟踪报道他。我想，我们到日本出庭作证的话，早半年，我们就要把证词写起来，中文、日文翻译好，交到一濑敬一郎这里，由他呈交给法庭，然后由法庭相关人员看过，再由他们同意你出庭作证，是这样一个流程。因为，一审判决里面有些证据还不足么，那么，我们再搞了一些证据。而这位老头子，啥东西也没有准备，就这么一个人去作证，我想这是不符合程序的呀。但是，我也不好跟人说，他就跟着我们去日本。第二天要作证了，他就问我第二天作证怎么讲啊？我说王选怎么跟你说，你就怎么说吧。实际上，我知道他根本不可能作证的，因为那次作证的是我、陈致远与宁波的裘为众三个人。因为我是律师么，他们说让我先写一个范本出来让他们作参考，所以，证词我是最早写好的，写好以后呢，陈致远和裘为众都按照我的范本去写。有一次，我们到上海开会的时候，复印出来给他们去看，而且我这个范本先由一濑敬一郎确认，所以说要去日本作证，准备工作早就做好了，而这个老头啥都没有准备。到了第二天，果然没有叫他去作证。他就问我：怎么没叫我去作证呀？我就安慰他，我说你是衢州受害者么，我作证的时候就把你带进去了，整个衢州我都已经讲了，就不需要你再个别作证了。因为有这个触动，我回来就写了这篇文章，就是说到日本出庭作证不是随随便便的，并不是谁都可以去作证的，并非每个受害者都可以去作证的。我们在报纸经常看到这样说的，谁谁谁作证去了，实际上没有这么简单的，很复杂的，最起码提前半年就要准备了。

赵：那是事先没有安排好，既然叫他去日本，就应该叫他早点准备呀。

楼：王选把他请到日本去，不是为了作证，而是群众集会的时候派用场的。

赵：原来如此！

楼：我在 2004 年 10 月份要去日本作证，3 月 5 日，已经将陈述书译成日文了。日文是由浙江大学外语学院日语专业的张弦等人无偿翻译的。后来，我给他们写感谢信，请王选也签名的。2004 年春节的时候，我制作了《侵华日军 1940 年 10 月 4 日衢县空投鼠疫菌造成平民死亡的鉴定书》，这份《鉴定书》吸收了邱明轩医生《罪证》一书的精华，全书 1.5 万字，共有 8 幅地图、6 张表格，另有照片、图片共 28 张。你知道吗？日本人喜欢图表的，后来我通过关系，请省委组织部的人打电话给浙江省第一测绘院，他们领导专门抽了金洪芳和王孝禄两个工程师，花了一个星期的时间，配合我把这个图表搞出来的。在这份《鉴定书》当中，我讲到，衢县从公元 192 年设县到 1940 年间，史籍中从没有记载过人间鼠疫的发生。但是在 1940 年的 10 月，当时的衢县卫生院院长等人收到了空投小纸包中的跳蚤等物品，送到省卫生院去检测。当时 11月，死于鼠疫的第一个人出现了，里面还有当时侵华日军飞机播撒鼠疫菌的主要街区、衢县设立的临时隔离医院、留验所、定点埋尸区等等。

赵：这份《鉴定书》后来交给日本了吗？

楼：《鉴定书》得到了日本律师的认可，我的信心也增强了，后来经过翻译和日本律师的修改，那年的 9 月 18 日，在北京抗日战争纪念馆，我把《鉴定书》正式交给了日方。

赵：你们是什么时候去日本的？

楼：我们是 10 月 22 日去的，当时还碰到新潟地震。

赵：震得厉害吗？

楼：新潟大地震，东京有四级地震，还是蛮厉害的，书架上的书全部都倒了下来。记得是 2004 年 10 月 23 日的下午，我们是去跟日本律师商量作证的事情，当时在土屋公献律师的事务所，由一名中国博士后留学生张宏波作翻译。土屋公献律师向我提出了 8 个问题，由我一一作答。问题主要是：你是做什么的，为什么会进行细菌战受害调查，鉴定书是如何制作的，鉴定书的主要内容是什么等等，历时 2 小时。正在这时，新潟地震了，在土屋公献律师事务所所在的银座有很明显的感觉，整个楼房都在晃。我见土屋公献老先生和翻译都坐着不动，也就只好坐着，比较大的震感有三次。25 日下午 5 点，我又和土屋公献律师重复对答了 8 个问题。其他两位证人也分别由日本律师一濑敬一郎和鬼束忠则对谈。地震时，有一随行记者赶快躲到桌子底下去了，哈哈哈。

赵：是吗？桌子底下并不安全啊。

楼：是啊，因为地震来了，太害怕了，就钻下去了。实际上我当时也害怕的，从来没有经历过啊，树都倒下来，灯具都在晃。土屋公献坐在我对面，面无改色，坐在那里一点都不慌。我想：土屋不动，我也不动。你日本律师不动，我是中国律师，绝对不丢中国律师的脸，对不对啊？哈哈哈。

赵：哈哈哈，厉害的，泰山崩于前而面不改色。

楼：大概震了一两分钟，晃完之后，土屋站起来了，我也站起来了，我们就走到楼梯下去了。还好，没有丢人。我心想：要是我也钻到桌子底下，那真是丢脸丢到家了。25 日到东京历史大学演讲。28 日作证的，陈致远是第一个作证的，是一濑敬一郎问他的。我是第二个作证，那次作证花了 45 分钟时间。

赵：这么长时间啊？您都准备好的吗？请您详细说一说当时的情况。

楼：还有翻译啦，都准备好的，在法庭里，我们三名证人一起正对着法官的审判席而坐，与法官面对面。上诉人方的王选及三名日本律师坐在法官的右下边，被上诉人方的两名代理人坐在左下方。书记官在法官的右下边靠上一点。速记员两名坐在法官的左正下方。证人坐着作证，右手边坐着翻译。作证前，三名证人一批、三名翻译一批要将书面誓言宣誓一遍，并报上姓名。证人的宣誓词是这样的："我宣誓：依从良心，陈述证言，不隐瞒任何事实，不说谎，特此宣誓"。在每位证人作证之前，由审判长再重复问证人，是否明白不如实作证，要负法律责任，得到肯定回答后，再作证。当时，先由陈致远教授开始作证，由上诉方律师一濑敬一郎问，陈答，翻译如实译，按法官事先规定连翻译时间每人45分钟。我是第二个作证，由土屋公献律师问，一问一答，按事先准备的问和答即可，但不准事先书面写好回答。证人的鉴定书（我的鉴定书为甲第510证）可以带上法庭，放在桌上，但不允许看，要发问的律师问到哪一页，才能翻开解释。我方律师问完，由被上诉方（日本政府的代理律师）发问，然后是法官问，但在整个细菌战诉讼的一、二审中，日本政府的代理律师均没有对受害方证人（包括一些日本专家证人）发问，这次也不例外。每位证人作完证，审判长总会说，请退回坐在庭上的原位置，等待发问，但并没有再问。我们三名证人始终坐在法官对面。我作完证后，法官宣布休息15分钟。日本法庭开庭时，所有人均不能喝水，法官也不带茶杯的。我作证时，将两张桌面大的地图摊开，指着地图讲的，审判长桌上有我的鉴定书（书中有同样的地图）。我讲日机播鼠疫菌在这一片街区时，审判长就说，要讲清楚"这一片街区"的街名、地名，我就将一条条街名报出来。日本法庭上，不仅证人的翻译每人一位要换，连速记员也每人一换。法庭上是录音的，作完证，不需要证人在笔录上签字，也没有看见有庭审笔录，要各方当事人签字的场景，有关证人的身份和经历，也可以事先写成书面材料，在我方律师发问时，我方律师当场交给法官和对方律师，以省出更多时间问主要内容，身份和经历并不需要提供证明，只要证人自己说的即可。

赵：作证完后有没有什么活动呢？

楼：作证完后，我们去游行的，在日本日比谷公园门口集中的，集中好了以后，就去银座最热闹的地方游行了，影响蛮大的，这是其中的一次，相当重要的。实际上，我每一次去日本都有记录的，等下给你看一下。

赵：你们去游行的时候，日本民众有什么反应啊？

楼：日本警视厅警察在前面开道的，边上也有警察。他们把我们保护起来了，过十字路口的时候，遇红绿灯，要让我们先走。他们为什么要保护我们呢？因为日本右翼分子很顽固的，万一他们过来捣乱怎么办，对吧？所以，警察们就

2006年11月17—20日，楼献赴湖南常德出席第二次日本细菌战国际学术研讨会，并在大会上作了20分钟的专题发言，提出建立三个中心和进行新的诉讼的问题

把我们保护起来。

赵：你们去游行的人数有多少啊？

楼：大概有四五十个人吧，我们自己这里去的，加上日本老百姓的后援团，他们跟我们一起游行的。

赵：我曾经在网上看到过王选带着大家在日本游行，好像还喊着什么口号的，是什么口号啊？

楼：打倒日本帝国主义、要和平，不要战争，还我人权、还我尊严，等等。这些口号，我们还事先做好带子，斜披在身上的，每个游行的人都这样斜披着，走在大街上喊口号。这次从日本回来以后，《浙江法制报》的记者陈卓来采访我，我口述，陈卓笔录，2005年5月18日，在《浙江法制报》上发表了题为《中国律师，在日本为细菌战诉讼作证》一文，这里有一份复印件，给你看一下。

赵：好，等会儿我看一下，你们带着原告团去日本多次，官司打了一场又一场，结果都不甚如意，当时那些受害者会不会情绪很激动啊？

楼：实际上到了后面呢，基本上知道对日诉讼就这样了，不会有太满意的结果的，就是这么回事了，但是，这件事情呢总要有个程序，肯定要把它走到底的，包括二审。我们当时就这么想，你原来认定的东西，像教科书也好，或者是你自己的什么结论也好，都没用的，日本不是号称自己是法制社会吗？那我们把收集到的细菌战方面的资料拿去给他们看，然后有个判决书，那就永远可以保存下去了，不会再翻案了，这比我们自己在国内写的文章意义要大得多，有这么个机会，我们肯定是要抓住的，对吧？

赵：是的，楼律师，我知道日本当初有 300 名律师参与此事，后来他们的人数有没有减少呢？

楼：日本律师团的人数是越来越少了，不可能坚持那么长时间，而且，当时日本整个形势不容乐观，加上那些人年纪大了，其关注度就会减弱，由原来的300 多人变成后来的 30 多人，到最后就变成几个人了，很多人都是参与一次就不再来了。

赵：对日诉讼告一段落，你们对烂脚的事情有关注吗？

楼：有，实际上，烂脚这个事情是完全可以提起诉讼的，他们人都还活着，诉讼时效都没有过去，应该说，这是历史的一种延续，对不对？这个证据都是很充足的，但是，日本律师没有精力了，说真的，像这种诉讼，如果没有日本律师，根本就搞不起来的，这场官司本身也是日本律师搞起来的。中国律师包括王选这样的人，都不可能在日本法庭上出庭的。任何一个国家的司法都是独立的，别国律师不能出庭。你出庭的话，也不能以代理人的身份出庭，只能是以其他的身份出庭，像我们出庭，是以证人的身份去的，像劳工诉讼，是采取法律辅佐的形式进行的，等于说这些劳工自己已经搞不清楚了，要请个助手帮忙，是这个道理，但他不是以代理人的身份出庭的。所以说，只有日本本国的律师，才有可能把这场诉讼搞起来并进行下去。我们能做的就是尽量挖掘到详细的材料、证据递交到日本法庭上，这个才是可行的。

赵：你们每次去日本的费用都是自理的吗？

楼：当然自理的，到了日本以后，那些受害者都是没有钱的，我也请他们吃过几顿饭，帮他们买过几次车票。

赵： 您前后到日本去了多次，您觉得最满意的是哪一次？

楼： 最满意就是我出庭作证那一次，为什么呢？我在法庭上讲得很响的，声音很洪亮。王选还在我背后提醒我：轻点，她说日本人不喜欢这么响的。我心里想：我好不容易出庭作证，我是憋了一口气来的，不响干什么！我是中国律师，我要在日本法庭上发出我自己的声音！那一次，我是以杭州商学院（现在的浙江工商大学）科技哲学研究所副所长的名义，作为专家去作证的，然后跟他们说，我这个律师是兼职的。

赵： 噢，是这样的。

楼： 我心里真是这么想的，再说，法庭对我来说太熟悉了，我又不怕的！难得一次来日本出庭作证，此时不响，更待何时啊！对吧？我就哗啦哗啦讲，根本不需要扩音器的，我才不管你们日本人怎么想，这次我非讲响一点不可，再说，我也是受害者的后代。当年，我外公在松阳也是殷实人家，做烟草生意的，二十几间房屋，全部被日本鬼子炸掉了。你说，我要不要在日本法庭上大声说话呀！我有没有资格到日本法庭上作证呀，对吧？

赵： 噢，原来您也是有家仇的。

楼： 对啊，我也有家仇国恨的，你说我能不说得响点么！我讲的时候，政府的律师跟法官说，他说我是看着材料讲的，因为他们规定是不准看的，其实，我是没有看的，当时只是把材料摊在面前。他说我看么，我就把材料往前一推，省得你说我看，他们是怕我作假证，也许是我讲得太响了，对方律师想杀杀我的威风，故意说我在看材料，打断我一下。如果你作假证的话，被人打断会慌张的呀，对吧？我又不怕的，怕什么！

赵： 您在日本法庭上作证的时候不是有图的吗？是什么样的图啊？能不能拿出来给我看一下呢？

楼： 就是这几张图，一张叫《衢县城区 1940—1941 年鼠疫死亡户主要分布图》，一个地方死亡一个人，就用一个小红点标示出来。这一张是衢州 14 名原告家人受害地点，还有把房屋烧毁的情况制成一张图，叫《1940 年 12 月 22—

24 日烧毁 10 户房屋地点图》，火烧的地方用火炬作为标记把它标起来。日本人喜欢图表，看上去一目了然。还有一张，叫《临时隔离院、留验所、定点埋尸区简图》。有了这些表，包括照片，就非常清楚了。一审判决的时候，我们缺少这些证据，所以在二审的时候，我就补充上这些图表。我把《衢县城区鼠疫死亡户主主要分布图》制作成很大的一张，挂在法庭上，然后指给法官们看。我为什么在法庭上作证的时间特别长呢？就是要指这些图给法官们看，要解释给他们听。宁波和湖南就没有这种图。因为，制作这种图一定要请测绘局的相关专业人员来帮忙才行，否则，我们自己是搞不起来的。我们提供材料、证据，由测绘人员制成图表。

赵：是，这种图很难画的，非得要专业人士才行。

楼：是啊，这种图做起来很烦的，但再怎么烦也要做，对吧？

赵：对！楼律师，您前后十多年来，一直坚持参与细菌战的诉讼工作，这件事情在您的律师生涯中占有什么地位？或者说您是如何看待这一段经历的？

楼：从我内心来讲，作为律师，应该好好地办几个案子。从国内来说，我自己办过全国首例"民告官"的案子，这是可以载入中国法制史的，可以说，在当时是促进了中国的刑事诉讼法的颁布的，这个说法网上也有的。其他的案子，当时办的案子都是跟改革开放有关的，如吴福妹的承包合同纠纷案等等，那个时候，中央驻杭的、驻浙的新闻单位，都聘我为法律总顾问。这么多年来，我也办过各种各样的案子，这一路下来，我就觉得呢，那些有影响的案子，从收入来说是很少的，像"民告官"的案子，几乎没有什么收入，农民家里也很困难，我还要给他贴钱嘞。那么，现在要说到细菌战这个案子了，这个案子纯粹是贴钱的，我经常在想：人的一生可能有的时候要做一两件对自己来说没有什么好处的事情。譬如说以前那个"民告官"的案子，我根本就不知道它会搞得很大，会载入史册什么的，只不过是出于一种同情心。当时我在做报社的法律顾问，农民是来上访的，我感受到了他们的无助，才接手这个案子。对日细菌战诉讼也一样，没有日本律师这样刺激我，我们可能声援完后也就不再坚持了，至多王选有什么事情去帮一下。日本律师说得没错，我们中国律师确实是存在这个问题的，所以，我就这么坚持下来了。所以说，从我的角度来说，对农民天生就有一种亲切感，农民告县长啦，细菌战原告团也都是农民为主的，对吧？我的爷爷也是农民，对不对？再一个，我也在想，你答应人家了，就要做下去。王选是职业革命家。我呢，有些事情能够做就尽可能地多做一点。

赵：听义乌的朋友说，义乌王家祠堂细菌战纪念馆的概况也是您写的，对不对？

楼：刚开始的时候，是请一个教授写的，写到时间的时候，不是很确定的，只写某某年秋天的一天。因为我是律师，对这样的文字表达是不认可的。我们是要去日本打官司的，打官司要证据，确切的证据，你没有确切的证据，打一万年官司也是没有用的，对吧？本来王培根、何必会他们是请王选写的，但王选实在是太忙了。那么，我就花了一个国定假的时间，把这些资料都集中起来写了一下。但是，受害者死的时间谁都讲不清楚，后来是怎么定的时间呢？我有一个同学是在浙江省人民医院传染病房的，专门研究传染病的。我就请他来，就这个鼠疫死亡的时间和传染时间到底是几天？他说一般来讲是7天。那么，第一个死的人的时间是有的，我再往前倒推7天，我跟他们讲，我们就定这个时间。所以说，现在有某年某月某日上午下午都有了。今后如果再有确切的时间，我们再推翻。现在没有，就按照我这个时间来定。现在，他们的宣传资料上都用我的这篇文字，现在义乌细菌战纪念馆里面还放着，放在右边的。

赵：我到纪念馆的时候去读过这篇介绍文字，义乌朋友说是您写的。

楼：我写这篇文章，就是要如实地把当时的情况反映出来，以事实来说话，那种主观判断的东西，我是不去随便用的。还有一篇文字，你去注意看一下，叫《细菌战调查纲要》。这篇东西到目前为止，是唯一一篇能够看到的细菌战到底怎么调查的纲要，这篇纲要是怎么出来的呢？当时就是为了开一次会，要写一篇细菌战调查纲要。那是2003年5月份"非典"的时候，王选和她老公直接从北京飞到杭州来，你说他们胆子大不大？范展和我两个人怕死了。我们几个人就在秋瑾墓边上的小茶馆商量开会的事情，我和范展说，我们要根据风向来坐，怕王选坐在上风口，把什么"非典"传染开来。你知道那个时候，一提"非典"都怕死的，对吧？哈哈，我们就讨论开会的事情，说必须写一篇细菌战调查纲要，给那些细菌战调查者拿去看的，否则人家怎么去调查啊，对吧？范展说他来写，因为他搞了很多年的调查，有经验。王选说细菌战调查这件事情我最清楚，我来写，最后就定下来让她写。到了6月份，我问王选写得怎么样了？她没有音讯，我知道她实在是太忙了，没时间来写这篇东西。就在6月下旬的时候，我就开始着手写这个纲要了，因为马上要开会了，你光是嘴上讲讲是不行的，最起码给人家一个大纲。于是，我就请我那个研究传染病的同学过来，给我讲一讲传染病方面的知识，我花了一个星期时间，把这个材料弄起来，就把这个纲要写好了。到了7月2日、3日，那时候我还在昌地火炬大厦上班，王选和范展到我办公室来，马上要到义乌去开会了么。我开始没拿出来，问王选纲要有没有写好。她说写什么，到时候我嘴巴讲讲么好了呀，我哪有时间写啊？范展说那你当时为什么不让我写呢？哈哈。我们三个人都是好朋友，平时说话都很随便的，但这次会议是全国性的，没有纲要怎么行啦，对吧？他们两个都没写，那么，我就说，我写了个初稿，给你们看一看。没办法了，第二天就要去开会了，于是就印了50份，第二天带到义乌去分发，这篇纲要是这么写出来的。

赵：你们这个金三角有您在，万无一失啊，哈哈。你们那次研讨会，与会者都有哪些人？

楼：这次会议由浙江大学中国近代史研究所、细菌战受害诉讼原告团、义乌市人民政府联合召开的，叫"首次侵华日军细菌战浙江受害调研会"，来自浙江大学、浙江师范大学、浙江工业大学、山东大学、南京师范大学、江西师范大学、宁波大学、温州师院、丽水师专、台州师专的教授、研究生等32人参加会议。会议请王选和我报告诉讼情况和受害调查取证问题。我把《细菌战受害调查纲要》印发给每位代表。大家交流了细菌战研究信息，研究了调查方案，代表们还走访了崇山村这个受害地。

赵：我发现您挺细心的。

楼：哈哈，这也是逼出来的啦。后来，义乌的何建农把我这篇纲要拿去，在他的科协杂志上发表出来了，给了我 50 本杂志。前两年，省党史办组织调查细菌战受害情况，我就拿些杂志去给他们参考。我再给你看一本《浙江省改革开放 30 年大事记》，在这本书里，把我们对日诉讼的情况也写进去了，是这样写的："2003 年 7 月 5—6 日是，全国高校首次'日本细菌战受害调查研讨会'在义乌举行。侵华日军细菌战中国受害诉讼原告团团长王选呼吁：全国人民动员起来，对细菌战进行科学调查，谋求二审诉讼的胜利。"这说明，对日诉讼这件事情，被列入改革开放 30 年来的重大事件。另外，我的那个"民告官"案子也列入其中。

赵：这两件事情的确是改革开放以来的大事，必须写进大事记里去。

楼：我看到后也感到非常欣慰，说明我们的努力没有白费。

赵：是的，您经常去义乌吗？

楼：二审的时候，经常去义乌的，那个时候，细菌战诉讼老是到崇山村去开会，我是开车去的，上午去开会，下午到林山寺实地调研。我那时候都有日记记录下来的。一濑敬一郎来了，我也陪他一起去调研。

赵：您这么多年参与对日诉讼这件事，获得过什么荣誉吗？

楼：哈哈，后来因为这个事情，我占了个便宜，获得"浙江省优秀公益律师"的称号，这是浙江省律师协会于 2009 年 12 月份颁发给我的。

赵：楼律师，您当了这么多年的律师，您认为当一位好律师的标准是什么？或者说您想达到好律师的境界是什么？

楼：作为一个好律师来说，应该是要认真地收集证据，因为你打官司，最终是要靠证据说话的，所以要很认真地进行调查，去掌握这些证据，然后把当事人的事情尽量地给他琢磨透，我觉得这样就够了。至于现在打官司的输赢，那是取决于很多因素的，因为，我有很多案子包括刑事案子，当时是判有罪的，但是过了几年以后，又改判无罪了。前几年还办过一个，我不说是谁，当时是被判刑的。我接手后，调查了很多材料，找到了不少证据，最后，浙江省高级法院给他改判了。你如果当时没有调查材料，光是嘴上说说，那是没有用的。所以，我觉得，作为一个好律师来说，最主要的就是怎么样能够收集和调查取得证据，这件事情必须很用心地去做。另外呢，我觉得做一个好律师，应该具有良好的职业道德，要有公正心、责任心，要有爱心，更要有牺牲精神，有了这几个方面，加上认真收集证据，那么，你这个律师当不好也是不可能的。

赵：说得很好。

楼：哈哈，我是这么想的。

赵：您最后一次去日本，也是去作证吗？

楼：我最后一次去日本，是去看望土屋公献先生的，他生癌症化疗以后，我是专门去看望他的。土屋公献说，他跟我很有缘分，他的名字与我的名字里面都有一个"献"字。

赵：是哦，你们都是有个"献"字。

楼：土屋对我还是很信任的，每次有事，他都让王选叫上我。我去看望土屋公献时，还给他送了一面锦旗，写上：人权卫士，律师楷模。再送他一些营养品，譬如铁皮枫斗什么的。

赵：我看到过他的照片，腰板笔挺的，风度很好。

楼：对，土屋是美男子。他每年都会给我寄贺年卡的，他给我写的信我都保存着。他会写繁体字，他也认识中文，但他给我写的信，有日文的，我也只能大致地猜一猜，基本都能懂他的意思。

赵：这些都是相当珍贵的资料了，好好保存，以后可以放到细菌战纪念馆去。

楼：日本的律师一濑敬一郎他们也搞了一个细菌战研究中心，他们拼命收集资料，最后这些资料就很重要了。细菌战资料是他们收集的，细菌战诉讼也是他们发起的，最后细菌战的资料也是在他们那里。

赵：楼律师，您跟日本的律师接触颇多，能否谈一谈他们中有哪几位是值得您敬重的，也就是说他们中有哪几位对您影响比较大、触动比较深？

楼：日本的律师资源紧俏，收费很高的，当然，他们的工作压力也很大，但从1994年开始，日本有300多名律师无偿地为日军侵华战争的中国受害者提供法律帮助，代理了20多起赔偿诉讼。在众多的日本律师里面，其中有4位富有正义感的大律师对我影响很大，他们那种勇敢正直、无私奉献的人格魅力和法治精神对我触动很深，他们4位分别是：土屋公献、一濑敬一郎、小野寺利孝、尾山宏。我曾经写过《我所认识的四位"抗日"的日本大律师》一文，对他们表达了我的敬意。

土屋公献生于1923年4月，毕业于东京大学，曾任日本律师协会会长。他是倡导日本战争赔偿立法运动的领袖，可是为了担任细菌战诉讼原告律师团团长，他把律师协会会长职务给辞了，一心扑在细菌战诉讼这件事情上。土屋先生作为律师团团长，不仅参加细菌战诉讼的每次开庭，还要为每位从中国去的原告、中国证人、中国记者、声援团成员作经济上的担保，每人每去一次就办一次手续，相当繁琐。一审开庭，宣判共计28次，历时6年。二审已开庭11次（2005年3月底为止）。土屋先生不仅自己义务代理，几十次自费到中国，还出资供中国原告及证人到日本作证，出资让日本证人到庭作证，每次到日本开庭，土屋先生还请吃饭，这些支出折合人民币有几百万元之多。2004年10月29日上午，我们在日本东京开会。土屋律师与比他还年长一岁的原731部队少年班士兵筱冢良雄在会上一致表示：细菌战诉讼一定要打到底，不打赢，我们两人决不能死去。我在场听了，非常感动，非常敬佩，可惜土屋公献先生已经去世了，我还经常想念他。

一濑敬一郎生于1948年10月4日，毕业于日本庆应大学经济系。他是最早到中国调查细菌战受害情况的日本律师。他在细菌战诉讼一审的最后一次开庭时，一濑律师向东京地方法院递交了12袋337页材料。一审诉讼，辩护团律师共向法院递交了485件证据。这些证据仅仅是一式三份的复印，工作量就大得吓人了，更不要说取证、翻译成中、日文，整理成册。他从1995年12月到中国义乌崇山村开始细菌战受害情况调查后，就一直没有停下调查取证的脚步。他是个正直尽责的律师，了不起！

小野寺利孝律师是第一个代表中国受害者提起对日本政府索赔的日本律师，也就是因为他的一番话，让我坚持了下来。在2002年8月28日，在东京律师会馆举行的浙江律师声援团与日本律师吃饭时，小野寺利孝律师当着中日律师的面说："我曾到中国的某个省去调查慰安妇，该省律师说精神上予以

崇山细菌战人体活体解剖遗址"林山寺"前
的国耻碑

支持，但人力、物力上都无动于衷。你们中国人常说成千上万人支持、声援，但究竟有几个会做这件事呢？中国人经常是开完会，人就不见了，能不能有几个人签下名，真心愿意做这件事，我们今后好联系，一起做。"听得我面红耳赤，也暗下决心，把对日索赔这件事做下去。他曾在1995年时，就对童增讲过："我53岁了，头发还是黑的，我用10年的时间，打到白头怎么样？"10年过去了，头发灰白的小野寺还在为中国的战争受害者索赔奔忙，身体也大不如前。

1999年9月，小野寺律师在怎样看待731部队、南京大屠杀、无差别轰炸事件判决的文章中指出："这个诉讼是我们日本国民战后初次在司法领域中审判15年战争的战争犯罪、反人道罪加害责任的斗争，是要真诚地接受受害者谢罪赔偿要求的斗争。在为实现这个目的，由我们日本国民负起主要责任进行斗争这一点上，这个斗争是有历史意义的。"这位律师，有担当，够正直，我不会忘记他。

尾山宏律师毕业于东京大学法学系，他在日本法律界德高望重，他以代理家永三郎诉日本文务省检订历史教材案而闻名于世。2005年，74岁的尾山宏律师是CCTV 2003年感动中国的十大人物之一。在颁奖典礼上，评委的评语是："这位眉发皆白的日本老人，上世纪40年代起所从事的努力，告诉中国人，也告诉日本人，正义的伟大，良知的珍贵，闪亮的美丽，献身的光荣。中国人民和日本人民都应为这位老人鼓掌。"而早在1998年，中国社会科学院法学研究所就授予尾山宏先生名誉教授称号。我一直被尾山宏律师所感动。有幸的是，

2004年9月18日，在北京友谊宾馆，由世界抗日战争史实维护会和中国抗日战争纪念馆共同发起召开的"战争遗留问题暨中日关系展望国际学术研讨会"上，我和尾山宏律师一起被大会指定为索赔诉讼分会场的主持人，做了一天的"同事"。尾山宏先生说，律师的最高追求就是通过诉讼还受害者以人权。人权是没有国界的，不能因为是自己国家侵害了他国人民的人权，就无视事实、放弃追求。

从土屋公献、一濑敬一郎、小野寺利孝到尾山宏律师，他们一致认为，通过诉讼最终达到的目的是促使日本国会立法，从政治上根本解决二战遗留问题。从2000年以来，律师们起草了《外国人战后赔偿法》、《促进解决战时性强迫被害者问题法律案》，作为提案递交日本参议院。如果通过，不仅对已提起赔偿诉讼的原告，而是对所有中国受害者作出赔偿，由此去改变在日本国民中存在的被扭曲的历史认识，唤起国民对历史应负有的责任感。日本律师的"抗日"行动，是为了真正实现"以史为鉴，面向未来"，构筑中日两国人民的世代友好，是真正的爱国者。我非常敬佩他们！

赵：楼律师，"中日友好"一直在说，但安倍晋三仍然在参拜靖国神社，对此，你们有什么回应吗？

楼：当然有的，今年的7月17日，我们将会在日本法庭上状告安倍晋三参拜靖国神社。

赵：能否将具体情况作一介绍？

楼：我们都知道，安倍晋三第二次执政满一周年时，也就是2013年12月26日，安倍晋三参拜了靖国神社。当时，他以正式着装、公车的方式前往靖国神社，并以"内阁总理大臣安倍晋三"之名义做了登记，大张旗鼓地登殿参拜，引起了中国、日本、韩国、德国、加拿大等国民众的强烈不满。那么，就由日本律师一濑敬一郎与王选发起，对安倍晋三等参拜者进行起诉。第一次起诉时间是2014年4月21日（靖国神社春季惯例大型祭祀日）；第二次起诉时间是2014年10月17日（靖国神社秋季惯例大型祭祀日）。这两次起诉的原告人数总计364人，其中中国254人（香港15人、台湾1人），日本83人，韩国25

人，德国 1 人，加拿大 1 人，每名原告缴纳 3000 日元的诉讼费用（折合人民币 155 元）。我们浙江省有 17 名原告，杭州是我和我们事务所的鲍芳律师；丽水有庄启俭、吴寿荣、梁苏英、张益清、汤连均等，另有衢州、义乌、东阳、宁波、江山、金华的王建政、郭承豪等人。

赵：立案的法院是哪一家？

楼：日本东京地方法院（一审）。

赵：被告是哪些人呢？

楼：被告是日本国、安倍晋三、靖国神社。2015 年 3 月 9 日第二次开庭，6 月 12 日第三次开庭，7 月 17 日将是第四次开庭。

赵：你们的诉讼请求是什么？

楼：诉讼请求有 4 条：

1. 请求法院确认安倍晋三 2013 年 12 月 26 日参拜靖国神社，违反日本国宪法第二十条（即政教分离：国家及其机关不得从事宗教教育及其他所有的宗教活动）。

2. 要求安倍晋三首相立即停止"正式参拜"。

3. 请求法院确认安倍晋三的行为不仅妨害了"政教分离"，同时，关于其强行通过《秘密保护法》推行"集团自卫权"等威胁到宪法上的公民的和平的生存权，妨害了个人生命、自由、追求幸福法人权利等行为，进行全面的追究其法律责任。

4. 根据该违宪行为，就原告受到的精神上的损害，每人请求 1 万日元的赔偿。

赵：请问楼律师会不会在那次法庭上发表有关的意见书？

楼：会的，到时，我将代表浙江原告，在法庭上发表原告意见书，庭审前后还将参加一系列相关会议和游行活动。

赵：由衷地敬佩你们，向你们学习、致敬！

楼：客气客气，呵呵。

赵：楼律师，我最后想请问您一个问题，您跟王选接触时间很长了，可以说是同一个战壕里的战友，您是如何评价她的？

楼： 我觉得王选是能全身心地、义无反顾地投入去干一件事情的人，这点确实影响了她身边的所有的人，所以，我说她是职业革命家。我们确实是受她的感染和感召，去做细菌战诉讼这件事情的，她是一个相当了不起的女人，换成别的女人，可能很难做到她那样。作为朋友，我衷心希望她以后的日子过得轻松一点，把健康作为第一要务，然后，再继续为细菌战受害者作点贡献。不管怎么说，她永远是我们心目中的巾帼，她那种不让须眉的勇气值得我们赞叹。

赵： 是的，她确实了不起，值得我们学习！

楼： 你现在也在为细菌战做事情，同样值得敬重，哈哈。

赵： 哈哈，那差远了，不值一提。楼律师，非常感谢您从百忙当中抽出时间来接受我的采访，感谢您的热情招待，谢谢您！

楼： 不客气，不客气。

赵： 好，如果有什么不懂的地方我再请教您，我先走了，请留步，再见！

楼： 好，再见，再见！

■ **何必会**

你若问我去日本打官司会不会赢，我就说你无知

采访时间：2014 年 10 月 16 日 8：30—10：30

采访地点：义乌市爱国拥军联合会办公室

受 访 者：何必会（何）

采 访 者：赵福莲（赵）

赵：何老师好！打扰了。

何：没有没有。

赵：我正在编写《义乌细菌战受害者口述史》一书，这几天在义乌采访细菌战受害者以及为受害者主持正义的那些人。你是细菌战问题研究专家，今天我是来向你请教的。

何：不敢当不敢当。

赵：我们的谈话随意一点好了，你不必考虑顺序，回去以后我会整理好的。何老师，你是哪一年出生的？

何：1965 年 9 月 29 日。

赵：你以前接触过生化武器这方面的知识吗？

何：我们这一代人刚刚赶上改革开放，视野也比较开阔了。改革开放初期，我去当兵了，在部队里面学过不少军事知识，包括生化武器这一块，所以说我对生化武器是有概念的。但是呢，在义乌发生过生化武器的攻击这一段历史，在

我年轻时代，了解得不多，也可以说知之甚少，只听说那时候发生过瘟病什么的。我关注细菌战这件事情是在 2000 年以后，这之前呢，我在企业里面、报社里面兼职的，也就是说有工作任务的，如《消费日报》、《中国经济时报》等报社，邀请我去当特约记者。在这个过程当中，我自己也有一个圈子，包括在媒体工作的朋友，他们对社会热点问题、难点问题、重点问题都会有所关注。那作为我们本地——义乌来说的话，一个社会焦点，就是王选和细菌战受害者。崇山村

何必会

的一批老人对日提起诉讼，这条消息经过《金华日报》记者李艳的报道而广受关注。她的报道呢，就是说义乌一批老人在日本提起诉讼，遇到重重困难，包括经费方面的、文字组织方面的、其他社会活动方面的等等，这几块是欠缺的，面临着困境。当时看到这条消息，我就想尽自己的能力看看能不能参与进去，帮上一些忙。后来呢，我经过联系呢，王培根原来是我的老上级，我从部队退役以后的第一份工作就在稠城镇里面上班的，他当时是镇里的书记。退休以后，他一直在做细菌战调查诉讼方面的工作，做得非常细致，做了大量的工作。当时，我跟王选不熟，我给她打电话，她马上就鼓励我，说我们义乌人应该多参与这件事情。文化界、新闻界的人应该多参与这件事情。你能参与什么工作就参与什么工作，你想做什么就做吧，只要有利于这个工作的推动就可以了。实际上，我当时不认识王选，我是通过王培根书记认识她的。王书记也对我说：你们年轻人对这件事要多多参与，多多奉献。如此一来，我就参与进去了。我在义乌城区待的时间比较长，发现我所住过的地方本身就是当年的细菌

感染区，也就是义乌北门。

赵：对，义乌北门是当时最早的感染区域。

何：是，义乌北门呢，有好几个细菌战受害幸存者是我认识的，我知道他们受过细菌战感染之苦，像金祖池先生，他原来是黄埔军校毕业的，八年抗战他都参加的，后来由于种种原因呢，他回到了义乌，平时就住在北门。我们是认识的，我曾住北门街 49 号，他们家就在我住过的地方附近。我说您怎么也参与细菌战调查工作啊？您也参与跟日本人诉讼这件事啊？他说是啊是啊。他是诉讼团里的一名骨干，他见我也参与了这件事，就说：很好很好，既然你来了，就太好了，你会跑又会写，真是太好了。他就不断地鼓励我，说我很好，一定要参与进来，那么我就参与进去了。

赵：那个时候你在哪里工作啊？

何：那时我在报社工作了，是兼职的，也涉及一些社会事务的。后来，我知道他们有一个调查委员会，就从金祖池那里拿来名单一看，这些人大部分都是六七十岁、七八十岁以上的老人，一群老人。那么，我进去的话，本身就具有价值和意义。金祖池先生说：总算有个人给我来写东西了。他本来就是国民党部队里面的作战参谋，他的水平是很高的。当时他的年龄大了，七十几岁了。他说我的精力、身体条件都不好，你有空的时候，帮我整理整理。那么，我就介入了原告团的秘书处事务性的这一块工作，因为事务性工作呢涉及原告工作会议的组织、跟日本方面的联络等，这是我的优势，因为老人们对自动化办公这一块不熟悉，而我跟日本方面的联系、跟外界的联系就方便多了，所以这方面的工作我是承担了一些。再一个，它涉及很多口述历史，这些老人所说的、所想的这一切，我能够记录的就记录下来，因为跟日本方面的诉讼啦，要求非常严格的，他们讲究证据，它涉及法律事务，正好我在部队的时候学过法律专业，而且我在杭州大学法律系进行过培训。

赵：是吗？我也是老杭大的，我们是校友了，呵呵。

何：真是校友，所以，我在做细菌战这件事情的时候，会参考当年学到的法律知识，条文啦条款啦我都会看、去研究。在对日诉讼过程当中，我是有几个感受的，因为中国的受害者，地域分布比较广，人员素质参差不齐，大部分是农民。那么，日本方面参与的这些人员素质比较高，像土屋公献啦、一濑敬一郎等，他们的要求往往跟农民的差距很大。所以，我去做工作的话，可能会比较好做一些。当然了，王选是一个不可替代的人，一个主将。我是做辅助性的工作，从文字方面、语言表达方面，都能够弥补一些、接轨上去，这个接轨是底层跟高层之间的一个接轨，我们呢是介入到这个中间当中去。这部分工作，前后是从2001年开始的，到2007年细菌战诉讼在日本最高法院判决为止，前后7年时间。

赵： 8个年头。

何： 对，8个年头，在这8个年头当中，我也经历了一审判决、二审判决、终审判决，这个全过程我都参与了。

赵： 了不起！

何： 不敢当！但在这个参与过程当中呢，从我自己工作的角度或视角来看这个问题，我想可以分层次的，这个层次里面呢，是有一个核心的，一个主要的圈，再有一个外围圈。那核心部分的这一块呢，随着年龄的增长，时间的流逝，那些老人呢越来越老化，越来越衰弱了。所以说这个核心产生很大的问题，虽然现在细菌战受害者遗属协会成立了，这个协会可能在历史记忆方面、在历史真相的复原方面会差很远。我们对日索赔所引起的社会关注度的主要的动力源，还是来自中国的专家学者，和日本的一些中间力量，尤其是律师，也就是说司法系统那些人，还有日本的市民运动那些人，围绕着我们的受害者，他们做了大量的、细致的工作。这批人的话，在某种意义上来说，也是面临着青黄不接、衰老的问题，因为这个时间已经过去20年了，最早从1995年开始的，你看，到现在20年了，这20个年头里面，那些人也都从中年走向了老年，也都经不起时间的销蚀，除了一批主要的人员之外，社会各界的声援力量也是一个方面，这里面也是包括了我们作家的群体、义乌市科普作家协会等。像湖南常德的话，连学校都来声援的。当然，这些声援团体是属于客体范畴的，不是主体范畴的，但这一块力量的话，随着我们核心和主要工作的淡化，声援力量也会逐渐削弱。目前，王选在做这个核心工作的里面，有很多东西是不可抗拒的，不可挽回的，至少像你今天来，就非常重要，因为你直接触及到核心问题上来了，就是说，受害幸存者的见证人对历史的记忆，他亲身的感受等等。

赵：对。

何：不管怎么说，这20年来，它之所以会在战后50多年，重新回到人们的视野里面，以细菌战诉讼为核心的力量发挥出来以后，围绕着很多课题的关注，在学界、司法界，尤其是新闻界起了很大的作用，给予了很大的热情，因为最终把它提到了作为中日两国之间很高层次上的一个问题。

赵：对，除了诉讼之外，你还参与了哪些活动呢？

何：前些年，除了诉讼之外，我也参与了很多的活动，国内的，包括抗日战争纪念馆、东北方面包括731部队的研讨会，有湖南常德开的，有上海开的，有南京开的，这些都是我们社科界发动召开的。哈尔滨社科院连续几届召开细菌战罪行国际研讨会，有些会我也参与了。我们浙江省内，在杭州我也参与过，那是比较早了，2001年前后。当年我们义乌的丁晓强在浙江省社会科学院历史研究所当副所长的时候，我们也去参与了。丁晓强现在任上海同济大学马克思学院常务副院长。在我们学界，至少湖南方面做了不少研究，东北方面，对731细菌部队做了研究，湖南文理学院也对此作了研究，出了大量的研究成果。

赵：这些研究成果有没有得到应用？就是说有没有拿到对日诉讼的第一线上去应用？

何：这些研究成果呢，是属于学术范畴的，没有被真正拿到解决战争遗留问题的第一线上去应用。第一线就是王选他们对日索赔诉讼，2002年，中央电视台评她为"感动中国"年度人物，这件事情可以说是达到一个高潮了，把这件事情提到我们国内生活非常高的一个高度上去了，因为，战争遗留问题里面呢，受害者对日索赔问题只是其中一个方面。目前我们所认识到的包括钓鱼岛问题、慰安妇问题、劳工问题、东海划界问题、台湾问题，还有靖国神社问题，这些同时都是战争遗留系列问题里面的一个方面，在这些问题里面呢，靖国神社问题肯定涉及中国与日本两国的意识形态与政治斗争的最高层面。那么，钓鱼岛问题可能涉及国家主权与领土、国家的安全、渔业资源等各个方面，它所概括的范畴，跟我们战争受害者的范畴，有相通的地方，也有不同之处。战争受害者这一块里面呢，尤其是细菌战受害者这一块已经提上很高层面，还有广大的战争受害者群体，从战争年代到现在为止，有一个数字：3500万！这是日军侵华期间，我国伤亡的同胞人数，这一个群体的话，在人类历史上是空前绝后的，那么大一个战争遗留问题，涉及人权问题啦，如果按照西方标准，美国标准，他们现在说的是：人权高于主权。那么，我们作为日本侵华战争的受害者、幸存者这一个群体，尽管是义务在做这一些事情，我的认识里面，它应该是超越义务的，它跟其他战争受害者都是在一个系列里面。义乌只是一个点，人说：一叶知秋。我们可以从这个点看到一个面，所以说，战争受害者这个呼声在很大程度上绝对不亚于钓鱼岛问题的这个关注度和解决的力度。那么，作为我们义乌当地的政府来说的话，我们做了这么多年的工作，他们其实也是很重视的，因为这里面呢，涉及法律框架。这个框架里面呢，中日双边要涉及国际法的。中日双边里面，首当其冲地涉及中日邦交正常化的问题。《中日建交联合声明》时隔多年，这里面双边的政治协定的一个即时性的问题，也都涉及战争受害者的赔偿问题。在这个问题上，我们当地政府在支持民间索赔这个问题上，立场也是很明确的，从头到尾区分得比较明晰的，就是说，这个事情要做！包括建馆、立碑、提供一定的后援声援力量。现在有很多的人认为：《中日建交联合声明》宣布放弃国家之间的战争赔偿要求，你们现在再去索赔不太好，但从我们从事这件事情的人来说，可能会有不同的解读。从《中日建交联合声明》包括1978年的《中日和平友好条约》来看，的确是有过关于战争赔偿请求的放弃问题，但是，这个里面是非常严肃的一个问题，这里面涉及王选和细菌战受害者对日索赔有没有权利、有没有法律依据的问题。那么，我们的解读是这样的：《中日建交联合声明》本身是有前提条件的，因为当年签署这个双边协定的时候，它的前言部分是指导后面的所有条款的，前言里面说：为了中日两国人民世世代代友好下去，这是第一个原则，和平友好的原则，这个协定有第一条、第二条、第三条、第四条、第五条……，放弃国与国之间的赔偿条款是在第五条，那么，第一条是至关重要的，里面说：日本国痛感对亚洲各国的战争罪行带来的灾难，表示深刻的反省。现在的问题是，我们可以翻开来看，它的第一条款和前言原则发生了很大的变化，这个主要是日本国自己引起的，不是我们引起的。我们说，现在只是片面地、机械地、断章取义地去理解第五条，这是错误的，我在任何场合下，在任何人面前，我都要表达这个观点。

赵： 我曾经听很多人这么说：政府已经放弃了，你们还要去索赔，这是给政府添麻烦。你怎么看这种说法？

何： 实际上，这种说法与目前中日两国之间的形势、与日本政府的所作所为相悖逆的。从某种意义上来讲，日本在天天撕毁这个条约呀，对吧？所以我们的对日索赔里面呢涉及的不仅仅是几个老人包括王选他们这些人的个人权利问题，它还涉及政治、人权、法律、经济、文化、习俗等等各个领域，如果我扩展开来谈的话，就是一件事，可以反映整个社会的缩影。对《中日建交联合声明》这个条款的认识问题，如果不纠偏的话，我们是要犯错误的。因为日本人经常在那里参拜靖国神社，你说他们会反省吗？他们会倒行逆施，绝不反省！当年，我们国家要放弃赔款，那是相当庄严的一件事情。1972 年，签订这个《中日建交联合声明》的时候，我认为周恩来总理具有政治大智慧，因他签订合约的时候，已经设定了框架，也就是说，为我们今后解决问题留有余地的，不是死板的，其实是很灵活的，因为他把这个前提与第一条、第二条到第三条都定好了，他要你日本人反省，如果不反省，那就无效！任何人不可以限制这个东西的。这里面，从第二条到第四条款，也都是非常重要的条款，如果深入研究，其实与第五条是有关联的，当时主张放弃，是有历史原因与现实意义的。1972 年，国内的形势是非常严峻的，是在"文化大革命"到了登峰造极的地步和公、检、法被砸烂的情况下签订的。周恩来总理的法律意识、政治意识都是非常高超的，他毕竟是从战争的枪林弹雨中过来的人，什么境遇都碰到过。所以，当年谈判签订协定是非常艰难的，负责签订协定的团体也是有非常高超的政治、法律觉悟的，签下来的东西，我们现在拿来用，都是非常好用的，这也是毛泽东、周恩来老一辈无产阶级革命家的战略决策，在某种意义上来讲，是改变了世界格局的一个举措，它牵动的不仅仅是日本和美国，欧洲各国都在想：中国和日本是死敌，怎么会搞到一块去了？所以这个联合声明在很大的程度上，对我们以后的拨乱反正、转向四个现代化建设是一个很好的铺路工作，可以说，当时的意识形态已经转过来了，纯粹的国际政治斗争转向于国际合作。《中日建交联合声明》是指导目前所有的对日索赔、解决战争遗留问题的一个总方针，它是绕不过去的一个东西。有时候，我们解决战争遗留问题，会找到其源头，到底在哪个位置上？我们必须把历史的账翻出来看，伤口的病因是什么？伤口什么时候能够愈合？那么，在我们诉讼的同时，社科院的科研人员对此倾注了极大的热情与关注，包括以步平为首的中国社会科学院近代史研究所的同仁们。步平在国内战争遗留问题、在对日索赔的阵营里，在学术界，他是领军人物，因为他组织了大量这方面的研讨会，他组织的研讨会还不是一般的研讨会，级别非常高的。2006年，胡锦涛主席、温家宝总理跟日本的安倍晋三双方倡议"中日历史共同研究"，这一块研究所参与的人，以步平为首席研究专家，因为他是中国社科院近代史研究所所长。日本的专家学者也都是顶尖的。中日历史共同研究的目的，是为了解决中日两国历史上的重大问题，一是达成共识，二是解决分歧，这里面也是有一定的成效的，但分歧很大。就是说，在对待南京大屠杀、对待细菌战、对待慰安妇等等问题上，有共识，有分歧。对日本侵略中国的战争概念是确定的，就是日本侵略中国！并且确认了由于日本侵略中国所造成的巨大伤害里面，目前所遗留的，也包括了细菌战、慰安妇、劳工等等一系列问题，是影响目前中日两国之间关系正常化的最大障碍。这是深刻的历史鸿沟，这条鸿沟很大，必须跨过去，如果两国之间把它当作障碍的话，那是要花很大力气把它清除，如果你当作鸿沟来看待，那就要架一座桥，这座桥应该怎么架？在目前状态下，中日历史共同研究的结论性的东西是绕不过去的。这几年，安倍晋三第二次上台以后的所作所为，让我们很明显地感受到来自他的敌意，这不是一般的敌意，包括去年他坐在731编号的飞机上，这些举动，无疑是在我们的伤口上撒盐！因为从历史的角度来说，有一个分水岭，在战争与和平之间，在融合与对抗之间，安倍晋三拿这些问题做文章，这是很明显的。所以说，国内呢包括政治冷下来，没有交流，在很大程度上，国内的意识形态里面就会认为说，噢，关于放弃战争赔偿问题这个呼声明显就低下去了。人家说政府都放弃了，你们还去索赔。实际上，日本政府的所作所为，根本就没有按照这个条款来做，完全是违背了条款，在我行我素。他们在违背，我们在坚守，这当然是可贵的，但是呢，我们不能做东郭先生，对吧？这是从战争受害者这个角度来考虑的，如果我们不去研究这些条款，那么我们对日诉讼就会失去依据。按照他们的逻辑的话，我们所做的一切也不可能得到国家和社会的共鸣。

赵：是，那么，在你们对日诉讼处于最高峰的时候，有没有遇到什么障碍？

何：在我们对日诉讼最高峰的时候，动员社会力量和社会各方的声援支持，我们遇到的障碍也是比较大的，细菌战受害者遗属协会让不让成立，就是一个问题。有些知名的学者或者地方上比较重要的关键人物，他们可能也会认为，这件事情暂时缓一缓，放一放。但是，我认为历史问题是非常严肃的，既不要头脑发热，也不要气馁，它应该是沿着它自己固有的轨道去走，有人甚至提出：牢记历史，忘记仇恨。那么，这样的概念能不能行得通？我觉得那是肯定不对的。仇恨不可能忘记，它只能是消除。你要消除仇恨，要做很多努力，但你说忘记历史，你看那些战争受害者的伤口还烂在那里，你怎么可能忘记？那些受害者，我是一个一个采访过去的，这些人在我的脑海里面是鲜活的，他们的痛苦，不要说他们自己感受得到，我看着就痛苦，就于心不忍。你要他们忘记，可能吗？我们要去支持他们，要索赔，而有人说要忘记历史，那么问题就来了，对吧？

赵：你是王选的搭档？

何：王选可以说是披荆斩棘，天天跟很多观念作战，她还有大量事务性的工作要做。我是协助她工作的，她在前台，我在后台，我在后面敲锣打鼓。我在敲锣打鼓的时候，也有人在敲我的脑袋，不过，这也很正常的。在解决战争遗留问题这一点上，可能涉及百年维权问题。这不是一件容易的事情。尽管日本法院判决确认事实，但日本政府从头到尾不承认。一旦承认，就意味着他们要道歉，要赔偿，也可以这样说，任何一个首相说这个事情要解决，他在财政上就通不过，他自己就要下台，所以他们拼命顽抗，负隅顽抗！因为日本的司法、法院已经确认这么多人被他们杀掉，这么多人是他们用细菌战杀掉的，这是违反国际法的。

赵：何老师，我插一句，如果他们答应赔偿，他们将要赔偿多少？我们有没有估计过？

何：赔偿问题是这样的，每一个战争受害者，作为个体的赔偿，这一块你叫日本政府赔，你日本怎么赔？日本几十年、上百年的财政用来赔都不够，对吧？所以，德国的模式里面就涉及了一个基金问题，责任、记忆、未来。这里面有对人类的责任，要提到高度上去；记忆，就是说，你以后不再重演；未来的话，就是要维护和平。它是有一个高层次的东西，就是德国国家拿出几百亿德国马克，是用来安抚解决战争受害者的一系列问题，包括建馆立碑、丧葬费用、慰问金甚至于部分的赔偿金等，这是国家行为，如果你这个日本国家是有良知的，是有诚意的，是与中国人民友好相处的，你也不妨用这样一个方法。我们民间受害者群体有 180 位原告，王选是这个原告团团长。他们提起的诉讼，如果在他们的法院里面得到确认，得到赔偿，这个数额的提出，实际上也是象征性的，1000 万日元一个人。180 名原告，这样赔偿起来的数额是很小的。但是呢，一旦形成判例，那也就意味着其他具有诉权的受害者也有权赔偿，他们跟上来的话，日本政府也吃不消的。所以日本政府千方百计要挡住这 180 个原告，不能让他们胜诉，一旦原告们胜诉了，他们就得动用日本的国家力量来对付了。但日本的法院在这个判决的过程当中，从层面上来看，还是过得去的，毕竟我们是 10 年诉讼，时间是比较久的。在这 10 年诉讼的过程当中，王选是单打独斗的，当然我也去了几次。后来声援团也有一批去过的，但大部分次数都是王选一个人单打独斗对付的。在与日本人斗的时候，日本律师团对她与原告团的声援支持力量很大，所以，这场诉讼不仅仅是中国180名原告对日本的诉讼，而是日本的和平运动、日本司法界有正义的这些人站出来，与日本政府作战。他们这个战斗不是一般的战斗，他们是在日本自己的阵地里面斗，那是要冒极大的风险的，他们需要很大的勇气来参与这件事情，尤其像土屋公献、一濑敬一郎这批人，二十年如一日，在日本的政治、文化生态里面，这一棵树种在那里，是个标杆，所以在日本的法院判决里面，肯定是综合了日本国内的很多方面的势力和意见。当然，在某种意义上来讲，司法跟行政系统和日本政府系统，是有一定的独立而又制约的东西，也存在着法院对日本政府的制约，所以这个判决是很不容易的。

赵：我们国内有没有律师参与此事？

何：有，浙江省直律师协会副会长楼献专门组织了律师声援团，他是我们原告团的首席法律顾问。

赵：他组织了多少位律师前往日本声援？

何：大约十几个人。

赵：是到日本去声援吗？

何：对，这个是律师系统，就是说，我们在战争遗留问题处理上，我们国内的公检法，这是司法系统。那立法系统是全国人大、地方人大。我们解决这个问题的途径和方法有没有规定？我始终认为，这么大的一个战争受害者群体，它涉及方方面面，那么，在解决他们的身心痛苦、为他们维权以及他们的权力是如何得到实现的？我们也提了很多次提案和议案，包括全国人大，我们委托人大代表提上去，委托全国政协委员写提案提上去，通过王选的争取，她后来成为金华市政协常委、浙江省政协委员。她的提案里面提到了救助，这是其中的一个方面，因为这些人中，有烂腿一辈子的，现在还活在那里，这些人没有死。在为他们维护权利这一点上，在我们国内的系统，最终起一点点作用的，就是救助，就是为这些受害者消毒、治疗，只是做到了一点点而已。这些战争受害者一辈子毁掉了，有很多受害者没有成家，没有子女，没有亲人，没有欢乐，更不用说幸福。作为一个人来说，他在这个世界上是非常残酷的，非常悲惨的，社会给予他的有情是有情，但是，没有解决他们的实际问题。所以在我们国内这个系统里面，我们有很多值得沉思的地方。

这些人的权利如何维护？这不是历史，而是活生生的残酷的现实！他们活生生在我们眼前，这是没有办法骗人的。王选天天做的就是这个工作，她前段时间把婺城区的十几个烂脚老人拉到上海去，上海医院用最好的药给他们治疗。

赵：是，我看到新闻了。

何：看到新闻了对不对？所以说，这个问题，你说是 70 年前的事情吗？不是，绝对不是！现在正在进行中。在这个问题上，你日本所有的狡辩都是没有用的。你对战争受害者 70 多年来的所受痛苦的态度，可以检验出你这个人品德如何！

赵：他们没有切肤之痛，没有切肤之恨，所以会没有感觉，更不会去参与这个事情。

何：对，这些人活在那里，从某种意义上来说，日本法院用来判决我们细菌战诉讼团体的法律依据里面有一个，就是说：时效。

赵：当时，这些受害者有没有去日本法院作证？

何：去的，有很多人去的。我们有 180 名原告么，有相当一部分都去了，当然不可能全部都去，因为涉及经费问题，再说日本签证也不可能给你这么多名额，所以说我们认为日本法院所谓的时效问题，在这个问题上，那是很明显站不住脚的。因为有这么多人还活着呢，你如果说当年日本人没有做过这种事情，这个事情你不用去抹掉也不会存在的。而当年日本人犯下这么多的反人类罪，你想抹杀，那是痴心妄想！我在很长一段时间，至少半年多，我就专门研究了为什么这个问题会被掩盖？为什么这个问题会被揭开？王选在这里面是一个重要角色。我呢，把从二战结束以来这些处理战争遗留问题的人和事，作了一个有条理的梳理，发现：解决这个问题的努力，从战争结束以后到现在为止，没有停止过，随着两国政治、经济形势的变化而变化。我发现 20 世纪 80 年代，日本还掀起过一个高潮，就是"亚洲战后补偿立法运动"。

赵： 他们本国人发起的，那些有良知的人发起的？

何： 对，包括我们律师团团长土屋公献，他是领军性的人物之一，就是说，为什么中日两国老是会发生这些问题？根源在什么地方？他们认为，在日本的法律上，缺少这一块，在中国的法律上缺少了这一块，在亚洲的法律上缺少了这一块，所以他们要推动亚洲的战后秩序包括立法的一个条理性的梳理，其中重点是：战后补偿运动，就是哪个地方缺的，给它补上，尤其是战争受害者，给他们抚平身心创伤。这个运动呢，我认为是非常高尚的，围绕这个运动，在日本、在中国还产生了一批真正从事中日两国之间务实地解决一些问题的和平人士，他们是互动的。这些人，在我们的社科系统也有很多记载，因为他们相互之间有访问，学术上都有交流。这些问题，跟我们目前所做的工作关联性很强，我们的基础工作做扎实了以后，那是会促进这件事情的发展的。他们提出来，要把这些问题解决掉，这里面第一手的受害者的历史资料拿到法律层面上去，作为解决这个问题的一个依据。否则的话，我们这些东西都没有，你要解决问题那就是一句空话。

赵： 对，何老师，日本政府对土屋公献他们这一批正义人士有什么看法没有啊？或者说会不会对他们产生不利的影响？

何： 由于执政者、领导人的变化，有时候波动也是很大的，鸠山由纪夫时代是不一样的，菅直人时代是不一样的，你到野田佳彦的时代就有个转折点，到了安倍晋三时代，他就倒行逆施了，对不对？实际上，日本和平运动友好派这些人，有时候也是冒着很大的风险的，比较典型的人物是尾山宏，还有家永三郎等。家永三郎是很有名的，他是日本天皇的老师。他从20世纪60年代，为了历史教科书问题，跟日本文部省，也就是说跟日本政府打了30多年的官司。打到最终，官司赢了一部分，还有一部分没有被解决，这是日本法院非常长的一场判决，像马拉松一样，具有历史性的、标志性的意义。家永三郎为什么会跟文部省打这个官司呢？这就涉及了对南京大屠杀的认识问题、731细菌战的认识问题。他认为这些都是存在的，必须承认的，而日本的文部省却说这些东西对日本国民造成负面的阴暗的影响，必须去掉。

赵：他们要抹杀历史真相。

何：对，我认为，《中日建交联合声明》《中日和平友好条约》的精神实质方面，家永三郎是最值得我们尊敬的日本友人。他的想法，不仅仅是反省的问题，反省的基础是对历史诚实、实事求是这样一个态度。无论如何，日本还是有一批相当多的各阶层人士在坚持正义。目前这个状态下，更引人忧虑，因为互相之间封闭、缺乏交流以后，会形成各种各样的偏差。我主张解决这个问题的过程当中互动要多，要争取各方面的有利因素，协调所有的积极因素。长期以来，至少这 20 年来，也正是我们这一辈人，在看中日两国之间的关系问题。我们实际上也是当事人，现在年富力强的这一批人，在处理中日关系的时候，应该有一个理性的、准确的、有效的判断。年轻人有时候会失去理性，变成街头政治，打砸抢什么的都出来了，他们是情绪化的，对我们所做的这些事情不怎么了解。我们是在说与做，这一块里面，我不是说我有绝对的发言权，但有相对的发言权，我们是在做这件事，是有很深的感触的，有交流合作的，在这个过程中，有很多东西具有抛砖引玉之功，有借鉴作用。我接触过的日本友人里面，非常可惜的是：土屋公献先生去世了，还有我们最重要的证人之一、731 老兵筱冢良雄今年也去世了。

赵：他有没有出来作证呀？

何：他出来作证的呀，他当年是少年班的。他的作证是奠基型的，为什么这么说呢？他就对着法庭里那么多法官说：我做过活体解剖这个事！这是一言九鼎啊！你没有办法否认的。是你日本老兵自己亲口承认的，你抵赖得了么！还有一位证人叫松本正一，他说：我从杭州笕桥机场起飞，在宁波、常德杀过人、洒过细菌，但是他说这是部队命令他做的，他不认为他有罪。筱冢良雄说他自己有罪，他们两人的态度是完全不一样的。还有其他老兵侧面来作证的，不是直接到法庭上来作证的，像那个汤浅谦，他说：活体解剖，细菌战，这个事我干过，我是医生，我干过。当时我认为这是非常神圣的职责。既然这些人都是战争罪犯，把他们杀掉太可惜，让他们的身体贡献于科学、贡献于医学，这是非常神圣的事情。尽管是这样，但毕竟他们承认了事实。我们在细菌战诉讼没有提起之前，那是不一样的，或者说我们刚刚提起之初，来自于日本方面的在法庭上的辩护词，在法庭上是可以充分阐述你自己的观点的，只要拿出证据、理由就可以了，那他们就说了，我们没有搞过细菌战，中国发生这些疫病，是由于中国人的愚昧、落后、迷信、极度不卫生、科学素养低下、无知造成的，这是比普通的污水更脏、更臭的东西，你们怎么赖到我们日本人的头上来了？我们是大日本皇军呀，我们是文明之师、威武之师呀！我们是来解放你们的，是把你们从愚昧落后肮脏迷信中挽救出来的呀。他们就说，我们是皇军，太君，大大的太君，怎么会干这种事呢！你现在去问安倍晋三，他就会说：我骄傲的、我光荣的、高尚的大和民族呀，这些事情我怎么会干呢？一口否认，坚决不承认。所以说，我们的诉讼是在洗刷历史的耻辱。这个耻辱，并非泛泛地挂在嘴上的，而是在人的血脉、骨髓里面的东西。美国历史学家哈里斯包括我们的中央电视台对王选评价这么高，评她为感动中国人物，在很大意义上，也就是说，她为我们中国洗涮了不白之冤。我为什么这么说呢？在2000年以前，我对义乌发生的鼠疫这个概念是没有的。我只是听说崇山村发生过肮脏的瘟病，根本不知道是日本人干的，所以说我们这个诉讼的意义很大。通过日本的律师、议员在日本国会里面发起质询运动，要求政府官员到会上来解释这些问题。其中有一次是这样的，就是日本的田中（音）议员、阿部知子等几个人提出来一审判决的确认，即2002年7月28日判决的，29日就质询日本政府的防卫厅、劳动厚生省、外务省的官员，他们到日本的国会议员会议室里面，接受我们这个团体和日本律师以及日本议员的质询，这三个部门是要害部门、关键部门。这个质询活动，可以很明显地看出来我们细菌战诉讼的两国高层次之间的一个认知和较量问题。首先，我们律师团的律师土屋公献、一濑敬一郎发起质询。他们问日本政府的三个机构，说昨天日本东京法院一审判决，细菌战存在，杀了这么多人，你们怎么看？这个阿部知子是很厉害的，他就问他们官员如何看待这个问题。防卫厅的官员说：这个事情，日本法院的见解可能是基于什么理由作出的判断，我们不是很清楚。我们要了解了解。我们辩护团的律师一濑敬一郎很厉害的，他"啪"地一下拍起来，说：你们干的事情还要了解？防卫厅派了两个人，一个是年纪很大的，那个老的不说话，涨着那个脸，憋得红红的，红得发紫的那种，他不敢说话。他让年轻的那个人说，年轻人胆大一些。他如果说错一句话，回去可能马上要下台。所以他们不敢乱说话，因为这是法院判决好的，如果乱说，不是自找麻烦么。那个年轻人就是这么说的：关于731，我手头上没有资料，我要到资料室去查一下，看到底有没有这个问题。据我了解，731这个部队，从媒体的报道上来看，好像是有的。但是呢，731部队据我们的了解，是一支医生部队，这个跟我们防卫厅应该没有多大关系。

赵：推得一干二净。

何：他们是卫生防疫给水部队，医生怎么做，作战的人好像指挥不了他们的，跟我们没有什么关联性，他就推掉了。最后，劳动厚生省的官员就说了，那是我们派出去的医生呀，他们没有直接去打仗呀，他们去是救死扶伤的，提高士兵的战斗素质和身体健康状况的，怎么会杀人呢？至于把这些医生派去做了些什么，我们没有掌控权的。我们只知道哪里需要医生，我们就派往哪里。你看，他们推得干净利落。日本外务省那个女的，是位资深的外交官，说话是滴水不漏，非常圆滑。她说：关于战争遗留问题，赔偿问题，细菌战问题等，已经处理过了，就是《中日建交联合声明》上已经说清楚了。我现在再来处理这个问题是不合适的，至于战时那些人做了什么事情，是如何审判的，他们审判的结束如何？这些东西都不是日本说了算的，这是由盟军、国际法庭说了算，而不是日本法庭说了算。她也是持否定的态度，否定了法庭的判决。她不承认，也不承担。那么，我们二审、三审也是同样的结果。

赵：你们总共去了几次？

何：总共是42次，开庭，就是王选全部都到场的，律师团也都到的。我们受害者前后去了200多人次。

赵：一审需要开庭几次呀？

何：二十几次，前后多年，要不断地补充证据，补充法律依据，不停地在那里补充。

赵：总共三审，开庭 42 次，王选次次到场？

何：对，王选是原告团团长、总代表，她如果不到场的话，这个诉讼就无法进行了。

赵：王选真是了不起！是解决战争遗留问题的第一女子！

何：对！她称得上。另外呢，国内在解决这个问题所作出的努力也是很庞大的，我参与过的这几次研讨会，如 2002 年 9 月 18 日，由北大历史系、"世界抗日战争史实维护会"、还有那个中国抗日战争史学会在北京友谊宾馆开的"日本侵略亚洲战争遗留问题国际学术研讨会"，这是层次比较高的研讨会，日本方面也有代表派过来参加的，共同从理论上、从法律上来为解决这个问题而作的努力，在法理基础和理论基础上提供给我们一个有力的支持。

赵：那你们有没有收藏这些研讨会的论文集啊？

何：收藏有一部分，大部分在互联网上都可以搜集到的。我从去年 5 月份开始收集我所接触到的日本方面的、中国方面的、国际方面的，我所接待过的人和事，先后写了 300 篇。

赵：你是有心人，收集这些资料很有必要，很有价值。

何：我先收集在那里，以后有机会可以编成一本书的，但是现在局限性肯定是存在的，还有我自己的实力、能力还不够。不过，一旦条件成熟，我可能要考虑是否编一本书。

赵：很好啊，这很有价值的。

何：是啊，这里面有很多的线索、工具性的东西，尤其是日本方面的几十个人、中国方面的几十个人，他们为解决战争遗留问题，为细菌战受害者维护权力作出过很大贡献的，我都记了一些。这个记，我是在事务工作时去记的，视角不一样。

赵：何老师，你一直在做细菌战问题有关的工作，肯定接待过不少媒体记者吧？

何：在 2007 年前，我接待过很多来自于境外媒体机构的记者，包括英国的、德国的、韩国的、澳大利亚的、荷兰的，以及台湾、香港地区的等等，他们回去以后都是有一定的报道，有的是深度报道，尤其是中央台这个系统，从一台到九台的记者，我基本上都接待过，他们都来过，他们这些人，在很大意义上，也代表了我们党的喉舌，他们也在定性、支持着我们。

赵： 外交部对民间诉讼这一块的支持力度有多大？

何： 我们外交部很好的，针对我们细菌战诉讼的一审、二审、三审，在回答记者提问的时候，是有一个定性的。认为：日本对细菌战诉讼这个判决，单方面所引用的法律条文与依据是非法的，无效的，这里面很明显地就是在支持我们这个民间诉讼，因为中国政府不承认，就是你对中国受害者作出的不予赔偿和道歉的判决是非法无效的，这个说法前后一贯、连续的。那时候，外交部发言人是孔泉，他说，日本细菌战是铁的事实，不容否认，因为这是日本法院作出的判决，不是中国法院作出的判决。那是一审的时候，他回答记者的时候说的。当时记者说：这个判决出来了，对中日两国发生了一个很大的作用，这涉及战争遗留问题怎么解决。有很多人比较狭隘地去看我们180名原告去要求赔偿的问题，但是本质的问题，这里面的关联性是很强的，涉及国内3500万受害者包括东南亚这么多国家的人。别国的人看你中国得到赔偿了，要跟风跟上来的。所以当时呢，对于历史事实与责任是明确的，后面一句话也是很厉害的，普通的人是感受不到这句话的分量的，锋芒是藏在后面的，孔泉接着说：日本政府应当正确认识、正确对待这个问题。正确认识是思想问题，正确对待是态度问题，就是说从思想到态度都要重视起来。后面还有一句：妥善解决历史留下来的问题。就是中国政府要求你解决，不是说我们就放弃了，这是我们的解读，而且外交部也是这么说的。按照日本外务省的说法，他们已经解决过了，现在还解决什么呀，他们不会重复解决的，对吧？那中国政府的态度是很明显的，说他们这是非法的、无效的，你在思想上要有正确的态度；在行动上，要妥善解决历史和现实的问题。他不仅仅提历史，他还提到现实，这是外交部的态度。那么，我们所做的工作，是为了国家在很大程度上保存历史事实、保存历史证据、回顾历史真相。我认为钓鱼岛问题是属于主权问题，这是毫无疑问的。但是战争受害者恰恰就是人权问题，按照日本、按照美国等国的西方标准，人权是高于主权的。你不要小看这个问题，所以这个问题，更有理由、更应该拿到国际层面。我不做筹码，这就是国际最高政治。中国3500万受害人，你怎么给我解决？民间的呼声在那里，你们不能装聋作哑。你日本在针对朝鲜的时候，无时不刻在提朝鲜人绑架日本人，绑了十几个人，你那十几个人还活着呢！那你日本人对我们国家老百姓进行大屠杀，你们应该怎么处理？

赵：对。

何：我认为，义乌市人民政府先后两次批准义乌细菌战受害者协会成立，第一份文件是2009年下文的，那是很了不起的，为什么呢？批准细菌战受害者协会成立，也就意味着行政确认这些战争受害者。在很长的时间内，日本人在捏造事实，出难题。但是，从认定一个受害者的角度来说的话，司法认定，包括公证处，包括法院裁决他是受害者，这个受害者恰恰就是很难认定的，因为已经过去70年了，你怎么去认定他？在我们国内司法没有认定的情况下，行政认定也是很有力量的，至少义乌市地方政府是批准受害者协会或者说受害者遗属协会成立，就是说：这些是细菌战受害者，而且这个团体是合法的团体，也就是说这一批人今后是可以行使法律权力的，因为他们是受害者。"受害者"一词，我可以这样说，我们两夫妻吵架厉害的话，检察院说不定还给你上纲上线，认定一方是受害者。那细菌战受害者这个群体这么大，呼声这么高，老百姓泣血控诉，媒体铺天盖地作宣传，这就面临着一个很大的问题，我们向日本提起这个诉讼，漂洋过海的，动员大量的人力、物力，如果没有日本民间的那一股力量、日本司法的正义力量，如果没有他们的积极参与，我们是无法进行这一场场官司的。日本法庭，我们是走都走不进去的，根本就跨不出国门，没有可行性，可能性几乎等于零。

赵：我能想象得出来，这个过程有多难。我昨天采访王培根先生时，他也说了很多令人悲愤的事情，他边说边哭，我也陪着一起哭。我知道你们真的不容易！

何：王培根先生退休以后20多年，可以说所有的钱都投进去了，因为有这个补贴那个补贴要给他们，还要打印资料什么的；另外，所有能化缘的，说难听点，他都化光了。他曾经是镇委书记，他培养出来很多干部，包括市一级、厅一级的干部都有，他都去化缘过。现在，他的儿子中风了，动不了，生活不能自理。他的夫人糖尿病引起尿毒症，前年去世了。你看，他为了这一场战争，付出了很大的牺牲呀。

赵：是，太了不起了。

何：王选也一样，没有参与这件事情之前，他们夫妻俩在日本留学，我不能说是高级精英，但她可以称得上精英，因为她精通英语、日语，是日本筑波大学教育学硕士，那个学校没有博士的，硕士是最高学位了。在日本，教育学博士，那简直就是顶尖人物了。王选当时在日本教英语，收入很高的，每年百万年薪是不成问题的，但为了这个诉讼，将近20年了，现在她连正式工作都没有了，靠这个课题那个课题弄点钱。北大的课题她做一点，全国政协的课题她也做一些，也都是临时的，课题做完就结束了。实际上，她只靠这点课题费生活，没有正式工资收入的。拿了课题费，她才能继续做细菌战的事情呀！所做的有些与细菌战有关的事情，可能别人会赞助一点，但她自己没有任何收入的。我也一样，所有的经费都要自己去弄，千方百计去拉赞助，然后再来做细菌战这件事。

赵：她先生有工作吗？

何：她先生原来在日本是做生意的，跟日本人有业务关系的，现在业务关系都断掉了。他现在可能在国内做点生意。

赵：是呀，你们这些人为了维护细菌战受害者的利益，把自己的一生都搭进去了，我是很感动的。听王培根先生讲，当时他们到日本去作证，因为没有多少钱，都从老家带方便面过去吃的。湖南常德那边的原告条件还好，他们可以到食堂去吃饭。他说一碗稀饭要5元钱，他们都舍不得吃。

何：湖南常德那边是党、政、军、学、人大、政协全部都来参与的，这样一来，事情就好办多了，经费问题就可以解决了，如果没有这么多部门的参与，他们跟我们一样，到了日本也是带方便面去吃。

赵：是，何老师，对日诉讼最后一审是在哪一年呀？

何： 2007年。

赵： 这个官司结束后，你们有没有什么计划啦？接下去会不会另谋途径？

何： 我们曾经考虑过，向联合国人权委员会甚至于通过政府能不能解决？想方设法通过各种途径，国内的、国际的。在国际上的话，由二战引起的一系列战争遗留问题，包括慰安妇问题也是在国际上引起高度关注的，要通过国际合力来做这一块工作。实际上，我们也做了一些工作，义乌细菌战受害者遗属协会成立以后，下一步的工作主要的也是这一块。

赵： 这个协会成立于哪一年？首任会长是哪一位呀？

何： 就在今年成立，2014年4月份，王选是首任会长。2009年的时候曾经批准过细菌战受害者协会，但是由于种种原因耽搁下来了，正所谓"百年维权"啦。现在可惜的是：很多细菌战受害者、亲历者纷纷离世。

赵： 这是一个，另外，幸存者中也有许多老人已处于风烛残年的状态，需要加紧对他们进行采访。

何： 对啊对啊，必须抓紧。

赵： 2007年至今，你们都没有再去日本了？

何： 日本也去，但不是到法院开庭。现在在日本成立一个细菌战资料中心，王选是主要成员之一。如果不成立这个中心，所有的资料会散失掉的。

赵： 那个中心，日本政府有经费拨给他们吗？

何： 没有经费的，都是靠民间人士筹集的，但这个中心恰恰是石原慎太郎批准的，他是日本著名的右翼保守政治人物，我们认为他是反华的头号极右分子，但在日本要成立一个团体，他还是要批准的。

赵： 我想，王选手头所掌握的资料应该会很多，还有你手上的资料也很多、很重要，我们国内也应该成立一个资料研究中心，以此来保存这些珍贵的资料，不至于遗失。

何： 王选手头的资料重要到什么程度呢？我们认为，战争受害者这个历史事实，从义乌的档案局可以找出一批1942年、1943年的资料，但量不大。他们没有所谓的细菌战、1644部队以及731部队的资料。当年的国民政府或者说其他机构如卫生防疫机构，他们所做的这些历史纪录里面，没有涉及细菌战和细菌战部队的，只有"鼠疫"两个字。那这个关联性是怎么构成的？就是如何确认这是日本细菌战造成的？1644部队、731部队所发动的细菌战跟他们有什么关联？在逻辑性上、法理上要挂起钩来才行。而且，最重要的是要取得日本法院的确认。那这个里面呢就是说，反而是日本方面提供了资料，这是绝对精准的，而不是我们提供的资料。日本方面的资料在哪几个地方呢？首先是日本老兵——人证，还有他们的日记如《林笃美日记》、《井本雄男日记》等，这些日记是工作日记，不会出差错的，几月几日在哪里、干什么，记得得很清楚。井本雄男的日记说，他作为一个日本陆军——作战本部的作战参谋，他对细菌战部队实施的命令有详细记载，这些东西很隐秘的，要销毁的。他甚至可以倒过来说你伪造，所以说人证是非常重要的，那个筱冢良雄就说，我几月几日就在哈尔滨731部队的平房里面第几室、哪天哪天我在做什么，这个是最重要的，日本政府抵赖不掉的，也是抹杀不掉的。法官还问筱冢良雄你是怎么杀的？他说在我们眼里，这些活体解剖的人都是实验材料，叫圆木。我不知道这个人的真实身份，我只知道这是几号材料。这个材料是拿来干什么用的？法官问：你具体怎么干的？他说我把圆木脱光了以后刷得干干净净的，再进行消毒，不消毒的话，杂菌一进去就培养不出来的，消毒完后，不能让他死掉，死掉的话血液不是活的，活性不够，不能用，要用刀刮开圆木的大腿，皮管插进去以后扎好，把血挤出来，要挤出最后一滴血，因为这是材料，很宝贵的，不能浪费，当那个人抽筋抽了以后，可能有血要溅出去，不能让他动，要摁住他，不能让他乱跳。而且，为了挤出最后一滴血，他们在圆木的胸口上用力踩。你看，日本人如此残忍！他这么一说，日本法官什么话都不要说了，有人证在，这是最有力的证据。像筱冢良雄这一批人，在他们的晚年还是良心发现了，他说他所做的一切，应该忏悔。

赵： 当年那些日本兵太残忍了，这样的事情居然都做得出来！令人发指！

何： 所以说，我们面临的细菌战诉讼里面，关键证据，关联性很强的这些东西，可以说是中日两国主张和平友好、维护正义的一批友好人士共同努力的结果。这些共同努力，是很多人付出艰辛的劳动的，直接来自于由我们义乌发起的这一场由崇山村民为主体的 180 名原告组成的受害者，首先是在三名代表参加的 1994 年举办的哈尔滨 731 首届国际学术研讨会以后，受到启发才发起的。731 部队细菌战研究是那边人的常态工作，长期性的，他们与日本的很多专家学者时常在互动的。而且，在日本、在中国、在韩国等各个国家作巡回宣传。他们有个氛围，参与活动的这些人，有很多是当年积极主张解决这个问题、揭露这个问题、具有一定良知的人，如果没有这些人，包括我前面所提的家永三郎，他的学术地位是很高的，他根本是不要名气的，也不要利的，但他只有一点：坚持历史真相！而这一点，能使中日两国真正友好，我就非常敬佩他。有关他的其他东西我不知道，但是他在这个问题上，所作出的努力和贡献，是值得大家敬佩的。他去世的那一个星期，正好是王选这个诉讼案子提上去，他那边的案子结束，我们这一边的案子接上去。1997 年，家永三郎年龄大了，去世前夕，判他大部分胜诉，认为他的观点还是正确的。他是编日本教科书的，他不能昧着良心乱写。他的案子结束，王选的案子接上去以后，从事日本和平运动的那些人士，像松村高夫，是日本大学里的教授，也是日本国内一流的学者，还有尾山宏，就是当年参加家永三郎案子的辩护律师，这些人马上就跟到王选的阵营里面来了，像接力棒一来，一棒就接过来了。

赵：他们都是值得我们尊敬的日本友人。

何：是，我记得温家宝总理说过一句话，非常感人，说得很好，他说：中日两国之间真正实现和平友好的真谛还是在民间，因为政府有时候在很大的程度上会受各个方面的制约，唯有民间的互动是活的。

赵：对，没错，历史上也是如此，唐朝后期，日本不再向唐朝派遣"遣唐使"，所有的文化、经济等活动，都是通过民间而进行的。他们那边的人如果要到中国来，必须搭乘中国商人的船过来才行。

何：对，民间的力量是无穷的，是活的，任何时候，不会因为狂风巨浪而中止，这是很可宝贵的。像钓鱼岛问题、东海划界问题，在我看来，也是这样，钓鱼岛实际上涉及东海划界，这涉及国家的海洋国土问题。我们细菌战诉讼这是一个方面，还有劳工、慰安妇等问题，国内凝聚成一股综合力量，上升到人权问题，这个问题，拿到国际层面，我觉得这个战斗力不会比部队弱，这个是在政治意识形态甚至在国际意识形态里面，都能够堂堂正正立得住脚的，我们绝不是说打历史的悲情牌，也绝不是说一定要日本赔偿多少，而是要他们正确认识，正确对待，妥善处理，这几个字就够了。你美国在这个时候就不要吭气了，你没有发言权。你日本的其他问题都是次要的，这个问题放在那里没有解决，你还参拜什么靖国神社啊！你那些杀人魔王有什么好参拜的！我们的同胞是谁杀掉的？东条英机、冈村宁次、石井四郎等，你跟我们谈什么条件啊！我国的3500万人是白死的啊？赔不赔是态度问题，杀与没杀是认知问题。这个问题你给我弄清楚，够了！还有一组数据，蒋介石时期，他说中国损失几千亿美元。胡锦涛时期，胡锦涛总书记也说了，3500万伤亡，战争损失6000亿美元，也是这一组数据。

赵： 当年的6000亿美元跟现在的6000亿美元怎么比啊！

何： 完全是两回事。那时候的1元钱比现在的100元钱还值钱，这个概念不能模糊，要折算过的。在世界华商大会上算过这一笔账，总账里面算出来有2万亿美元。这是当年的数字，折算到现在的话，应该是290万亿美元，按照现值来算的。290万亿美元是个什么概念啊？地球都可以买下来了！这个数据我认为是有一定的道理的。当然了，数据只是一个概念，日本侵略中国后，中国所受到的损失是无法估量的。当年八国联军拿走的只是皇宫、圆明园里面的东西，皇帝的东西，把圆明园烧掉了，而真正把中国五千年文化彻底洗劫的是日本侵略者。所谓的"三光政策"（杀光、烧光、抢光）里面的"抢光"一项，他们抢掉的就是中国的五千年文明。这个损失如果真正算起来的话，那不仅仅是损失一个地球的问题，而是人类文明的大损失！目前，在香港注册的"中华对日索赔联合会"，他们也提出来对日索赔。就在日本皇宫里面，关于东北主权的那块碑，很明显地是日本侵略中国的一个铁的证据，明摆在那里的。这块碑的碑文记载得很清楚，就是东北主权碑，怎么能跑到日本去呢？只能说明这一点，你存有野心，我是这样来认识问题的，你归不归还？不归还，你拿在手上，只能证明你对侵略历史、对殖民的霸权历史贼心不死，说明你还在念这个经。关于细菌战问题，也是一样。包括王选他们在日本成立的细菌战资料中心，也是在天天呼吁，要日本公开细菌战历史档案和资料。日本的防卫省就说了，这个资料在美国，我们没有保存。当年接受审判前，日本把这些资料全部归给美国法庭，让当年的国际远东法庭拿走了。但美国国家档案馆的人说，这些资料大部分已经还给日本了。这里面涉及 731 部队，这是一支几千人规模的部队，加上中国全国各地的日本占领军包括 1644 部队啊、1855 部队啊、8604 部队啊，这些部队都是几千人的规模呀，加起来有 2 万多人啦，这是一支大部队呀！在侵华战争期间，他们所从事的人体实验、活体解剖的数据、细菌武器的培养、实验的数据等，至今为止，他们没有全部公开。细菌武器的培养还是日本的祖传秘方，这个秘方还在他们手上。就是说，在什么气温条件下，在什么样的培养基情况下，会产生什么样的效果。在针对各种人种，细菌对黑种人、黄种人、白种人产生什么效果。这个细菌怎么强化？这一组组数据全部在他们手上！如果有一天，再发生战争，他们很快就可以恢复细菌武器的研究与生产，而且这是一条捷径。所以，在我们的诉讼里面有一个要求，就是要公开这个秘方。目前，在这个地球上，对细菌战这一项技术，顶级的专家肯定还是在日本。在历史上细菌战研究与应用这一项，绝对的权威也是在日本，不是在中国。我甚至于认为，石原慎太郎最清楚。他知道这些秘方藏在某一个地方，他下的命令。在这个地球上，真正掌握细菌战秘密的，也应该是从事这方面的，竭力掩盖、狡辩、隐瞒工作做得最好的这一个人，其他人都是协助的。最关键的一点，就是当年接收细菌战资料的这一批人。关键的决策者是谁？我们现在无法调查到他们。这是本质问题。我们国内的专家学者没有呼吁过这个问题！对于这个问题，只是泛泛地提一提而不去追踪，那是不行的。王选是在追踪，但是呢也是有局限性的，这是需要寻找办法的。

赵：细菌战资料如果不公开，那是一个很大的隐患。

何：对啊，这是实验数据呀！

赵：2007 年至今，你们就再也不去日本的法庭起诉了？

何： 因为在日本的司法程序已经终结了，你要重新启动司法程序的话，现在又要再来一个轮回，再要带一批人过去，到日本法院去起诉，那是很累很累的，真的很累，这是常人无法想象的。

赵： 那现在，我们有没有走别的途径，譬如说从人权的角度去想办法？

何： 这个话我们已经说了快 10 年了。2007 年到现在 8 年过去了，但我们感觉到遥遥无期。这一条路啊，就像一个旅行者，装备、体能、应付各种突出事件的能力都慢慢减弱。我现在就是一次次提，至少这十几年我是新闻发言人，王选这个机构、老人这个机构等状态，我是很清楚的，在脑袋里面装着的，因为他们这个局限性，目前状态下，的确有些困难。一个呢，这一支队伍慢慢地老化、散掉了，已经没有这个能力了；第二个呢，现在的年轻人很多是功利化的，真正能够沉下心来踏踏实实、认认真真做这件事的人几乎没有。

赵： 这主要是没有一个稳定的机构或单位，经费也没有保障，如果有经济收入，可能会好一些。

何： 是，一个是经费，第二个是工作的热情、激情不够。很多时候，做这种事情要坚忍、坚守，这样才能去做的。

赵： 现在的年轻人中有不少人缺少爱，爱家乡、爱人民、爱祖国这个心没有了。所以，他们才会表现出一副"事不关己，高高挂起"的姿态。

何： 是，他们没有这种想法，所以也就没有这种行动。

赵： 一荣俱荣！这个世界、这个宇宙都是一体的，但现在的很多人都没有意识到这个问题。所以在调查和起诉细菌战这个工作的人都有很强的无力感。

何： 这个问题，我有一个非常深刻的感受，就是说，我在 2003、2004 年的时候，细菌战诉讼有点影响力了，社会各界也有一定的关注度和支持度。我老婆刘璐当时是开一家小餐馆的，义乌当地的一位离休老干部知道我、王选、王培根他们在跟日本人打官司，他也表示关注吧，就来到我老婆的餐馆，带了七八个人来，他的第一句话就是：何必会，你跟王选他们在日本打这个官司，有没有必要？能不能打赢？他当时提出这么一个问题，表明他在关注关心这件事情。我当时心情不好，也不清楚他的真正身份？我当时随口就说了一句话：你无知！我一说出口，他带来的那些人就跳起来了，那肯定是接受不了我这样的态度指责了。他呢好心来关心你，你怎么可以出口伤人呢？对吧？不过，老干部到底肚量大，有内涵，有容人雅量的。他想平时何必会还是知书达礼的，不会莽撞的，今天怎么会说出这句话，必定是有原因的。他说他想听听我的想法，为什么会这么说？我见他态度蛮好，我的态度也转变了，作了道歉，说自己这么说话不妥，我就认认真真跟他说了我自己的想法，我说我现在已经心平气和了，我们相互之间不要有什么想法，也不要互相攻击。我说我既然说出去了，肯定是有我的理由的，理由有三点：第一点，王选和这批细菌战受害者要不要打这场官司，这个问题您问错对象了。老干部听了一愣。我说你是一个老人，经历过战争灾难，又主政过一方，老百姓的疾苦你是不是放在心上？并且你是当事人，亲历者，我是后辈，我没有经历过战争，以你一个阅历丰富的人，来问一个后辈，所以我说是问错对象了，这是肯定的。他马上表示赞同，说这个理由成立。第二点，我说我要说难听的话了，要不要打这场官司呢，你自己如果没有答案，那么清明、冬至总是有的，你祭祖的时候，有没有家仇国恨？这话说得难听了点，请见谅！他听了以后马上就反应过来了，他对他带来的那些人说：何必会这是教训笨者，你这话说出去，作用力、反作用力反回来了，敲到每个人头上。他当即就现场教育那些人。第三点，打这场官司有没有必要，也不是说某一个人能够决定的。在很大的程度上，是应该由你本人来作决定，你的态度来作决定，而不是我的态度来作决定的。你要扪心自问，如果说你觉得今天不要打这场官司的话，你也不会到我这里来了。我认为你到我这里来，证明你对这个问题是有认识的，只是说，拿不准，所以来寻找答案。我讲完三个理由，问他成不成立？他说成立成立，我们可以成为忘年交，你今天这些话真的打在我脸上了。接下来我说，能不能打赢这个问题更是错误，说你无知，一点都没错。在这个问题面前，不管是谁，在我的认识里面，上到国家主席，下到黎民百姓，你只要问出这个问题，我肯定说你无知。不管是你资格多老，功劳多大，资历多深，我照样说你是无知。为什么？你问我能不能打赢，是希望我给你一个答案。那么你的题目呢？题目谁出啊？你没有题目，我就没有答案。你把一个没有题目的东西让我来回答，你这个老师是怎么当的？

赵：其实，他的观点也是很有代表性的。

何：是。不过后来我跟他讲，你这个没有题目的问题，我有三个答案，我说在这个输与赢的问题上，不在于结果，在于过程。在这个过程当中，我发现了三类人，一类是：事不关己，高高挂起，这类人占 85% 以上。一类是：积极参与一起来干的人，不管他进来的时间有多长，做了多少事，我觉得都是同一个战壕里的战友。对于这些战友，我是不会这么无礼的，而是很热情的态度。即便是一个乞丐，一个残疾人，只要他说这件事情很有意义，很好，这件事情应该做。在这种情况下，我认为他是一个很好的战友。我也非常敬重他，我对他会知无不言，言无不尽。不过，这一类人不多，很少。还有一类人，就是说王选、何必会这些人，被人说吃饱了饭没事干，撑的，不知羞耻。说这些话的人，本地有，外地也有，有些是认识问题，有些是无意的。

赵：会有人这样说你们吗？

何：有的，他们认为，政府都放弃了，你们这些人到日本要饭去，说这些话的人不在少数。所以我对那位老干部说，如果你也这么认为，认为我们这些人是明知不可为而为之，是去找政府麻烦的、是去敲诈日本人以致达到不可告人的目的的，要名要钱要利的，那我说，对不起，我给你一个汉奸的帽子也很正常，如果你是以这种无知的心态去认识的话，我完全可以套过来说，给你一个汉奸的帽子。我说，这就是我的三个答案。你是长辈，我说我是一个后辈，无论说的对与错，深刻与薄弱，你都要原谅我。这里面是朋友之间的误会和矛盾，不是敌人之间的误会和矛盾。所以，他一句话问过来，我回答过去，是一篇很深的文章啦。这就是外交部发言人孔泉所说的态度问题、认识问题。这两个问题不解决的话，行动力是没有的，执行力更是没有。所以我们在国内寻求共识是非常重要的，因为国防教育、历史教育、传统教育里面，有很多缺失性的东西，我们也在弥补，也在做这方面的工作。至少我们的爱国拥军联合会里面就涉及国防教育问题，因为在国家强大以后、军队强大以后，才能真正地维护主权，维护我们自身的权利，维护一个正常的秩序，如果没有这些，我们说了也白说。归根结底，国家强大，才是真正的保障，尤其在国际复杂的关系面前，你没有硬实力、没有软实力，很明显，你连主权也没有。你可能就是永远处于被动的地位。所以，义乌市爱国拥军联合会把我找到这里来做秘书长，也有一定的道理。我在做的工作里面，涉及许多的精神性、意识形态方面的东西，这些东西都是很重要的。

赵：对，你讲的东西，让我很感动。

何：哪里，我现在也在反思这个问题，我对一个老干部，一个老人，80多岁了，还对他这么直接，这么无礼，觉得没必要，但我认为我这句话没说错，我说一个老干部、老人无知，一帮子人都不接受。他们从不接受到理解。我说了，你不接受，我也这么说。尽管我可以道歉，我还是要这么说。你是一个战争受害者、亲历者，你说要不要打这个官司，难道你忘本了吗？"数典忘祖"我不可以说啦，这话是重话，说了伤他的心。那些受害者都是我们的同胞、亲人，细菌战受害地离我家只有50米，很近，我们那一带受感染的人也有很多，我们的本家姓何的，有一户人家死了四个人。所以，不要以为细菌战跟我们自己没有关系，最现实的一个例子：埃博拉，中国对此如临大敌。美国总算厉害的吧，再怎么防控，也死掉了一个，第二个又产生了，就在昨天产生的。这只不过是普通的、自然界的一个疫病流行，而细菌战是人为的、大规模的战争。我这里还有两个，就是前年国内的、日本的、美国的专家，他们揭露出来的东西，我也在做归纳。其中有两项关于细菌战的、改变世界格局性的潜在的力量或影响的东西，一个是日本的"夜樱花"计划，这个计划是针对美国的，包括日本的民众，他们回忆录里谈到了每天做气球和降落伞。这里面可能针对美国发动的细菌战，据说要成千上万的气球和降落伞，在风向适宜的时候，也就是在8月份投原子弹，如果说推迟3个月，到11月份的时候投的话可能就来不及了。那个时候，日本气象科学家研究过了，风向改变了，气球和降落伞可以飘到美国本土。你想啊，成千上万的气球飘到美国本土，不要多的，几只就够了，气球里携带着细菌呀，几只气球飘到美国本土，就会造成大规模的疾病流行。你美国再怎么防疫都没办法。美国的工厂要瘫痪，军队要逃亡，老百姓要感染而死亡。因为我们的细菌战在衢州这里就很明显，日本的生化武器导致了国民党军队几十万人溃逃。生化武器一过去，你战斗力再怎么强，都敌不过这个细菌战的威力。所以，美国很有可能被毁于日本细菌战。石井四郎早就说过类似的话：原子弹是美国的，而日本的细菌战是穷人的原子弹。另外一个是日本关东军针对苏联的，也是一样，在西伯利亚这边。关东军细菌战部队有几千人，他们派出他们的特务部队，到有人、有水、有动物的地方播洒细菌，全部给你封死。

赵：他们真做得出啊！

何：是呀，所以这笔账如果我们不去清算，他们还会重新发动细菌战。

赵：是的，何老师，现在义乌细菌战受害者还有多少啊？

何：现在真正的受害者、幸存者已经不多了，大多是他们的后代了。不过，年龄大的，90多岁的幸存者、亲历者还有几个，80多岁的也还有几个。

赵：身体上受到伤害的譬如因细菌战中受到炭疽细菌感染而致烂脚的老人还有吗？

何：浙江省内可能还有一两百个人，溃烂的脚就在那里，人是活着的，很可怜的。

赵：还有这么多啊？这种病是很难医好的。

何：王选现在正在做这一块工作，她组织这一批炭疽老人到上海去医治。

赵：医药费谁出呢？

何：有一部分是医院减免的，还有一个是省政府下发一个文件，财政厅、民政厅作为一个特殊救助，这里面有一部分经费。

赵：有一次，我无意当中看到电视里面在播烂脚老人在上海医治的新闻，好像有一批治好出院了。

何：这个很难说完全治好，因为细菌战里面包含了鼠疫、霍乱、炭疽、伤寒、痢疾、疥疮等这些都是要命的细菌，尤其是炭疽，有些人虽然不会死，但受感染的部位漆黑漆黑的，一直烂着的，伤口不会愈合。现在，我们省内还有一二百个炭疽老人，有的腿锯掉了，不锯掉的话，整条腿都会烂掉。

赵：唉，感染炭疽者，死掉的就死掉了，但活着的人更悲惨，真是生不如死啊！他们不仅仅是身体上的折磨，他们一生的幸福都没有了。他们的爱情、婚姻以及幸福生活，一切都无从谈起。

何：对呀。

赵：现在义乌年轻一点的人有没有在接力做这件事情？

何：有的，王培根先生是总负责，还有一个王建政，年纪跟我差不多，他是企业家。还有王基旭先生的儿子王鑫岳、义乌档案局的副局长王越等，他们都是崇山村人。他们年富力强，是几个主要骨干。

赵：他们具体参与做什么事呢？

何：一个是中国人权发展基金会，在这里面设了一个细菌战受害者救助基金，还有就是细菌战受害者遗属协会，会员有100多人，这些会员都是细菌战受害者的后代，当然也有几位当年的幸存者，是老人。

赵：这些幸存者的生存状况有没有作过调研？就是他们一生的情况包括婚姻、家庭、子女、就业等情况有过调查统计吗？

何：鼠疫受害者活下来的人，从身体上是看不出来的，这部分人应该没有什么太大的影响。那些炭疽受害者就惨了，这不是一般的影响，很多人没有结婚，以孤寡老人居多。

赵：我听说这些人都是独自居住在很小的房屋内，很少有人去看的。

何：他们的脚烂了，屋里都是很臭的，有些人不愿意接近他们，那些因细菌战而死亡的人，属于历史问题，而这些活着的人，应该属于现实问题，你能说细菌战结束了吗？没有！活生生的人还在那里，这就是历史的延续。

赵：你现在跟王选联系多吗？

何：有联系的，现在她在上海，不太方便了，以前大部分时间都在一块儿做事的。她以前经常跑到义乌来，一趟一趟，很不容易，譬如原告团会议啦、辩护团会议啦，她要来组织的呀。

赵：我在撰写《品读义乌》这部书的时候，其中有一篇就是写义乌细菌战的，我就知道有王选还有你们这些人。当时就想，等有空，一定来拜会你们，采访你们，让后人记住你们。这样，百年维权才会有后人来接棒。

何： 谢谢！百年维权有两个典型，一个是加拿大华人的人头税，当年，加拿大对华人、对亚洲人进行政策性的歧视、法律性的歧视。华人如果移民到加拿大的话，从生到死都要交人头税。他们本土、本国的人从生到死都享受这些人头税。直到新千年，加拿大议会才取消这个人头税，可谓百年维权！

赵： 这是一个典型，还有一个呢？

何： 还有一个例子就是，当年在美国修铁路的华裔，对他们有个排华法案，后来取消了，还进行了道歉。他们当年把中国人当奴隶，在那儿修铁路。华裔们对美国的建设作出了巨大的贡献的，但是他们从生到死，美国政府都没有给过一个保障，就是不当他们为主人，奴隶一样看待他们。实际上这些华裔是美国真正的建设者、真正的主人翁，所以要给他们恢复历史名誉，也是打了百年官司，一百多年了，美国的国会今年才通过。

赵： 这两个成功的例子也给我们以鼓舞。

何： 对呀，真的是要百年时间啦，日军侵华战争是世界性的，远东国际军事法庭都审判过的，现在细菌战受害者的权利得不到维护，这是明摆着的一个事例。我认为，要反对战争、制裁战争，最好的办法，就是清算战争罪行，让仗打不起来，让战争魔王嚣张不起来，让他们感受到企图发动战争、发动侵略，必须承受他们承受不了的代价！也就是说，要用正义的力量来清算他们的战争罪行，就让他们倾家荡产。

赵： 没错，何老师，今天上午你讲得非常好，非常受感动。

何： 我讲得不专业，思路有些乱。

赵： 不，你讲得非常专业，思路也很清晰，你对诉讼的整个过程又相当了解，如数家珍，对法律条文方面都很熟悉，然后你又有高度的民族自尊和爱国情怀，我觉得我们的民族脊梁就是像这样的人。所以，有人说你们去日本打官司是去要饭，是给政府添麻烦，这实际上是没有民族的良知，没有爱国情怀。古代的"爱"字里面有一个"心"字的，现在没有了，所以很多人都不知道怎么爱了，连自己的国家都不会爱了，这是很痛心的。人都是一样的，都是父母生养，有血有肉的，那些细菌战受害者受此大难，一辈子生活在痛苦当中，你难道就没有一点同情心么？现在，我都不敢说"爱心"了，连感知力都没有了。好多人都不会感知、感动、感怀了，都麻木掉了，这是很可怕的。你今天上午讲下来，我是深受感动，很有感触。你没有正式工作，而一心扑在"细菌战"这件工作上，这是为什么呀？对吧？如果自私一点，你也是后辈，没有亲历过细菌战，家里面也没有亲人直接受到伤害，完全可以置身事外的，但是你愿意站出来，作为一个普通中国人的形象站出来，站在日本东京的法庭上，向日本人说：不！这个官司打不打得赢，是次要的，实际上，这个官司早就赢了，只不过是日本人始终抵赖，百般狡辩，找出各种理由来推脱责任，倒霉的是他们！明眼人一看就知道，孰胜孰负！所以，这个官司虽败犹荣啊！我们争回的是中国人应有的高大形象，我们中国人是有民族自尊心的，我们都是爱国的，尽管那些受害者跟我们没有直接的血缘关系，但是他们都是我们的同胞呀！不要说一个国家，整个地球、整个宇宙都是一体的，这是一荣俱荣的事情。我为什么来采访你们这些人？因为我知道你们是为了这些细菌战受害者在奔走相告，在呐喊付出，倾尽自己最美好的年华，还有精力、财力等，在做这件事情。我想：我是做不了什么大的事情，我就想把你们这些人记录下来。我很感恩你们，因为我也不可能跟你们一样全身心地投入到这件工作中去，但我作为一名地方文化工作者，有责任、有义务来为"细菌战"做点事情。明年是抗战胜利70周年，我作为一个小小的公民，来声援一下，来赞叹一下，哪怕朝你们鞠上几个躬，我觉得也算是尽了一点心意。

何：赵老师，你客气了。

赵：何老师，你讲得非常好，条理清晰，有理有据，有情有义，有感有触，我听下来真的很感动，有你们这些人在坚守，这个官司哪怕打上一千年没有胜诉，那也是赢了！

何：对，这本身就是一个课堂，一个全民课堂。

赵：是，在我们心目中，你们已经为我们国家与人民，赢得了无上荣光。实际上，日本人只要能够忏悔，忏完悔后，从今以后不再对人类实施这种灭绝人性的细菌武器，那也足够了。但问题是，日本当局连忏悔之心都没有，更不用谈赔偿了。

何：对，所以，我们的诉讼还远远没有结束。

赵：是，我接下来，不仅要采访细菌战受害者，还要采访王选以及那些为细菌战诉讼作过贡献哪怕是声援过的人，哪怕亲耳聆听一回也是很好的，我带着录音笔，把你们的经历、感受录下来，再整理成文字出版。你们一直在做这个工作，平时大量地收集有关细菌战的资料，但你们自己本身并没有多少人在关注，或者说为你们做点事，尤其是那些年长的长辈如王培根先生这样的人，他们为细菌战做了这么多的事情，但又有多少人去倾听他们的经历、他们的困难、他们的感受、他们的一切？时间一长，谁也不知道他们做了什么，那我们怎么对得住这些默默奉献的人啊？对吧？

何：是是是，非常感谢你，赵老师。

赵：你们的付出，有良知的中国人是感受得到的，会感动的。非常感恩何老师，百忙当中抽出时间接受我的采访，感谢！

何：哪里哪里，应该的，我也非常感谢你来关注细菌战这件事，关注我们这些人，谢谢！如果你需要细菌战方面的资料，尽管打电话给我，我尽可能地提供给你作研究。

赵：谢谢，谢谢，有什么需要或有什么问题，我会向你请教的，谢谢！

何：我尽力！

■ **何建农**

声援到底，争取最后胜利

采访时间：10 月 16 日 10：45—13：45

采访地点：义乌市志编辑部潘爱娟办公室

受 访 者：何建农（何）

采 访 者：赵福莲（赵）

赵：何老师好！不好意思，打扰你了。

何：怎么好说打扰呢，应该谢谢你，你辛苦了。

赵：我知道你是赴日浙江侵华日军细菌战受害者原告声援团团长，今天特来采访你一下。

何：媒体报道说我是声援团的团长，实际上我只不过是一个召集人。

赵：这个团一共去了多少人？

何：39 人，我当时只是召集人，不是团长。何必会是新闻发言人。我们是分组的，一共有四个组，设立正副组长。第一组组长是吴海燕，副组长为吴晓峰；第二组组长为何昶辰，副组长是吴巧琴；第三组组长是徐义民，副组长为王文辉；第四组组长是张曙，副组长为王晋华。随团记者有陈晓红和龚喜燕。摄影师是金福根和周德安。律师是省直律师协会副会长楼献。潘秀贵做我们团的翻译。一共就这些人。我们特地制作了"中国浙江金华义乌细菌战诉讼原告声援团"的横幅带到日本去。还制作了不少标语，如"要和平，不要战争"、"还我

赵福莲采访何建农

公道、还我正义、还我尊严"、"日本必须谢罪、赔偿"、"坚决声援中国受害者对日索赔"、"强烈要求日本政府坦诚承担细菌战责任"等。

赵：你们声援团去日本之前，义乌本地举行过出征仪式吗？

何：有的，那个仪式是相当隆重的。2005 年 7 月 18 日上午 8 点左右，我们在稠城会堂门前举行仪式，浙中各界人士来了数百人，他们都是特地赶来为我们声援团送行的。当时，王培根先生也来了，他曾经四次到日本控诉日军细菌战罪行。他来到现场，慷慨激昂地给我们声援团讲话，老人挥动着双手说："侵华日军细菌战给义乌人民带来了沉重的灾难，使 1000 多无辜的义乌平民染上疾病，痛苦地死去。我们要向日本帝国主义讨还血债！"当时的场面，那是相当的凝重，有人喊起口号来，像"抗战的时候来到了"、"要正义、要和平、不要战争"等等，大家都跟着喊，口号声响彻云霄，声援团里有好几位女士都哭了，那个场面真的很感人的，很多人都在掉眼泪。

赵：你当时有没有作什么动员？

何：我说了几句动员的话，感到责任相当重大。毕竟，这是我们第一次去声援，所以，我们一定要做好各方面的准备。日本鬼子实在是太可恨了！你知道吧，作为受害者，中华民族表现出了足够的仁慈，像那些抚顺战犯管理所代表中国政府和人民，以人道、宽容、理性的胸怀把日本战犯从魔鬼变成人；东北农民宁愿自己挨冻受饿，也要把日本战争孤儿抚养成人。这些以德报怨的事例不胜枚举，多了去了，但是日本政府是怎么做的呢？就是不承认细菌战的犯罪事实，如果没有细菌战原告团的诉讼，日本政府到现在都不会承认历史上有细菌战这回事儿。这多可气呀！是吧？侵华日军细菌战造成了至少100万中国人死亡。从1997年开始，王选女士就带着原告团，联合宁波、金华、衢州和湖南的常德等地的中国受害者原告180人，展开了对日诉讼，要求日本政府向中国人民赔罪并赔偿。实际上，到了2005年，对日诉讼官司已经打了很长一段时间，也取得了一些阶段性的成果，归纳起来有几点：一是在2002年8月27日，日本东京地方法庭首次以司法判决的形式，承认日军在侵华战争中使用了违反国际法的细菌武器，造成大量中国人员伤亡的事实；二是承认日本政府对此有国家责任；三是原告团得到了国际国内舆论的广泛声援和支持。这些成果都是非常了不起的。

赵： 对，非常了不起！请问，你们声援团的成员年龄情况是怎么样的？

何： 我们团员当中，年龄最大的是76岁，最小的是8岁。

赵： 哎唷，真是老的老，小的小。

何： 当然，以中青年为主。我们第四组组长张曙是第四次去日本，他对这件事情是很上心的，付出了很多。他说：对日诉讼是为中华民族雪耻的事情。作为细菌战受害者的后代，自己不出来讨还血债，怎么对得起祖宗啊？怎么对得起后代啊？同去的人中，还有义乌稠城石古金村的姚贤洪先生，他们家在细菌战中一共失去了9条宝贵的生命！所以说，这些人，都是有血海深仇的，都是有家仇国恨的。那天仪式举行之后，我们就在父老乡亲的殷切希望中，在震天的锣鼓声中出发了。

赵： 我在新浪网上看到过你们当时出征的消息。

何： 是的，我们出发的第二天，新浪网上就刊登了我们的随团记者陈晓红写的报道：《浙江侵华日军细菌战受害者原告声援团出征东京》，一时间，影响也是蛮大的。

赵：请你详细说一说你们到日本声援的经过好吗？

何：2005 年那一年有一个契机，就是抗日战争胜利和反法西斯战争胜利 60 周年。通过这个契机，使得舆论更加强大。说实话，我们声援团这次去日本，行程是相当紧张的。18 日傍晚到达日本后，还来不及休息，就和王选、日本律师团一起召开联席会议，部署第二天行动，会议一直开到深夜，因为第二天就要开庭了，所以一切准备事项必须在晚间都准备妥当。那天晚上虽然疲惫，但是睡不着觉，兴奋、激动，也有不安，万一诉讼失败怎么办？免不了会有这种担忧。第二天一早，我们就来到东京高等法院门口集会，把带来的横幅拉开来，把已经准备好的印有"要和平不要战争"、"日本必须谢罪、赔偿"以及"还我公道、还我正义、还我尊严"等口号的小旗进行造势。我们团的小团员们在高等法院门前向行人发放宣传传单。不一会儿，常德代表团也来到现场，当地的日本友人也相继加入我们的队伍，法院门口的人是越聚越多，使当时集会的人数达到 200 余人。当时，我们团员中有一位年仅 11 岁的朱宇翔小朋友，当这些口号从她的口中呼喊出来时，让人特别振奋，日本东京高等法院门口都沸腾了。细菌战对日索赔原告声援团的呼声一浪高过一浪，为细菌战诉讼受害者呐喊助威，声援团的呼声是相当高涨的。世界各地的媒体早早地聚集等候在那里，细菌战对日索赔原告律师团团长土屋公献、原告团团长王选接受世界媒体的采访。来自世界各地的媒体也纷纷关注我们的声援团，将"长枪短炮"对准我们的团员。我当时也接受了 CCTV 驻东京记者的采访。

赵：那么多人，都可以到法庭里面去旁听吗？

何：不可能，当时临近法庭开庭的时间越来越近，人数达到 1000 多人，他们都要求来旁听，但法庭的座位只有 100 多人可以坐。没有办法，只好采取抽签的形式，那可是名副其实的竹签哦，末端印有红点和白点，什么意思呢？就是说，抽到红点竹签的人就可以进入法庭，而抽到白点者则不能进入。抽签前，大家的心是一上一下的，你想想么，我们好不容易到日本来声援，万一抽不到签，那多难受啊！岂不是白来了么！所以，当时大家都提着心在等候抽签。我们义乌声援团非常幸运，有 20 多人抽到红点签进入法庭。

赵：你对这次宣判抱有期待吗？

何：当然希望胜诉了，你想啊，日本在第二次世界大战中犯下了滔天罪行，其中细菌战是最惨无人道的人间极罪，严重违反了国际法的规定。日本政府作为战争的加害者，理应对受害者说一声道歉并赔偿损失，这是毫无疑义的，因为在2002年8月27日，东京地方法院一审判决时已经承认日军在侵华战争中实施过违反国际法的细菌战了，而且原告上诉到东京高等法院的目的也相当明确，就是要求日本政府谢罪、赔偿。那么，这一次，东京高等法院如何宣判就引起了社会各界的强烈关注。19日下午2时20分，原告和声援团走进101号法庭，当时法庭里面一片寂静，相当肃穆。10分钟后，3位法官准时从法官席后面的大门里走出来。随后，法官就开始宣判。宣读的是坐在中间的那位法官，他拿出准备好的3页纸，宣读审判结果，仍是老样子，他们的判决书对一审认定的细菌战事实完全没有否认，是承认的，只不过是说根据日本二战前的法律，国民没有向国家要求赔偿的权利，他们还说没有类似的国际法可以参考。听以前来过日本作证的人说，这次宣判过程比过去宣判中国人要求战争受害赔偿的诉讼案时说明理由用的时间更长一些，以前宣判的时间还要短。但不管怎样，归根结底还是一样的，还是以前那一句话："国家无答责"。所谓"国家无答责"，是日本明治时期的一条法理，即战争时期国民对国家所做的一切没有要求解释和赔偿的权利。你看看，这是什么道理啊！拿明治时期的法理来宣判他们犯下的细菌战罪行，居然还死乞白赖地说我们受害者没有赔偿的权利，更不向受害者道歉！

赵：宣判时间这么短的啊？

何：对，他们日本的宣判跟我们不一样，他们没几分就宣判完了。我们这里是把罪证材料都要宣读完毕，他们是反过来的，只读宣判结果，罪证材料你们自己去看好了。只见审判长太田幸夫宣判了细菌战对日索赔案二审败诉，原因是个人没有向加害者国家要求赔偿的权利。整个宣判没有中文翻译，全用日本话宣读的，前后时间只用去6分钟时间。日本人就是这么怪的。

赵：当时听到这个坏消息，心情糟糕透了吧？

何：那还用说！肯定是的呀，在庭外发放传单的团员听到这一消息，立刻高呼口号，谴责日本政府。

赵：当时都高呼什么口号？

何："日本必须谢罪、赔偿"，"还我公道、还我正义、还我尊严"，"反对战争，维护人权，还我们一个公正的判决"，"打倒日本帝国主义"，"中国人民团结起来，打倒日本帝国主义"等，他们一下子群情愤慨起来。尽管当时，我们心里对此判决也是有所预测的，有可能会不成功，但当我们真正听到这一消息后，还是十分气愤。接下来，在场的200多人开始呼喊着口号去游行，这是一次大型的游行示威活动，数百名中外声援者组成了数十米长的游行队伍，沿着市中心东京霞关街，经过日比谷公园、新桥等地，大概走了十几公里路，持续了近三个小时。大家士气相当高涨，一路高喊口号，对不公判决表示强烈抗议。我们的标语中多了一块牌子：不当判决！由我们的小团友拿着这块牌子，这个场景真的是非常悲愤、非常难忘。更令人难忘的是，我们的小团友朱宇翔听到败诉的消息后，当场落下了悲愤的泪水。她说：妈妈，日本鬼子太坏了！在场的人，无不为之动容。"文化大革命"以后，我们就没有喊过口号了，但那次我们喊了好几个小时。而且，我想象不到，日本民众会这么支持我们。我们39个人加上湖南常德的二三十个人，我们一起游行的时候，日本有上千人跟着我们一起喊口号。这个是非常难得的。那天真的挺好的，日本警察为我们开道，警车开道。

赵：是吗？

何：是，土屋公献先生和王选跟我们一起战斗，真的很感动。他们真的是太付出、太了不起了！下午4时，大家集合在日本律师会馆，听取了王选和原告辩护律师团举行的判决报告会，并进行了现场交流与讨论，研究继续诉讼的对策。何彬彬等声援团团友作了发言。那天，我与土屋公献先生合了影，他是个相当正直但又很随和的人。

赵：我在网上看到，当时记者采访土屋公献先生的时候，他说："他对这次判决没有感到特别意外，但十分气愤，让人感到法院是在日本政府的指导下判决的。"

何：是的，土屋公献先生当时已经 82 岁了，他还那么帮我们原告竭尽全力打官司，真的使我们都很感动。

赵：那一次，王选和土屋公献他们跟你们一起去游行了吗？

何：没有，东京时间 7 月 20 日中午 12 时，王选和土屋公献他们带领十多名原告团代表到日本外务省去请愿，要求日本政府对日本细菌战中国受害历史进行调查。当时，外务省的人一开始时是拒绝接见他们，后来在日本国会议员阿部知子的强烈要求并督促之下，最终才同意接见他们，但只允许进去几个人。其他人候在外面。日本有 2 名外交官接见了王选一行，但那次交涉的结果并不理想，仅仅交涉了半个小时就草草结束。王选说，以前他们总说把意见传给上级，可每次都石沉大海，杳无音讯，这种外交辞令根本就是推诿、敷衍，令原告团十分失望。本来么，他们就是这样的，否则，也不会一而再，再而三地判决我们败诉。

赵：你们在日本期间，有没有听到过什么好消息？

何：有的，有的有的，败诉之后，原告律师团向日本最高法院递交了诉状，没想到日本最高法院当天便回复并受理此案，这个好消息使声援团团员听了之后，无不欢欣鼓舞，士气重新高涨起来。土屋公献表示，要以"违宪"的理由上诉到日本高等法院，将对日索赔案一直斗争到日本国认罪和赔偿为止，他的决心和信心鼓舞着我们，那个好消息也让我们在日本稍微有了点好心情。从日本飞回来，在萧山机场刚下飞机，就有记者来采访我，问我有什么想法，我就说：我们一定要坚持到底，直到最后胜利。没有去声援过不知道，去过之后，人的内心感受会完全不一样，真的不一样，人在那个时候，会把自己跟祖国联系起来，感觉自己不是代表一个个体，而是代表一个国家，这种国家荣誉感是平时所没有的，你比如说我们的原告之一王晋华，他是崇山村的一个农民，但去日本作证以后，突然间觉得这件事情意义重大，他就说要把细菌战对日索赔案像愚公移山那样子子孙孙打下去，直到打赢为止！这种决心和对这件事情的认知程度，跟他到日本作证后有关。

赵：我在网上看到，当时，你们的游行队伍里面，有一位湖南常德的老人在那里泣血控诉，是真的吗？

何：是的，这位老人叫张礼忠，他讲述了自己一家几口当年惨死于日军细菌战的情形，边讲边哭。他们家当年死难的情况是这样的：当年张礼忠家住湖南常德的一条繁华街道上，他的父亲经营一家小店铺，靠刻字为生，养活一家人，他们家的生活还算不错的。1941年，张礼忠才10岁，兄弟5人，他排行老二。1941年11月，日军在常德用飞机洒下鼠疫病毒。1942年4月，张礼忠的两个弟弟和家里一名帮工的丫头得了鼠疫，发烧，脖子肿大，全身乌黑，时年18岁的丫头很快不治身亡。之后呢，张礼忠的两个弟弟也先后死去。同年9月，他的爷爷罹患肺鼠疫，高烧不退，吐血而死。他的奶奶失去一双爱孙，继而又失去丈夫，伤心过度，没多久也撒手西去。他的父亲短时间内经历多名亲人丧生，异常悲痛，于1943年11月突然间失去知觉，成了植物人，到1944年下半年也去世了。父亲死后，家中失去经济来源，他的哥哥被送到船上当帮工，而年幼的张礼忠和母亲靠乞讨度日。说完这段家破人亡的往事后，张礼忠老人撸起裤腿，露出累累伤痕：那是当年日本飞机轰炸留下的印记。张礼忠老人的泣血控诉令在场的人无不动容，那一幕真是难忘！日军真是魔鬼啊，制造了人间活地狱，惨不忍睹。

赵：听说当时有一位731部队的老兵筱冢良雄真诚忏悔，说日本政府一天不谢罪，他就一天不死，有这回事吗？

何：这是真人真事，这个筱冢良雄呢，已经83岁了，20世纪30年代至40年代，他是731部队少年班的士兵，参与了也许是当时世界上最残忍，也是最先进的生物武器研究。他是做细菌研究辅助工作的，就是刷洗培养细菌的器皿啊、

原日本731部队筱冢良雄出庭作证

准备活体解剖人体的用具啊，随后把培养好的鼠疫、霍乱、伤寒等细菌投入中国河流的源头，等等。他说他是按照上头的吩咐做事的，如果不服从命令，就有可能被杀害。他说他们的所作所为，实在是太恐怖了，他说他本应该拒绝做这种灭绝人性的事，但他怕死，所以就没有拒绝，一直在做细菌战杀人的勾当。但是，他说他做了以后，永远都不会得到宽恕的，心里永远得不到安宁！他是在忏悔当中度日的。他至少3次参加过活体解剖，他们把受害者叫作"原木"。为什么叫"原木"呢？就是让这些活体解剖的人把中国人当作木头，杀人就像砍木头一样，如此一来，他们的心理障碍就没有了，否则，他们把中国人当作人的话，心理上还是会害怕的。你去杀一个人，大脑会一片空白，就会有恐惧感袭来。所以，日本军官训练他们一定要有这种心理素质，把所有活体解剖的中国人都当作木头。1945年8月战争结束的时候，他是日军医疗队的一等兵，但在日军败退的混乱当中，他与自己的长官走散了。解放战争期间，他被解放军俘虏了，但他说，中国人民解放军对他非常好，他也乐于为人民服务。6年后，他在731部队的经历被揭发出来以后，被送到抚顺战犯管理所接受改造，1956年获释回国。他说他在抚顺战犯管理所的时候，反思自己的所作所为，真的是万分后悔！他说那时在改造的时候，解放军都对他很好，把他当人看。所以，他也必须把中国人当人看，把那些受害者当人看。如果解放军报复他，用酷刑对待他，那么，他就会尝尽地狱之苦，但是，他没有尝到苦头，而是得到了人的尊严。所以，他回到日本之后，就一直忏悔。他就说过："我为赎罪而活着，日本政府一天不谢罪，我就一天不死。"他说实际上他都已经准备好了墓穴，就在一座老寺庙内，那是他身后安息的地方。可是，他忍着不死，一定要等到日本政府谢罪、赔偿为止。

赵：从这位日本老兵身上，可以看到人性的光辉。

何：那也是当年我们中国人把他当人看！否则，他也不一定会如此虔诚地忏悔！

赵：是是是，我记得土屋公献先生也说过类似的话，就是说要等到日本政府谢罪、赔偿，才去死。

何：实际上，日本的和平友好人士还是很好的，他们都有正义感、他们是日本人中的善类，很难得的。其实，如果没有日本律师的支持，这场官司，我们是无法打的。

赵：对，日本律师辩护团了不起！值得尊重与敬佩。所以，2009年，听说土屋公献去世的消息，我也挺难过的，为他念了《往生咒》，希望他能往生极乐世界！

何：是的，我们这次去日本声援，当时的金华领导杨守春写来了一幅字：正义之旅。

赵：的确是正义之旅！你那次去日本声援回来后，有没有写过什么文章？

何：有的，我写了一篇文章，题目叫《让全世界听到正义的呐喊》，我用笔名署名的。

赵：署的什么名？

何：可人，我的姓么，人可何，所以叫"可人"。

赵：那这篇文章你有保存吗？

何：有的，我这里有打印稿的，送你一份。

赵：谢谢，我想把这篇文章附在我们的访谈录里，可以吗？

何：当然可以。

赵：这篇稿子写得挺好的，也算是你这次正义之旅的一个记录和总结，留存在这里，很有价值和纪念意义。

何：谢谢，谢谢！

赵：何老师，你们这个声援团去日本之前，办理各种手续顺利吗？

何：不太顺利，挺麻烦的，我去的这个过程真的是非常复杂的，一般不能坚持的话就不去了。当时，一些部门的人给我打电话，他们问我是不是公务员？我说是公务员。他们说你是公务员的话，最好不要去。但是有人是支持的，他说，你们去诉讼的话，我们和日本人谈判也好，或者说争权利也好，在外交上就会有利一些。当时，我在人大工作，我们人大主任倒是非常支持我们的，这个作用是非常大的。他是个很有正义感的人，我很敬佩他的，他对我说：你去！太可气了，那些小日本！在没有细菌战调查研究之前，美国、日本全世界都不承认有细菌战这回事的，但是通过多年的诉讼，所取得的成果是很大的。为什么他们要隐瞒呢？因为日本细菌战的科研成果与美国是一起分享的，所以，美国就帮着日本一起隐瞒了这件事情。隐瞒之后，通过我们这十几年的诉讼、抗争，才大白于世。当时我们去诉讼时设有三个目的：第一，就是要日本政府承认事实；第二，向我们道歉、谢罪；第三，赔偿。我们现在呢，可以说达到了前面两个目的。

赵：谢罪是在什么层面来讲的呢？

何：不是国家层面的，只在集会、聚会、在调查研究报告的会议上承认的，包括731部队的老兵承认参与了细菌战这件事，而且鞠躬谢罪，不止一个，有很多日本老兵是承认这个事实并说他们自己参与过细菌战这件事情的。我想：在这个层面谢罪，也算是一种突破了，应该说前两个目的基本上是达到了。我们提出来，而且有信心，再坚持10年，达到第三个目的。你知道，这个真是非常困难的，因为在国家层面已经放弃了赔偿，当年为了中日两国友好，已经放弃了赔偿。

赵：你说日本的民众非常支持你们，他们的右翼势力怎么样呢？

何：日本的右翼势力真的是一点同情心都没有的。日本民众和媒体是非常支持我们的，他们的媒体是不得了的，因为在东京嘛，处于市中心，据不完全统计，至少有几百家，包括我们的中央一台、二台、四台都播放了，还有《人民日报》也都刊登了消息。全球的媒体至少有几百家，也有可能是上千家媒体，包括后来转发的消息。通过报道，舆论的影响力是非常大的，正因为强大的舆论压力，迫使小泉纯一郎不得不放弃原定的8月15日（日本投降日）的靖国神社参拜活动。因为我们是去日本诉讼与游行的，前去采访的媒体太多了，这次收获的成果太大了，作为我们义乌科普作家协会来说，是想象不到的一个比较大的成果，就是依靠民众的力量，通过舆论的压力，迫使小泉不得随意。天津市副市长、后来是天津市人大常委会副主任王述祖给我们写过《义乌现象》，他在讲述我们义乌的民风、现象时，就举了这个例子。我们义乌精神不是"勤耕好学，刚正勇为"吗？这就是我们现代义乌人刚正勇为的一个注解、一个范例。

赵：这件事情，当时媒体报道得多吗？

何：应该说很多的，我自己看到的就有好几篇，譬如《人民日报》报道了对日诉讼败诉的消息，并以较长篇幅发表了题为《自欺欺人的判决》一文；《解放日报》也发表了题为《细菌战中国受害诉讼浙江声援团昨回国，誓将官司进行到底》的文章；中央台也播放了，网络上那就更多了。

赵：接下来，你们还会继续支持细菌战工作吗？

何：那是肯定的，这件事情并非短时间能够解决的，要作好百年维权的准备。

赵：这真没想到，如果对日诉讼仍在进行当中，你还会组织声援团去日本声援吗？

何：那是肯定的，这是场正义之旅，作为中国人，谁都有责任去坚持这样的事情。

赵：我想问一下，你去日本声援是在不做副院长之前还是之后？

何：之后，我已经不当义乌工商学院的副院长了，尽管那时候，我的情绪还是蛮低落的，但是，我想，对于细菌战这件事情来讲，个人的得失不算什么了，只要有需要，我还是会挺身而出的。我想我也不致狭窄到这种地步！毕竟来讲，王选、王培根、何必会他们也都是为了这件事情在拼命，我不能怪到某个人的头上去，你说对吧？

赵：量大福大！你的家人和朋友支持你去日本声援吗？

何：我的家人很支持的，那次去日本声援，我老婆和儿子也都去了，我们三个人的钱都是自己出的，我儿子还是组长呢！但朋友当中也有人反对我这么做，但我觉得很有意义，直到现在，我都无怨无悔。人生当中，有这么一些经历，那是很有必要的，可以说是对自己心灵的一种洗礼吧。

赵：说得好！感动！

何：所以，通过细菌战，我们科普作协队伍的活动内容也更加丰富了，包括我们搞一些社会影响，如搞万人签名啊，搞集会啊，从中我们也掌握了许多知识，原来对细菌战这一块东西一点都不了解的，不要说全世界都在隐瞒，就连我们义乌人自己都不知道，通过十几年的诉讼抗争，我们也取得了很多令人瞩目的成果，但是社会上很多人还是不是很了解，他们会说，你们这十几年闹腾下来，也没花头嘛，钱又没赔回来，他们觉得没有赔回来就是不成功。实际上，我们原先的三个目的里面，已经取得了两个，就是承认事实与谢罪，我认为，从国际维权这一点上来讲，已经是非常成功了。

赵：对，非常好了。

何：在这种状况之下，还能走出这两步，而且正在努力地走第三步，我觉得是很成功的，反正我是很有成就感的，感到非常满意。

赵：这第三步的计划是什么呢？

何：计划呢，原来是通过两个步骤，10年前就有个策划，就是想到美国联合国总部去告，后来呢有许多外交方面的原因，这个第三步可能要根据国际形势的变化而变化，要顺势而行，趁机而上，也不能说我们想怎么样就怎么样，对吧？

赵：对。

何：所以还是要看机会，何必会也说了，我们准备搞基金，搞救助，还要搞资料的抢救整理研究工作，这个很重要。

赵：太重要了，我现在在做的也是这件事情。

何：为什么细菌战到现在才承认？就是因为我们这十几年的抢救、整理的工作做得好，有名有姓，有例子，有事实。这样的证据多次拿去，他们才不得不承认，所以，这项工作是非常有意义的，而且我通过我们的科普作家协会也向省科协、金华科协打过报告，作了许多努力，包括在工商学院成立的研究中心。因为当年，浙江大学、南京大学等都去要求过，都没有成立。原来的诉讼团也好，律师团也好，什么团也好，媒体还是支持的，实际上，这个组织是没批过的。所以说，下一步还是很难的，可能过10年，都不一定能实现预期的目标。我们的目标是这10年能够得到赔偿，也有可能再过20年都得不到赔偿，很难说的。但是，我个人认为，基础还是有的，我们还要继续努力，争取最后的胜利！

赵：是，王选、王培根、何必会他们都还在继续努力，2007年判决以后，他们并没因此而停下做这件事情的步伐。

何：我是相当敬佩他们这几个人的。王选虽然有些个性，但她为了细菌战这件事情，把一生的事业都放弃了，如果她不参与这件事，帮她老公做生意，赚钱一定会更多。她自己懂三国语言，到哪里都可以找到一个好工作的，一辈子稳稳当当地过日子，肯定是很好的，但她选择了"细菌战"这件事情，付出了常人难以想象的东西，值得我们尊敬！王培根先生退休以后，就一心扑在了"细菌战"这件事情上面，义乌如果没有他去组织发动受害者们，那这个原告团也是很难成形的，会是一盘散沙。所以，义乌有他在，原告团才会有力量！他也是我很敬重的长辈；何必会跟我是一个村的，东河的，我们关系也很好。他原来是我们义乌科普作协的重要成员，后来因为"细菌战"这件事情，他就全身心地投入进去了，而且他做这件事情都是自己掏钱的，所以，我说何必会的精神更加可贵，为什么这么说？因为义乌的商机是非常多的，何必会这十几年把主要精力都投到"细菌战"这一块里面去了，他如果去经营的话，他会生活得非常好！但是，他放弃了对富裕生活的追求，而是走上了细菌战对日诉讼的道路，这不是一般人能够做得到的。所以，我对他也是相当敬重的。

赵：是，我对他们也都是非常敬重的，你也一样值得我们敬重。你和何必会虽然不是义乌或崇山村的直接受害者，但是你们都在为这些受害者奔走呼告，很难得。我们很多人现在都不会爱人，不会爱祖国了，繁体字那个"愛"字，里面那颗心拿掉以后，真的没有心了。

何：谢谢你这么说，实际上，他们几位是做得好的，我差远了，但我也有这一份心，也想为这件事情做点努力和贡献。

赵：很受教育，很受鼓舞！何老师，你从义乌工商学院出来以后，调到哪个单位去工作了？

何：市人大，前几年，在领导支持下，我们搞了一个市场发展研究中心，过去我在体改委工作过，当时有个市场研究会，是全国最早的，那是20世纪80

年代搞的，我是秘书长。会长是个非常了不起的人，就是冯志来，你有没有印象？

赵：我知道，冯老师，他写过《傅大士传》，他是我非常敬仰的前辈。

何：不光是写《傅大士传》，他还有一个"半社会主义论"理论。后来，我国的社会主义初级阶段理论当中很可能就有我们义乌人的智慧！所以，我对冯志来先生是非常佩服的。义乌这座城市如果抓住文化建设这个机会的话，可能会成为历史上丰碑型的城市。为什么这么说？就是能够抓牢新丝绸之路，这个东西谁在推动呢？习近平。义——新——欧，从义乌出发，所以这个机遇如果抓牢的话，对我们义乌的发展是非常有利的。前几年，我也写了篇文章，《中国大国的崛起从义乌开始》，为什么从义乌开始？因为我是搞科普的，我认为科普就是把大家都认为很复杂的科学知识包括社科知识变为非常简单的道理，告诉给老百姓，这个就是科普。我曾经认真地考虑过什么是政治、经济、文化、数学、语文等，我们过去学的太复杂了。就说文化，我们讲文化大繁荣、大发展都好几年了，为什么繁荣发展这么难呢？就是因为文化这个解释太复杂了，在电脑上查有300多种解释。老百姓认为，文化，都是文化人的事情，比方你这位大作家的事情，和我们无关，正因为与我无关，所以就不来参与。文化在他们眼里，太高高在上了。那么，我在想：这个文化概念到底怎么解释呢？我个人认为，文化就是表达，就是一个人对客观事物的表达，凡能表达的人，包括肢体语言，都有文化。那么，每个人都会表达，即便是哑巴也会表达，他也有文化。这样的话，大家才会来共同参与，只不过表达的方式与程度不一样，有表达得好的，有表达得差的，但大家都有文化；什么叫历史？过去的人和事就是历史。我们两个人在聊天，一会儿就成历史了。这样的话，大家都肯来学呀。

赵：哟，你的解释很有新意，受教了。

何：我是义乌人，为自己家乡做点事情，太值了。

赵：何老师，你对义乌人是怎么看的？

何：我们协会现在有个主题：科教兴国与爱同行。义乌是个大爱的城市，为什么这样说？来自 100 多个国家的人聚居在这里。县级市，像义乌这样的城市是很少的，两倍、三倍于我们本土的人住在这里，和我们共同生活在这个城市里。义乌老百姓的本性非常善良，我记得我年轻的时候，如果我们本地人和外地人、甚至外国人在街上起了争执、争吵的话，我们义乌人都要帮外地人或外国人的，这个就是义乌人的大爱。那么，到义乌以后呢，譬如说我们政府这一块，也对外面的人特别照顾，比对本地人要照顾得好。我们处理纠纷，政府处理的话，不管怎么样，有理无理，先让一让外面或外国的人。所以说，义乌政府有大爱，民间习俗当中也讲大爱。我们科普协会出了一期刊物，里面有一篇就是谈幸福。我认为幸福是：富有而有尊严地活着！有尊严地活着，是幸福指数最高的。

赵：是。

何：有爱心，才有尊严，相互尊重才可以成就一切事情。

赵：对，敬天，敬地，敬人，敬事。

何：说得好！

赵：何老师，非常感谢你从百忙中抽出时间来接受我的采访，感恩你！

何：不客气不客气，还是你辛苦。

赵：应该的，潘爱娟已经把饭买来了，我们就在办公室吃饭吧。

何：好，吃饭！

附：《让全世界听到正义的呐喊》

2005 年 7 月 18 日，由金华市科普作家协会、浙中新报、义乌市科普作家协会三家联合发起组织的侵华日军细菌战中国受害者原告声援团一行 39 人，背负着中华民族的寄望，踏上了赴东京声援侵华日军细菌战中国受害者原告诉讼索赔的正义之途。

"打倒日本帝国主义！"、"向侵华日军讨还血债！"、"日本政府必须向中国人民谢罪赔偿！" 7 月 19 日，原告团、声援团、律师团的一声声呐喊响彻在东京上空，传遍世界：新华社、《人民日报》、《解放军报》、《新民晚报》、CCTV、中国国际广播电台、美国《华盛顿邮报》、英国BBC、日本《每日新闻》、东京电视台等全球上千家媒体作了报道。

让人类都知道日本侵华细菌战这一反科学、反人类的极罪，让全世界都听到中国人民正义的呐喊！这就是声援团日本之行的主要目的。

1937年7月7日卢沟桥一声枪响，揭开了日本全面侵华战争的序幕。68年过去了，这一历史创口非但没有愈合，反倒淌出新的脓血——侵华日军细菌战，这个人类历史上最为恐怖的惨景，再次展现在人们面前。

人怎么杀人，一部人类酷刑史上早已经铺陈详尽，令人触目惊心。但是，像侵华战争中的日本那样，以国家的全副力量，把最最毒辣的杀人手段开发出来——既有的统统找出来，没有的统统造出来，集中一切最最尖端的杀人手段，用以摧残人类，这却是从未有过的，足以令历史上所有的刽子手汗颜。

除了人间极罪，还能找出别的词汇来概括么？

这样的人间极罪，不单单针对中国。日本的细菌战就是对人类伦理底线的全面践踏；压根就是反人类的战争，野蛮对文明的战争，愚昧对科学的战争。但凡是人类，都不可能容忍这样的人间极罪。因此，我们今天审视这样的人间极罪，既是为受难同胞讨公道，为我们国家、我们民族讨公道，也是为着维护生命的尊严、人性的尊严，也是为整个人类讨公道。

中国不幸，曾被侵略者发明的细菌战武器污染了20多个省市的土地，造成不少于100万人的死亡。中国更不幸，因为在战争过去60年后，国际社会对这一杀戮罪行并不了解，加害者对此也佯作不知。

这不公平，原子武器的受害者的控诉为世界所闻，细菌武器的受害者却被整个世界所忽略，承受着日复一日的煎熬；这更不公平，一边是那些今天伤口仍然流淌脓血的老者，他们的人生完全陷于悲苦，还有那些死于鼠疫的蜷曲的黑色身躯；一边却是实施这惨绝人寰的屠杀的所有战犯，安然地逃脱了他们的罪责，在芸芸众生中恬然度日。

战争过去60年，这桩人类文明史上最黑暗的一幕却到今天还没有完全揭露出来。这是一段被日本和美国联手抹掉的历史。而掩盖和揭露进行的角力和较量，就是60年前的战争的延续。我们认为，作为比核战争还要恐怖的杀戮方式，细菌战历史应得到更多关注。历史不该被隐瞒，不能被漂白。我们深信，这才是对历史真正的负责。所以，比仇恨、比对侵华日军细菌战诉讼索赔更重要的是反思，是警惕，是让和平理性之光普照人类。

"我们去声援，人民是靠山"，声援团全体团友没有忘记金华市的人大代表联名提案支持声援的呼声；没有忘记浙中人民敲锣打鼓的欢送；没有忘记国际机场武警战士的敬礼和"绿色通道"……因为，全世界听到了他们正义的呐喊！

可人

后　记

　　请允许我，请允许我先向日军侵华期间所有死难的同胞们鞠三个躬！献上一束心花，以表我无尽的哀思！虽然过去了70余年，虽然我不认识他们、他们也不认识我，但我在采访与撰写此书的过程当中，为他们流了无数次眼泪！可以这么说，我这一辈子都没有流过这么多的眼泪！

　　我在大学时代读的就是历史专业，我知道历史虽然是过去了的事情，有些事情是可以重温的，有些事情不值得重温；有些事情是颇堪玩味的；有些事情是不堪回首的；有些事情是可以淡忘的，而有些事情却必须牢记！

　　对，有些事情是必须牢记的，譬如日军细菌战这件事情。在我以往所读的历史书中，对于抗日战争这段历史，记载得不甚详尽，更多的是一些数字，譬如南京大屠杀中，我们死了多少同胞；某一场战役中，我们伤亡的人数是多少，等等。我印象最深的就是这一些数字。所以，对于过往那些悲惨历史的具体细节不甚了解，也没有深入地去作调查研究。

　　特别惭愧的是，我是学历史出身的，但一直没有被历史中的某些东西灼伤过、刺痛过、击昏过。现在才知道，我根本没有把历史读懂、读通，因为我一直行走在历史的表面，连深刻一点的脚印都没有留下。我惭愧，我没有资格说自己是读历史出身的，没有！

　　我承认，我对历史一窍不通！而我现在深深地明白，被我们学生用来熟记并考试的历史课，根本就是本血泪账啊！我们捧在手里读了又读，翻了又翻，

320

把它们背熟，然后去考试，考了个满分。于是，历史这门课就能得到一个字：优。于是，欢天喜地去庆祝！现在想起来，真的是惭愧极了，我的脸红起来，一时半会儿退不下去，我只好把头颅低下去、低下去，再低下去！

残酷的历史，终于把我击昏了！日军细菌战夺走了我百万同胞，也把我内心的悲愤激发出来了。我是多么不愿意让自己沉浸在负面的情绪之中！我是多么不愿意让那些负能量的词灌进我的耳朵里面！可是，自从接手《义乌细菌战受害者口述史》这个课题之后，我无法不走进那一段不堪回首的历史岁月！走进去之后，我才知道，原来有那么多的历史是我这个学历史专业出身的人不知道的，我无言，我说不出一句话来表达我内心的感慨与愤慨！

从去年下半年开始，我多次去义乌采访那些细菌战受害者，那些长者已经八九十岁甚至一百多岁了。岁月像一把锋利的刀，在他们的脸上刻下了深深的皱纹；岁月像一袋袋漂白粉，把他们乌黑亮丽的头发全都漂白了；岁月更像一只尘封多年的柜子，一旦打开，无不是霉变的尘菌。我走进过往的岁月，我看到了以往没有看到过的东西；听到了以往没有听到过的东西。我震惊了！这一次，我的震惊不是表面的，我是被击昏了！我无法想象，人类历史上真的会出现如此残忍的暴行。日军细菌战一上演，我百万同胞的性命全都没了，那些活生生的生命，没多少时间就没了，非但人死了，日军还将他们拿去解剖，从他们身上割去他们想要的部件作试验，更令人发指的是：日军将我同胞们拉去作活体试验，活活地把人给解剖了！

我多么希望这只是一个梦！在中国的历史上从来没有发生过这样的暴行！但是，我在采访的过程当中，不止一次地听到这样的泣血控诉！2014 年 12 月份，我在义乌细菌战纪念馆里，听王基旭先生悲愤控诉日军在崇山村的暴行。他说他的奶奶当年感染上鼠疫，日军说他们可以免费为村里的患者治病，于是，村民们被送到林山寺去，他的奶奶就是其中的一位。当他的爷爷去林山寺给他奶奶送饭的时候，看到他的奶奶已经被日本鬼子活体解剖了，挖走了五脏六腑，只剩下一个空壳子，满身鲜血，满地鲜血！他的爷爷当场就哭昏过去。他的爷爷日日哭，夜夜哭，不久之后，他的眼睛哭瞎了，还整天坐在窗下哭泣。当年，他的奶奶被日军活体解剖以后，他的爷爷还不敢声张，只能将巨大的仇恨悲伤埋入心底，每每于三更梦醒，泪湿枕巾。他的爸爸也是感染鼠疫而死的，他们家一共三个人因鼠疫而死亡。

我在义乌采访的第一位受害者是王培根先生，我记得在他家里采访了一整天。那一天，王先生哭了好多次，我也哭了好多次，那包餐巾纸被我们用了很多。1942 年 11 月 18 日，王先生的家被日军烧掉了，全家人无处可去，寄住在一个破庙里多年。他说日军烧房子的那一天，有村民看到自己家被烧毁了，所有的财物都没有拿出来，又气又急，悲愤交加，就一头倒下去，再也没有起来。这一幕是王先生亲眼看到的，他说那个人就倒在他的面前。说到这里，王先生哽噎、呜咽，久久不能言语。我们俩，你一张餐巾纸，我一张餐巾纸，就在那里擦眼泪。一天采访下来，王先生的眼睛都哭红了。我自己的眼睛有没有哭红，不知道，我没有去照镜子，只觉得有点肿胀。

几乎采访每一位细菌战受害者时，我都会掉眼泪，我曾多次告诫自己：不要哭，只要真实地记录下这段历史，让后人知道这一段历史的真相就可以了。但是，人心都是肉长的，当受访者向我讲述当年的灾难时，我还是忍不住一串串泪水的滑落。我觉得当年那些死难同胞，就如同我的亲人，一个个在日军的暴行施虐之下，含恨死去。他们中，大多数是孩子、青年、壮年，尤其是那些孩子，他们的人生才刚开始，一切美好都还没有享受够，他们是那样地热爱生活，希望自己一直能活到 100 岁！可是，他们被人间的恶魔夺走了生命，过早地离开了这个人世，离开了亲人们。那一份不舍，那一份留恋，那一跨迟迟不愿迈开的脚步，是毫无人性的日本战争恶魔所无法理解的！他们永远也体会不到人间的这一份亲情、真情与至爱！

有一次，我到义乌义亭镇先田村去采访孙文锡老人，他是炭疽菌的患者，一条腿烂了，从 13 岁感染日军炭疽菌开始烂，一直到现在仍然烂着。我没有亲眼看到过炭疽病人，只是听说，听人家说炭疽病人的腿烂掉，如同窟窿，很可怕的，但当我看到孙文锡老人的烂腿时，那一份痛，真的是把我击倒了！平时，我们不小心弄破一点皮就痛得要命，而烂脚的老人几乎一条腿都烂掉了，岂能不痛彻肺腑！老人的痛，我感同身受！如同面对自己的父亲，我无法控制自己的泪水，但我不能让人看见，马上把墨镜戴起来了。应该说，我平时还算是个比较平静的人，很少有发怒的时候。但在采访当中，当我面对这些苦难的老人时，我的心底时时会长出愤怒的种子，这些种子犹如炸药，火一点便会爆炸。日本战争恶魔掠我疆土、夺我宝藏、欠我同胞多少血债、多少人命啊！

最难忘，最难忘采访王甲升先生时的情景。王先生是崇山村人，1929年出生，毕业于上海交通大学航空系，原是上海理工大学的教授，1986年举家去了美国。他是个很有成就的科学家，现在虽已年老，但仍心系祖国，情牵家乡。他对故土家园的那一份感情，令人感动。他远在美国，我又一时无法去美国采访他，只能采用电话采访的形式来完成这一个课题。王先生最近身体不好，左边的静脉血管50%堵塞，右边的静脉血管100%堵塞。他跟我说，趁他现在还能讲，早点把那段惨痛的历史全部说给我听，让我录音并记录下来，成书后再去出版，留给后代。他说他没有什么愿望了，如果说有，那就是这一件了。他说他最大的遗憾是没有亲自为自己的哥哥姐姐申冤！所以，他要尽力帮助我，把一切他所知道的历史真相告诉我。采访他是比较困难的，只能等他空一点的时候，才会打电话来。有时候打着打着，他女儿就要送他去医院治疗了；有时候说着说着，就说不下去了，他在美国的家里哭，我在杭州的家里哭；有时候打了一半，他说那边有朋友来了，得空再打过来；有时候，他打来的时候，我正在外面忙碌。总之，对他的采访时间最长，前后拖了一个多月，当然了，每次通话的时间是半个小时至两个半小时不等，我记得一共有四五次。王先生的三哥与大姐就是因感染鼠疫而死掉的，他三哥去世的时候才14岁，他大姐去世的时候是18岁。花样年华，却在战争恶魔的细菌战中成了他们的试验品。在王先生的眼里，他的三哥手艺超群，会做竹制的带把拆卸茶杯，会做木制的手枪，还会种当时农村少见的西红柿。如果他三哥不去世，他说一定会成为工艺美术大师的。他大姐聪慧贤良，知书达礼，写得一手漂亮的毛笔字，跟他姐弟情深，曾经为他做过一件衬衣，那天穿上衬衣时的开心情形至今仍在王先生的脑海中时时浮现。每次讲到他的三哥与大姐时，王先生都会

323

在美国的家中哭得很伤心，长时间不能平静下来以致无法继续讲述。他一哭，我肯定也会哭的。所以，我的案头除了两支录音笔之外，还时时放着两包餐巾纸。我也在电话里叮嘱他讲述前准备好餐巾纸与茶水，以便讲到伤心时，可以擦一擦眼泪，喝几口水。王先生说，不是因为他的眼泪特别多，而是因为他的内心充满了仇恨与悲愤。他说如果可以，他宁愿去替他的三哥与大姐受罪，而不愿独活！

如果不是因为这部《义乌细菌战受害者口述史》，我至今仍不知道义乌的历史上曾经有过这样一段不堪回首的岁月；仍不知道义乌人民曾经遭受过巨大的灾难；仍不知道日本战争恶魔如此丧尽天良，残杀无辜！在采访与撰写此书的过程中，我的泪流了又流，我的心灵也经过了无数次的洗礼。我深深懂得了和平的可贵！如果这个世间没有战争，没有恶魔，人间该有多么宁祥！人类该有多么幸福！

在采访的过程中，我并不孤单，每一次采访，都有义乌的朋友同行。义乌市志编辑部的吴潮海主任对此书的重视令人感动，如果没有他的关心与支持以及无条件的信任，不可能有这部书稿的出版，感恩他！感恩施章岳先生对此书稿的关注并审稿，感恩他陪同我前往塔下洲采访细菌战受害者，感恩他对我鼓励与信任；感恩好友潘爱娟的陪同与关爱，我在义乌的所有采访行程都由她来安排，好多次都是她亲自陪同前往采访并安排我在义乌的生活起居，她对义乌地方文化的热爱与奉献，令我感动；感恩何必会先生无私地奉献，多次帮我联系细菌战受害者，有几次还亲自帮我开车前往采访地，对我们的采访进行全程录像并摄影。他将自己多年收集起来的有关细菌战的资料毫无保留地交给了我，对于他的这一份付出与信任，我铭记在心；感恩王建政先生从百忙当中抽出时间，亲自开车带我去江湾采访受害者王菊莲，整整一天，他把生意都推掉。他说对他来讲，但凡有细菌战方面的事情要做，其他的事情都显得不重要了；感恩孙清土先生带着我前往义亭镇先田村采访烂脚老人孙文锡先生，并亲自担任翻译工作，且安排午餐；感恩本书中的每一位受访者，他们对我的采访可谓是全力以赴，唯恐落下重要的细节。他们都有一个共同的心愿，就是要把日军在义乌犯下的滔天罪行全部叙述并记录下来，流传下去。

　　这部书稿，除了采访那些细菌战中的受害者、幸存者以外，我还采访了为这些受害者奔走相告、为他们争取权益的人，如王选、王培根、何必会、楼献、何建农等人。王选与王培根两位同时也是受害者的代表。我觉得，那些细菌战中失去生命的同胞是值得痛惜的，但这些为那些死难同胞争取权益的勇士，更值得人尊敬！其实，这样的人是很多很多的，但宥于篇幅，我只能选取一些有代表性的人物来采访。我是一位地方文化工作者，我有责任把他们无私奉献的事迹记录下来，让后人知道，曾经有这么一批人，不计较个人恩怨，不计较利害得失，一心为那些受害同胞默默地付出与牺牲，这些人，是平凡的、普通的，但又是极不平凡、极不普通的，我想把这些人的生平行状记录成书，流传后世。另外，我在义乌采访的时间里，曾经得到许多朋友的关心与呵护，是他们对我如同亲人般的照顾与关爱，让我有力量行走在采访细菌战受害者们的风雨途中！感恩他们，我的好朋友：丁宁、童少兰、吴群燕、彦子、何建农等等，若有遗漏的朋友，敬请谅解！

　　我没有办法挽回那些在细菌战中死去的所有生命，只有为他们祈祷，祝愿他们生活在一个没有战争的国度。在那个国度里，没有日本鬼子，没有战争恶魔，没有大家所不愿意看到的一切；在那个国度里，没有枪，没有炮，没有鼠疫、炭疽、霍乱，有的是鲜花，有的是人与人之间的爱！

　　今年是中国人民抗日战争胜利和世界反法西斯战争胜利70周年，谨以此册书稿敬献给国内所有死于日军暴行的同胞们！敬献给义乌细菌战的所有受害者！敬献给义乌细菌战受害者的所有遗属们！敬献给所有为细菌战受害者们讨还正义、讨还公道的勇士们！

　　但愿天下清明，万世和平！

赵福莲

2015 年 6 月 28 日终稿于杭州泊林漫谷弥勒山居

图书在版编目(CIP)数据

义乌细菌战受害者口述史/义乌丛书编纂委员会编;
赵福莲著. —上海:上海人民出版社,2015
(义乌丛书)
ISBN 978-7-208-13125-5

Ⅰ.①义… Ⅱ.①义… ②赵… Ⅲ.①日本-侵华-
生物战-史料-义乌市 Ⅳ.①K265.606

中国版本图书馆 CIP 数据核字(2015)第 148612 号

责任编辑 马瑞瑞

· 义乌丛书 ·

义乌细菌战受害者口述史

义乌丛书编纂委员会 编 赵福莲 著
世 纪 出 版 集 团
上海人民出版社出版
(200001 上海福建中路 193 号 www.ewen.co)

世纪出版集团发行中心发行 浙江新华数码印务有限公司印刷
开本 720×1000 1/16 印张 21 插页 3 字数 352,000
2015 年 8 月第 1 版 2015 年 8 月第 1 次印刷
ISBN 978-7-208-13125-5/K·2392
定价 58.00 元